Report on Coordinated Development of
Beijing, Tianjin and Hebei 2024
Urban–Rural Integrated Development and Spatial Optimization

2024
京津冀
协同发展报告
城乡融合发展与空间优化

冯长春 赵鹏军 主编

科学出版社

北京

内 容 简 介

本书是关于京津冀协同发展的专业性研究报告。全书分为七章，针对京津冀协同发展现状和未来发展趋势，围绕城乡区域融合发展、区域城镇体系发展、世界级城市群发展、区域发展格局与区域增长点、交通策略、生态休闲空间等方面进行深入分析和研究。

本书可帮助读者了解京津冀区域经济发展潜力和未来发展趋势，以及京津冀城乡一体化发展等方面的政策和实践；还可为相关领域学者、城市规划者、研究机构和政府机构等提供前瞻性的思路和研究方向，对推动规划京津冀区域发展具有参考价值。

图书在版编目（CIP）数据

2024京津冀协同发展报告：城乡融合发展与空间优化 / 冯长春，赵鹏军主编. --北京：科学出版社，2024.7.

ISBN 978-7-03-079058-3

I. F127.2

中国国家版本馆CIP数据核字第2024Y60V37号

责任编辑：石 卉 宋 丽 / 责任校对：张亚丹
责任印制：师艳茹 / 封面设计：有道文化

科 学 出 版 社 出版
北京东黄城根北街16号
邮政编码：100717
http://www.sciencep.com

北京市金木堂数码科技有限公司印刷
科学出版社发行 各地新华书店经销
*
2024年7月第 一 版 开本：720×1000 1/16
2024年7月第一次印刷 印张：14 1/4
字数：280 000
定价：108.00元
（如有印装质量问题，我社负责调换）

学术指导委员会

名誉主任：陆大道

主　　任：杨开忠

副 主 任：冯长春　樊　杰　王　凯

委　　员（按姓氏拼音排序）：

李国平　林　坚　刘秉镰　陆　军

沈体雁　施卫良　施祖麟　唐晓峰

武义青　姚　洋　余钟夫

总　序

今年适逢我国改革开放四十年，也是首都建设和京津冀协同发展迎来新时代的开局之年。站在"两个一百年"奋斗目标的历史交汇点上，回顾往昔，展望未来，"建设一个什么样的首都，怎样建设首都"及如何促进京津冀协同发展这一被习近平总书记提出的重大时代课题摆在了各级决策者、众多研究者的面前。研究新时代的首都发展规律，探索建设以首都为核心的京津冀世界级城市群的发展道路，是区域与城市研究者，特别是首都与京津冀研究者的历史担当和使命。

成立于1999年3月的北京大学首都发展研究院是北京市委、市政府与北京大学共建的服务于首都发展的重要平台。北京大学首都发展研究院汇聚了众多主要来自北京大学的区域与城市研究者，是首都及京津冀研究的一支重要力量，也是北京市第一批十四家高端智库建设试点单位之一。成立近二十年来，北京大学首都发展研究院在城市与区域科学研究、首都发展战略研究、京津冀协同发展研究、空间大数据与政策模拟研究四大方向持续开展了卓有成效的研究咨询工作，已经成长为享有盛名的政策研究咨询机构。

北京大学首都发展研究院致力于归纳、把握与传播以首都和京津冀为研究对象的最新研究成果，持续地跟踪和分析城市与区域的发展动态，已经先后出版多部"首都发展报告"和"京津冀区域发展报告"。作为新时代首都新型高端智库的成果集中发布与展示载体，北京大学首都发展研究院整合原有发展报告产品，将其统一改版，以"北京大学首都高端智库系列报告"的形式编辑出版。

作为北京大学的毕业生和长期从事城市与区域研究的学者，我希望"北京大学首都高端智库系列报告"应该在以下三个方面成为典范：

一是应吸取北京大学及社会各界关于城市与区域发展理论和实践的经验，集中展现首都与京津冀发展研究的高质量成果和最新动态；

二是应以服务首都与京津冀协同发展为己任，以迅捷有效的方式为国家与北京市的科学决策提供智力支持；

三是应努力以翔实的数据、科学的方法、扎实的研究、凝练的语言，提供高质量的学术精品。

陆大道

2018年12月

前　言

　　2014年2月26日，习近平总书记主持召开座谈会，专题听取京津冀协同发展工作汇报，强调实现京津冀协同发展，是面向未来打造新的首都经济圈、推进区域发展体制机制创新的需要，是探索完善城市群布局和形态、为优化开发区域发展提供示范和样板的需要，是探索生态文明建设有效路径、促进人口经济资源环境相协调的需要，是实现京津冀优势互补、促进环渤海经济区发展、带动北方腹地发展的需要，是一个重大国家战略，要坚持优势互补、互利共赢、扎实推进，加快走出一条科学持续的协同发展路子来①。习近平总书记基于国家长远发展战略，谋划区域可持续协调发展，将京津冀协同发展上升为国家战略，开启了京津冀区域全面合作和协同发展的新篇章。2015年4月30日，中共中央政治局会议审议通过《京津冀协同发展规划纲要》。会议指出，推动京津冀协同发展是一个重大国家战略，战略的核心是有序疏解北京非首都功能，调整经济结构和空间结构，走出一条内涵集约发展的新路子，探索出一种人口经济密集地区优化开发的模式，促进区域协调发展，形成新增长极②。2019年1月，习近平总书记在京津冀调研考察，主持召开京津冀协同发展座谈会并发表重要讲话，对京津冀协同发展提出了六个方面的要求，为京津冀协同发展战略继续攻坚克难、寻求突破指明了方向，提供了着力点。其中明确提到，要立足于推进人流、物流、信息流等要素市场一体化，推动交通一体化；要破除制约协同发展的行政壁垒和体制机制障碍，构建促进协同发展、高质量发展的制度保障；要增加清洁能源供应，调整能源消费结构，持之以恒推进京津冀地区生态建设，加快形成节约资源和保护环境的空间格局、产业结构、生产方式、生活方式③。一方面，这强化了创新区域尺度资源优化配置统筹机制的需求；另一方面，这

---

① 习近平主持召开座谈会听取京津冀协同发展工作汇报. https://www.gov.cn/ldhd/2014-02/27/content_2624901.htm?eqid=ad534c260008bbb100000002645c455f[2024-01-10].

② 京津冀协同发展核心：有序疏解北京非首都功能. https://www.chinanews.com.cn/gn/2015/05-01/7246786.shtml[2024-01-10].

③ 习近平在京津冀三省市考察并主持召开京津冀协同发展座谈. http://www.xinhuanet.com/politics/2019-01/18/c_1124011707.htm[2024-01-10].

对深刻理解区域内在联系、建立命运共同体认知，以及细化实施路径提出了更高的要求。党的十九大报告提出：要以疏解北京非首都功能为"牛鼻子"推动京津冀协同发展，高起点规划、高标准建设雄安新区。党的二十大报告进一步指出，深入实施区域协调发展战略、区域重大战略、主体功能区战略、新型城镇化战略，优化重大生产力布局，构建优势互补、高质量发展的区域经济布局和国土空间体系；推进京津冀协同发展，高标准、高质量建设雄安新区。京津冀协同发展战略实施十年来，习近平总书记亲自谋划、亲自部署和亲自推动，使京津冀协同创新与高质量发展不断迈上新台阶。

本书编写组及时跟踪京津冀协同发展进程和政策实施效果，总结京津冀区域协同发展取得的成就，诊断分析发展中面临的突出问题，科学谋划协同发展的路径和方向，旨在为制定京津冀协同发展政策、优化资源要素配置、建设世界级城市群提供科学依据。

本书是北京大学首都发展研究院系统研究京津冀区域发展战略的综合性系列报告的第十部，也是被纳入"北京大学首都高端智库系列报告"的报告之一。本书与《2022 京津冀协同发展报告：区域协同治理》为姊妹篇，主要探讨《京津冀协同发展规划纲要》实施以来京津冀协同发展总论、京津冀城乡区域协调发展、京津冀区域城镇体系发展与格局优化、京津冀世界级城市群发展与建设、京津冀区域发展格局及区域增长点研究、环首都一小时生活圈交通策略研究，以及京津冀生态休闲空间优化与发展策略。如无特别说明，本书引用数据源自历年《中国统计年鉴》《北京统计年鉴》《北京区域统计年鉴》《天津统计年鉴》《河北统计年鉴》。

本书是在"北京大学首都高端智库系列报告"学术指导委员会的指导下完成的。本书编写组成员为来自北京大学城市与环境学院、政府管理学院、首都发展研究院及深圳研究生院等机构的专家团队。本书由两位主编讨论确定总体思路和结构框架，以及各章节的主要内容，然后由各章执笔者承担相应章节的写作。第一章由侯雨、雷馨雨执笔；第二章由秦晓宇、乔浩然、朱晗执笔；第三章由苏黎馨、黄凝、王乾、冯长春执笔；第四章由王祎勍、管敏辰执笔；第五章由沈体雁、张庭瑞执笔；第六章由赵鹏军、刘云舒、杨艺执笔；第七章由赵鹏军、刘迪、吕心素执笔。全书由冯长春、赵鹏军、雷馨雨统稿，由冯长春、赵鹏军修改定稿。北京大学首都高端智库（北京大学首都发展研究院）专门立项进行专题研究，并支持本书的编写和出版。

北京大学首都发展研究院的工作人员为本书的编写和出版付出了诸多努

力。本书在编写过程中得到了北京市社会科学界联合会等京津冀有关单位或机构的大力支持。本书的出版得到了科学出版社首席策划石卉女士和编辑宋丽女士的鼎力帮助。在此，一并表示衷心的感谢。特别感谢中国科学院院士、北京大学首都高端智库理事会首席顾问陆大道先生欣然为"北京大学首都高端智库系列报告"作序，并对本系列报告提出了新要求，这将成为我们今后不断努力的方向。

　　本书力图反映《京津冀协同发展规划纲要》实施以来，京津冀协同发展的最新状况和总体趋势，但限于理论水平与实践经验，书中难免存在不足之处，望广大读者批评指正。

冯长春　赵鹏军

2024 年 6 月

目　录

1 第一章

《京津冀协同发展规划纲要》实施以来京津冀协同发展总论

第一节　京津冀协同发展成效显著

一、世界级城市群发展优势逐渐建立，引领区域一体化发展

党的二十大报告提出了"中国式现代化"的发展战略目标："深入实施区域协调发展战略""推进京津冀协同发展""以城市群、都市圈为依托构建大中小城市协调发展格局"。建设以首都为核心的世界级城市群仍然是京津冀协同发展的重要目标。2015 年，中共中央政治局会议审议通过《京津冀协同发展规划纲要》，将京津冀整体定位为"以首都为核心的世界级城市群"。2017 年 9 月，中共中央、国务院在对《北京城市总体规划（2016 年—2035年）》的批复中再次明确，发挥北京的辐射带动作用，打造以首都为核心的世界级城市群。世界级城市群目前并不存在统一的标准，一般指一个城市群

的人口、面积、经济总量等指标达到世界级规模，形成以一个以上特大城市为核心，三个以上大城市为构成单元，依托发达的交通通信等基础设施网络所形成的空间组织紧凑、经济联系紧密并且最终实现高度同城化和高度一体化的城市群体。为实现这一战略目标，京津冀三省市和有关部门单位出台了一系列政策与计划，在北京非首都功能疏解、京津冀交通一体化、生态环境保护等领域取得了较大进展，已经建立起发展世界级城市群的明显优势。党的二十大报告再次强调推进京津冀协同发展，京津冀建设世界级城市群既是京津冀协同发展的目标，又是重要路径和关键抓手之一。

1. 良好的发展环境，加快世界级城市群的建设

京津冀城市群的发展与中国宏观经济的整体发展和各经济区发展环境格局密不可分。改革开放以来，中国经济持续高速增长，区域发展格局向西北内陆和东北地区扩张，为京津冀世界级城市群的发展提供了良好的宏观环境。一方面，改革开放促进了中国的经济腾飞，极大地解放和发展了社会生产力，极大地增强了社会发展活力，人民生活显著改善，综合国力显著增强，中国已经成为世界第二大经济体、货物贸易第一大国、商品消费第二大国。党的十八大之后，中国经济结构不断优化，协调发展成效显著，经济总量从 50 万亿元量级跃至 114 万亿元，占世界经济的比重从 11.3%上升到超过 18%，人均 GDP 从 6300 美元升至 1.2 万美元以上，形成了超 4 亿人的世界最大规模中等收入群体，国家经济实力跃上了新台阶[①]。另一方面，京津冀区域建设世界级城市群具有坚实的政策基础。2017 年，中共中央、国务院决定设立河北雄安新区，作为推进京津冀协同发展的一项重大决策部署；同年，中共中央、国务院在对《北京城市总体规划（2016 年—2035 年）》的批复中再次明确，发挥北京的辐射带动作用，打造以首都为核心的世界级城市群；2018 年，中共中央、国务院在《关于建立更加有效的区域协调发展新机制的意见》中明确提出，以北京、天津为中心，引领京津冀城市群发展；2022 年，国家发展和改革委员会（简称"国家发展改革委"）在《2022 年新型城镇化和城乡融合发展重点任务》中也提到要健全城市群一体化发展机制，积极推进京津冀协同发展。党中央关于区域协同发展的重大战略部署及发布的一系列方针和政策，为京津冀协同发展创造了良好的环境，加快了京津冀世界级城市

---

① 坚定不移走高质量发展之路——新时代中国经济建设述评. https://news.jschina.com.cn/scroll/szyw/202208/t20220823_3061547.shtml（2022-8-23）[2023-12-22].

群的建设。

2. 坚实的基础设施，有力支撑区域协同发展

发展世界级城市群需要具备资本积累、交通基础设施、人力资源、信息传播网络等必要条件。随着京津冀协同发展这一国家战略不断向纵深推进，京津冀城市群目前在经济、人口、基础设施建设等方面奠定了坚实的发展基础。根据标准排名城市研究院院长谢良兵的评估，一个世界级城市群的经济总量至少要达到 2 万亿美元[①]。在经济方面，北京、天津、河北 2022 年的经济总量达到 1.4 万亿美元，区域整体经济实力迈上新台阶。在人口方面，京津冀地区 2015—2020 年增长了 66.34 万人，总人口超 1 亿，同时集聚型人才红利优势突出，人口素质增长较快，文盲率持续下降，受教育年限保持在较高水平。在空间格局方面，北京新"两翼"不断呈现出新面貌，雄安新区建设全面提速，起步区"四横十纵"骨干路网全面开工，北京城市副中心加快建设，保持年度千亿元以上投资强度。2023 年 5 月 10 日，习近平总书记在河北雄安新区考察并主持召开高标准高质量推进雄安新区建设座谈会时强调，雄安新区已进入大规模建设与承接北京非首都功能疏解并重阶段。在基础设施建设方面，"轨道上的京津冀"主框架形成，2019 年京张高铁开通运营；2021 年京哈高铁全线贯通；2022 年京唐城际铁路开通运营。大规模网络化的基础设施建设有力地支撑了京津冀协同发展。

3. 生机勃发的创新能力，驱动京津冀城市群的竞争力提升

良好的人力资源、资本积累、交通基础设施为京津冀城市群的创新能力奠定了基础，京津冀协同发展也始终坚持以创新为驱动，创新环境持续改善。2015 年，京津冀开发区创新发展联盟、京津冀技术转移协同创新联盟成立，有力促进了地区之间的技术合作；2016 年，国务院批复通过《京津冀系统推进全面创新改革试验方案》，强调促进创新资源合理配置、开放共享、高效利用，充分发挥北京市全国科技创新中心的辐射带动作用；2021 年，中共北京市委、北京市人民政府在《北京市"十四五"时期国际科技创新中心建设规划》中提到优化提升重点区域创新格局，推进京津冀协同创新共同体建设。京津冀城市群持续加大创新投入，科技人才、企业家、高技能劳动力丰富，

[①] 五位外国专家谈"世界级城市群"进化之路：至少具备四大条件. http://www.chinanews.com.cn/gn/2022/04-19/9732781.shtml（2022-4-19）[2023-12-26].

行业领先企业和研发机构众多。2020 年，京津冀研究与试验发展经费投入占 GDP 水平的 4.0%，高等学校发表的科技论文数、专利申请数在全国所占比重分别达到 13.05%、9.39%。位于天津滨海新区的国家超级计算天津中心约三分之二的计算任务都来自京津冀地区；在位于北京市海淀区的京津冀国家技术创新中心，新能源汽车、光电显示等 8 个产业领域正处于研发攻关阶段，"微型化双光子显微镜"等 11 项技术成果已达到世界先进水平。京津冀城市群逐渐成为全国乃至全球重要的创新要素聚集地。

二、"一核两翼"规划建设持续推进，区域空间结构进一步优化

"一核两翼"是京津冀协同发展战略的重要组成部分，"一核"是指包括首都功能核心区在内的北京中心城区，"两翼"是指北京城市副中心、河北雄安新区。党的十八大以来，以习近平同志为核心的党中央做出了关于建设北京城市副中心、雄安新区，与首都北京形成"一核两翼"战略格局，继而带动建设京津冀世界级城市群的一系列重要部署。2017 年 7 月 17 日，北京市委十二届二次全会明确提出，要牢牢把握好"一核"与"两翼"的关系，"一核"的主要任务就是进一步确立首都"四个中心"（政治中心、文化中心、国际交往中心、科技创新中心）城市战略定位，更好地辐射带动"两翼"发展；"两翼"的主要目标就是打造成为疏解非首都功能的集中承载地。要认清"两翼"特别是雄安新区对"一核"的重大意义。自"一核两翼"提出以来，北京城市副中心、雄安新区相关规划建设持续推进，这是紧密联系京津冀发展实际、进行跨行政区的城市功能结构调整的客观需要。"一核两翼"的布局和建设进一步优化了区域空间结构，有力地推进了京津冀区域空间协同发展。

1. 北京中心城区非首都功能疏解取得历史性成果

作为京津冀协同发展的"牛鼻子"，疏解北京非首都功能是破解因大量功能和人口集聚带来的交通拥堵、资源过载、污染严重等问题而产生的"大城市病"难题的核心要义。2017 年 8 月，北京市发展改革委会同市规划和国土资源管理委员会、市财政局、市地税局等有关部门，研究制定了《关于进一步健全京津冀协同发展产业疏解配套政策意见》，强调推动非首都功能产业疏解迁得出去、落得下来，积极探索建立有利于产业疏解承接的体制机制。2021 年 2 月，北京市人民政府在关于印发《关于"十四五"时期深化推进"疏

解整治促提升"专项行动的实施意见》的通知中提到，要持续疏解中心城区非首都功能，推进城市功能织补和生态修复，显著提升中心城区功能品质，提升"四个中心"功能集中承载水平。非首都功能疏解使得北京的"大城市病"得到有效缓解。截至 2023 年底，北京已开展两轮"疏解整治促提升"专项行动，退出一般制造和污染企业近 3000 家，疏解提升区域性专业市场和物流中心近 1000 个，制定实施了全国首个以治理"大城市病"为目标的新增产业禁限目录；2017 年全市常住人口 20 年来首次实现负增长，尤其是城六区人口下降明显；北京高峰拥堵延时指数从 2015 年的 2.06 下降到 2023 年的1.16。京津冀地区在多个领域进行承接协作，津冀两地"十三五"期间累计承接疏解项目 4000 余个，总投资额超过 15 000 亿元；北京大学附属中学、北京师范大学附属中学等优质教育资源在津冀建立分校；北京 22 家市属医院积极与天津、河北开展医疗合作。截至 2021 年 5 月，以一般制造业和物流市场为主体的非首都功能疏解渐近尾声。"十四五"时期，北京非首都功能疏解迈入新阶段，进入中央单位和相关地区协同发力的关键时期，将以在京部委所属高校、医院和央企总部为重点，分期分批推动相关非首都功能向雄安新区疏解。

2. 北京城市副中心高质量发展步伐加快

2012 年，在北京市第十一次党代会上，北京市委、市政府提出"聚焦通州战略，打造功能完备的城市副中心"。2017 年，《北京城市总体规划（2016年—2035 年）》提出了"一核一主一副"的城市空间布局，明确"高水平规划建设北京城市副中心，示范带动非首都功能疏解"。2019 年 1 月，北京市领导机关正式迁至城市副中心。2021 年 11 月，为进一步支持城市副中心高质量发展，《国务院关于支持北京城市副中心高质量发展的意见》提出，规划建设北京城市副中心，与河北雄安新区形成北京新的"两翼"，是以习近平同志为核心的党中央做出的重大决策部署，是千年大计、国家大事。文件指出主要目标为：到 2025 年，北京城市副中心绿色城市、森林城市、海绵城市、智慧城市、人文城市、宜居城市功能基本形成；到 2035 年，现代化城市副中心基本建成。近年来，北京城市副中心努力推动发展，继 2019 年第一批市级行政机关搬迁后，2023 年启动了第二批市级行政机关搬迁工作，3600余个政务服务事项实现跨域通办；高端优质要素不断聚集，运河商务区累计注册企业 1.97 万家，北京首都旅游集团有限责任公司等市属国企总部落地生根；通州区与廊坊北三县（即三河市、大厂回族自治县及香河县）携手打造一体化高质量发展示范区，北京与河北廊坊北三县项目推介洽谈会近四年累计签约项目 160 个，意向投资额约 1080 亿元；公共服务配套愈发完善，北京潞河中学、北京实验学校与三河市合作办学，中日友好医院等 16 家央属或市属医院与廊坊北三县医疗机构开展对口合作。

3. 河北雄安新区建设不断取得新进展

2017 年 4 月 1 日，中共中央、国务院发布公告决定在河北雄安设立国家级新区，将成立雄安新区定位为"千年大计、国家大事"，雄安新区的主要任务是成为"北京非首都功能疏解集中承载地"。雄安新区是中国第 19 个国家级新区，也是首个由中共中央、国务院印发通知成立的国家级新区。2018 年 12 月，《河北雄安新区总体规划（2018—2035 年）》获国务院批复，强调雄安新区要按照高质量发展的要求，推动雄安新区与北京城市副中心形成北京新的"两翼"，按照分阶段建设目标，有序推进雄安新区的开发建设。2021 年起，雄安新区试行居住证和积分落户制度。2021 年 7 月，河北省通过《河北雄安新区条例》。2023 年，习近平总书记在河北雄安新区考察并主持召开高标准高质量推进雄安新区建设座谈会，强调雄安新区已进入大规模建设与承接北京非首都功能疏解并重阶段，工作重心已转向高质量建设、高水平管理、高质量疏解发展并举。

三、城乡要素流动顺畅，进一步推进城乡融合发展

城乡融合发展是指城市与乡村通过经济要素、基础设施、公共服务、生态环境等方面的多元化、平等化、一体化发展，形成统一的有机整体。城乡融合发展在生产、生活、生态方面都有所体现，旨在促进城乡之间的协调发展，缩小城乡差距，改善农村地区的基础设施建设和公共服务水平，提高农村居民的生活条件，推动农村经济社会发展，实现乡村振兴。同时，城乡融合发展还能够促进城乡之间的要素流动，促进区域经济协调发展。改革开放特别是党的十八大以来，我国在统筹城乡发展、推进新型城镇化方面取得了显著进展，但城乡要素流动不顺畅、公共资源配置不合理等问题依然突出。党的十九大做出重大决策部署，要求建立健全城乡融合发展体制机制和政策体系。2019 年，《中共中央 国务院关于建立健全城乡融合发展体制机制和

政策体系的意见》要求建立健全有利于城乡要素合理配置的体制机制，坚决破除妨碍城乡要素自由流动和平等交换的体制机制壁垒，促进各类要素的城乡流动。2015 年以来，城乡要素流动持续活跃，包括劳动力、资金、土地等要素的流动，驱动了城乡融合发展。

1. 劳动力有序转移

劳动力可以根据收入、居住、福利等方面的需求差异在城乡间自由流动，进而促进城乡融合发展。根据国家统计局发布的各地区统计年鉴，北京、天津、河北的常住人口城镇化率分别从 2015 年的 86.5%、82.64%、51.67%增长到 2020 年的 86.6%、84.7%、61.1%。这一数据表明，北京、天津和河北三地的城镇人口占比不断增加，城市化进程不断加快，整体上劳动力倾向于从乡村流向城市。其中，河北省的城镇化率增幅最大，从 51.67%增长到 61.10%，增长了 9.43 个百分点，北京和天津的城镇化率则增幅较小。这也表明，河北省与京津两地在城镇化方面的差距正在缩小。随着河北省城镇化水平的不断提高，京津冀地区整体的城镇化水平也将进一步提升。经济发展和城市产业结构调整为城市吸纳更多的劳动力提供了条件，农村劳动力流入城市可以为城市提供充足的劳动力资源，并改善农村劳动力的就业状况，从而提高他们的收入水平。随着农村劳动力流入城市，城乡之间的人口流动和经济往来将更加频繁，有利于促进城乡融合发展。2021 年 1 月 18 日，习近平总书记在北京市主持召开京津冀协同发展座谈会，强调要推进人流、物流、信息流等要素市场一体化。劳动力是特殊的生产要素，关系到人的发展、人民福祉，因此，劳动力市场一体化是市场一体化的重要组成部分。劳动力有序转移是实现京津冀协同发展、提高就业质量的内在要求，也是劳动力市场消除利益藩篱、从不均衡向均衡调整的有效途径。此外，它还是提升劳动者市民化水平、推进家庭城镇化，进而改善民生的有机结合点。

2. 资金流动活跃

资金在城乡间流动使得城乡之间的经济联系更为密切，从而促进城乡融合发展。一方面，城市资金流入农村，可以带动农村的经济发展，政府通过多种形式鼓励资本下乡，例如鼓励和引导城市工商资本到农村发展适合企业化经营的种养业，促进农村经济多元化发展。2018 年，中央一号文件提出鼓励引导工商资本参与乡村振兴；2019 年以来，国家出台了更细致的资本下乡投资领域指导文件及支持政策；2021 年，农业农村部办公厅、国家乡村振兴局综合司印发《社会资本投资农业农村指引（2021 年）》等。这些政策旨在引导社会资本投入农业农村领域，促进乡村振兴。另一方面，农村资金流入城市，促进城乡之间的经济联系，使得城市经济发展并带动农村经济发展，这种经济联系有助于促进城乡之间的协调发展，使城乡居民都能够从中受益。在京津冀地区，城乡之间的资金流动非常活跃。农村资金源源不断地流入城市，为城市经济的发展做出了巨大贡献。这种资金流动主要通过三个渠道进行，分别是价格渠道、财税渠道和金融渠道。另外，京津冀三地之间的资金流动也愈加密切。2021 年前三季度，三地跨区域产业协作稳步推进，北京向津冀地区输出技术合同 3593 项，同比增长 52.4%；天津吸引京冀投资额 1150.6 亿元，占全部引进内资的比重超过四成，到位资金同比增长 22.7%。京津冀三地之间的资金流动有助于促进区域内的投资和消费，推动经济增长；此外，资金流动还有助于促进区域内的产业升级和结构调整，提高区域经济的竞争力。

3. 土地要素市场化配置决定性作用显现

随着城乡融合发展，土地要素市场一体化逐渐成为现实，即通过深入推进土地要素市场化配置，充分发挥市场在资源配置中的决定性作用，促进要素向中心城市、都市圈、城市群等优势地区集聚，为促进区域优势互补高质量发展提供相应的土地支撑。2020 年，《中共中央 国务院关于构建更加完善的要素市场化配置体制机制的意见》和《中共中央 国务院关于新时代加快完善社会主义市场经济体制的意见》相继出台，把推动土地要素市场化配置放到突出位置，聚焦于建立城乡统一的建设用地市场，形成高效的产业用地供给制度，推动存量建设用地再开发，以及深化土地管理体制改革等。2022年，国务院办公厅印发的《要素市场化配置综合改革试点总体方案》提出支持探索土地管理制度改革，鼓励优化产业用地供应方式，推动以市场化方式盘活存量用地，建立健全城乡统一的建设用地市场等措施。其中，稳妥推进农村土地制度改革是重中之重，包括全面推动农村土地征收制度改革，建立完善集体建设用地入市用途、收益分配、交易服务等制度，深化宅基地权利保障、有偿退出、有偿使用试点探索，推进宅基地所有权、资格权、使用权"三权"分置改革等，完善城乡统一的建设用地市场建设，形成"中心城区—城市副中心—新城—镇—新型农村社区"的现代城乡体系和空间格局。

四、产业协同发展有序推进，促进区域高质量发展

《京津冀协同发展规划纲要》提出要推动京津冀产业升级转移，产业协同发展是京津冀协同发展战略率先突破的领域之一，对疏解北京非首都功能、推动区域高质量发展具有重要意义。工业和信息化部（简称"工信部"）在对《关于推进京津冀协同发展更好服务构建新发展格局的提案》的答复函中提到，推动京津冀三地产业协同发展是京津冀协同发展的重要任务，要支持京津冀加快构建现代化产业体系，培育有国际竞争力的先进制造业集群，有利于实现产业分工协作和优势互补，建设新增长极，推进京津冀协同发展进程。"十三五"以来，京津冀产业升级转移各项任务持续推进，推动了京津冀产业协同发展，基本形成了优势互补、分工协作、协调发展的产业格局。

1. 经济运行稳中有进

近年来，新冠疫情和乌克兰危机等导致我国经济发展的复杂性、严峻性、不确定性上升，为贯彻落实党中央"疫情要防住、经济要稳住、发展要安全"的要求，国务院印发了《扎实稳住经济的一揽子政策措施》，北京市人民政府发布了《北京市统筹疫情防控和稳定经济增长的实施方案》，提出要加快布局京津冀协同重点领域产业链，开展高精尖产业链强链补链行动，对围绕重点领域在京津冀地区提升产业链保供能力的龙头企业给予一揽子支持。在这一背景下，京津冀地区工业经济保持平稳运行。2022年，京津冀地区工业增加值达到 25 114.4 亿元，是 2013 年的 1.5 倍，年均增长 4.5%，占全国比重为 6.3%；京津冀地区共有规模以上工业企业 25 160 家，比 2013 年增加了 15.8%；累计培育国家级专精特新"小巨人"企业 1100 多家、专精特新中小企业 7000 多家，占全国比重分别达到 12% 和 9%。

2. 产业结构持续优化

在新旧动能转换过程中，京津冀三地产业结构持续优化。2015 年以来，京津冀地区三次产业结构整体呈现出第一、第二产业占比逐渐下降，第三产业占比逐渐上升的趋势。北京市产业结构一直保持高端，不断转移非首都功能产业，高端服务业占比持续上升。2015—2021 年，北京第一、第二产业产值占比分别下降 0.33 个百分点和 1.69 个百分点，第三产业产值占比增长 2.02 个百分点；北京高增速行业都集中在第三产业，其中信息传输、计算机服务

和软件业产值增长 151.36%，科学研究和技术服务业产值增长 81.16%，教育业产值增长 75.54%，金融业产值增长 74.18%。天津市的产业结构由"二三一"转向"三二一"，向高端化、服务化方向发展。2015—2021 年，天津第一产业产值占比增长 0.17 个百分点，第二产业产值占比下降 9.28 个百分点，第三产业产值占比增长 9.11 个百分点；天津高增速行业同样集中在第三产业，其中信息传输、计算机服务和软件业产值增长 113.24%，教育业产值增长 106.19%，卫生和社会工作产值增长 94.43%，房地产业产值增长 75.30%。河北承接京津两地产业转移，产业结构加快向"三二一"方向转变。2015—2021 年，河北第一、第二产业产值占比分别下降 1.56 个百分点和 7.75 个百分点，第三产业产值占比增长 9.32 个百分点；河北高增速行业在京津冀地区内数量最多，其中信息传输、计算机服务和软件业产值增长 309.89%，租赁和商务服务业产值增长 220.90%，水利、环境和公共设施管理业产值增长 205.60%，居民服务、修理和其他服务业产值增长 118.48%，卫生和社会工作产值增长 97.69%，教育业产值增长 94.85%，金融业产值增长 85.16%，科学研究和技术服务业产值增长 79.86%。

3. 产业分工格局形成

京津冀基于各自的功能定位，逐渐形成了较为清晰的区域产业分工格局。京津冀三地中，北京作为"四个中心"，天津作为全国先进制造研发基地，河北作为全国产业转型升级示范区，着力调整优化产业空间布局，有序开展产业承接转移和对接协作，不断向优势互补、高质量发展的区域经济布局方向发展。北京牢牢把握非首都功能疏解的"牛鼻子"，高精尖产业快速发展，科技创新中心建设高位推进，2014 年以来全市累计退出一般制造和污染企业近 3000 家；天津构建以智能科技产业为引领的现代化产业体系，加快建设全国先进制造研发基地，国家级企业技术中心累计达到 77 家，位列全国主要城市第三名；河北产业转型升级试验区建设取得重大成效，制造业单位的数量在区域的占比由协同前的 54.6% 提升至 2021 年的 79.3%。京津冀地区"2+4+N"产业合作格局初步形成，"2"即北京城市副中心、河北雄安新区，"4"即曹妃甸协同发展示范区、北京大兴国际机场临空经济区、张承生态功能区、天津滨海新区等四大战略合作功能区，"N"即一批高水平协同创新平台和专业化产业合作平台，"2+4+N"产业合作格局将成为引导产业有序转移、精准承接、集聚发展的重要平台，促进京津冀三地产业协同发展。

五、创新合作水平明显提升，增强区域创新驱动能力

党的十九大以来，京津冀已经进入高质量协同发展阶段，这一阶段的重点包括两个方面：一是产业协同，继续推进产业转移和非首都功能疏解；二是创新协同，京津冀三地进一步推进技术转移和科技协同创新，加快产业转型升级。党的二十大报告强调，必须坚持科技是第一生产力、人才是第一资源、创新是第一动力，深入实施科教兴国战略、人才强国战略、创新驱动发展战略，开辟发展新领域新赛道，不断塑造发展新动能新优势。京津冀地区作为国家创新驱动发展的重要引擎，其创新合作水平对促进京津冀协同发展具有重要意义。

1. 科技创新合作密切进行

为促进京津冀产业协同发展，京津冀地区强化顶层设计，进行了一系列专项合作，推动了京津冀资源共建共享、成果转移转化和产业分工合理布局。深化协同创新平台共建，在"京津冀一体化交通"等领域资助基础研究项目68项，连续举办7届京津冀青年科学家论坛，支持设立京津冀联合实验室与大气、环境综合治理联合研发平台。深化科技成果跨区域转移转化机制，科学技术部（简称"科技部"）会同北京、天津和河北采用"1+3"模式，联合设立投资规模达10亿元的"京津冀协同创新科技成果转化创业投资基金"，对三省市的科技成果转移转化进行支持。截至2022年底，京津冀三地企业累计在京津冀区域互设分、子公司超过9万户。深化重点园区建设，编制完成《雄安新区中关村科技园发展规划》，天津滨海-中关村科技园打造"3+1"产业体系，京津中关村科技城建成首个人才社区，保定·中关村创新中心累计入驻面积达10万平方米。京津科技创新资源外溢，极大带动了河北的发展，《京津冀协同创新指数（2022）》显示，2013—2020年，京津冀协同创新指数由100跃升到417.27，增长了3倍多，以往处于创新洼地的河北，在京津冀协同发展的带动下，创新能力指标、科研合作指标增幅分别达到了900%、1000%。

2. 创新协同机制不断健全

三地协同创新要实现突破，关键在于建立健全有效合理的合作机制。2017年，京津冀三地人才工作领导小组联合发布了《京津冀人才一体化发展规划（2017—2030年）》，成为首个跨区域的人才规划，也是首个服务于国家重大战略的人才专项规划。2018年，京津冀三地科技部门正式签署《关于共同

推进京津冀协同创新共同体建设合作协议（2018—2020 年）》，提出联合成立工作领导小组，建立联席会议制度，深度对接合作并定期开展会商。2019年，北京市教育委员会、天津市教育委员会、河北省教育厅联合印发了《京津冀教育协同发展行动计划（2018—2020 年）》，助力打造京津冀人才创新极。2023 年，工信部会同国家发展改革委、科技部等有关部门以及京津冀三地政府共同编制《京津冀产业协同发展实施方案》，明确到 2025 年，京津冀地区产业分工定位更加清晰，产业链、创新链深度融合，综合实力迈上新台阶，协同创新实现新突破，转型升级取得新成效，现代化产业体系不断完善，培育形成一批竞争力强的先进制造业集群和优势产业链，协同机制更加健全，产业协同发展水平显著提升，对京津冀高质量发展的支撑作用更加凸显。

六、新的区域增长点培育壮大，夯实区域协调发展新格局根基

从"十四五"开始，我国经济发展进入高质量发展的加速落实阶段，从这一阶段的国际国内特征出发，需要积极构建以国内大循环为主体的新发展格局，而构建新发展格局的关键是培育新的经济增长点，即在新发展格局下选择经济增长的着力点，使其带动经济形成新的增长态势。在京津冀经济发展水平不平衡的背景下，河北省壮大战略性新兴产业规模、打造区域发展新引擎、在深化改革开放中培育新优势，是对接京津冀协同发展、构建新发展格局的重要内容。

1. 河北经济高质量发展取得显著成效

经济高质量发展是能够更好满足人民日益增长的美好生活需要的发展，是体现创新、协调、绿色、开放、共享的新发展理念的发展，也应是生产要素投入少、资源配置效率高、资源环境成本低、经济社会效益好的发展。河北经济发展稳中有进，且不断朝着更高质量、更高效率、更加公平、更可持续的方向前进。2021 年，河北省全省生产总值同比增长 6.5%，三次产业结构调整为 10∶40.5∶49.5，服务业对经济增长的贡献率达到 61.1%，战略性新兴产业增加值同比增长 12.1%，高新技术产业增加值增长 12%。产能压缩效果明显，超额完成了"十三五"任务。化解水泥、平板玻璃、焦化过剩产能，以及压减退出粗钢产能 8212.4 万吨，完成国家任务的 1.7 倍；创建省级以上绿色工厂 233 家，其中国家级 95 家；钢铁企业全部完成超低排放改造，

规模以上工业单位产业增加值能耗下降26.1%,超过全国平均值10个百分点。新产业、新业态、新模式加速成长,加快构建现代化产业体系。规模以上工业八大主导产业增加值增长5.8%;全年规模以上服务业中,高技术服务业营业收入增长5.6%。环境治理成效初步显现,生态环境质量改善取得显著成效。$PM_{2.5}$浓度持续下降,同比下降14.4%,空气质量优良天数比率达到73.8%,重污染天数降至9天。另外,河北消费市场扩容升级取得明显改善,以促进消费提质扩容对冲经济的下行压力,消费结构不断优化,支撑作用持续增强。2021年,城镇消费品零售额完成11 481.1亿元,增长6.8%,乡村消费品零售额完成2028.7亿元,增长3.8%,随着农村居民收入增速加快、农村基础设施和公共服务不断完善,农村居民消费梯次升级,正在成为拉动内需的重要力量。

2. 河北区域协调发展取得持续进展

实施区域协调发展战略是新时代国家重大战略之一,是贯彻新发展理念、建设现代化经济体系的重要组成部分。2019年,河北省委、省政府在《关于贯彻落实建立更加有效的区域协调发展新机制的实施方案》中提出,到2035年,河北省将建立与基本实现现代化相适应的区域协调发展新机制,京津冀协同发展体制机制更加完善,省内区域间发展更加协调,与其他省(区、市)的合作互助机制更加健全,为新时代全面建设经济强省、美丽河北提供有力保障。面临京津冀经济一体化进程加快、环渤海地区正崛起成为我国第三增长极的发展机遇,河北区位优势明显,在政策、交通、产业、资源、环境等方面取得了持续进展。雄安新区建设的持续推进带来了大量资金投入,有力促进了周边地区公共水平的提升,北京高端要素加速向河北布局,充分发挥制度红利作用;综合交通网络趋于完善,截至2021年,全省铁路运营里程达到8120公里以上,公路通车里程超20.7万公里,高速公路通车里程达到8084公里,港口通过能力位居全国第三位,货物吞吐量居全国沿海省市第四位,拥有3个亿吨级大港和6个民用机场,2022年货邮吞吐量达4.5万吨,旅客吞吐量达686万人次;产业结构已由“二三一”转变为“三二一”,服务业发展速度加快,服务业已成为河北经济发展的第一引擎;全省粮食作物丰富,也是我国重要产棉基地、水产品基地;劳动力总资源已达4260多万人。这些资源优势为河北省发展以特色资源要素为基础、以市场需求为导向、以特色产业和生产特色产品为重点的经济发展体系提供了资源基础和保障,从而有效避免了区域间的同质化竞争；作为整个京津冀区域乃至整个华北地区的重要生态屏障，河北省在生态农业、观光农业、生态林业、生态渔业、生态畜牧产品生产等方面持续进取。

3. 石家庄重大战略任务稳步推进

近年来，石家庄市经济保持中高速增长。2022年，全市生产总值达7100.6亿元，同比增长6.4%。根据深入推进协同发展战略，重点在石保廊地区开展全面创新改革试验，中关村天合科技成果转化促进中心、石家庄市高新技术产品推广应用平台、河北工业设计创新中心等平台的建成使得石家庄承接首都非核心功能和产业转移的能力得到了明显增强。在重大战略任务的引领下，石家庄研发投入强度不断加大，高新技术企业和研发机构快速增长，新动能加速发力，产业结构得到新优化；城市吸引力大幅提升，被评为"中国会展名城""亚太旅游目的地城市"，特色小城镇和新农村建设深入开展，城乡面貌也发生了新变化；生态文明建设强力推进，单位生产总值能耗降低率、化学需氧量及二氧化硫、氨氮、氮氧化物排放量完成省下达的目标任务，全长42公里的滹沱河生态修复工程全面开工建设；重大项目取得新进展，2022年创新出台《支持园区工业产业项目落地降低企业用地成本的若干措施》，所有省级以上开发区实现投融资、担保、市政、科创"四个平台"全覆盖。

七、城市生活圈建设水平提升，带动区域资源共享

生活圈是都市圈的重要组成部分。2019年，国家发展改革委在《关于培育发展现代化都市圈的指导意见》中指出，都市圈是城市群内部以超大特大城市或辐射带动功能强的大城市为中心、以一小时通勤圈为基本范围的城镇化空间形态。环首都一小时生活圈是指以北京市为中心，以交通一小时可达范围内的城市和地区为主体，具有完善的生活、工作、休闲、服务等功能的城市群和经济圈。环首都一小时生活圈旨在打造一个便捷、舒适、高效的生活圈，增强人民群众的获得感，推动大国首都宜居形象的塑造和京津冀城市群建设。

1. 环首都一小时生活圈的交通质量改善

截至2022年底，"轨道上的京津冀"主骨架形成，京津冀三省市铁路营业里程达10 933公里，其中高铁2575公里，实现铁路对20万人口以上城市

全覆盖，高铁覆盖京津冀所有地级市，快速推进半小时、一小时城际交通圈。2019 年，京张高铁开通，正线全长 174 公里，实现了 350 公里时速的自动驾驶；2020 年，京雄城际铁路开通，每天有 17 对京雄城际列车往返于北京与雄安站间，坐高铁从北京到雄安最快只要 50 分钟；2022 年，京唐城际铁路、京滨城际铁路宝坻至北辰段开通运营，北京站至唐山站、北辰站最快分别 1 小时 03 分、1 小时 32 分可达，廊坊燕郊、大厂、香河等地也步入高铁时代；2013 年，津兴城际铁路正式开通运营，线路全长约 101 公里，进一步完善了区域铁路网布局。"十四五"期间，京津冀地区将逐步形成以京津轴、京雄（石）轴、京唐轴、津雄轴为骨架，衔接太原、郑州、商丘、济南、潍坊、秦皇岛、沈阳、呼和浩特 8 个方向的"四轴、八放射"路网布局，构建完成主干设施建设完整、交通结构多样化、交通枢纽建设完善、区域交通一体化显著的环首都一小时生活圈交通体系。

2. 环首都一小时生活圈的生态休闲空间格局完整

城市生态休闲空间属于城市生态绿地景观系统的子系统，是指城市内部和外围具有专类植物或绿地景观特色，并有一定的人文景观元素的各种开放空间或公共区域。生态休闲空间是都市生活圈发展的客观需要，是维持生活圈良好运转的基础支撑，是城乡生态系统的重要组成部分，是促进生活圈协调发展的重要抓手，也是满足生活圈人民生活改善需求的关键举措。随着收入与消费能力的增长，首都地区居民的生态休闲需求也不断提高，环首都一小时生活圈的生态休闲空间建设水平也相应提高。环首都一小时生活圈基于山地自然生态基底条件良好、河湖水系生态与景观环境条件良好、公园绿地总量充足、农业文化遗产丰富的本底条件，形成了包括三大片区、若干廊道和多个节点的生态休闲空间格局。三大片区自然条件鲜明，分别是西部、北部的山地片区，以北京、天津城区为代表的大城市建成区，以及其他平原城乡综合发展片区。廊道主要可以分为三类，分别是道路型廊道、河流型廊道和绿带型廊道。重要节点众多，山区有百花山、云蒙山等著名自然景点，以及八达岭、慕田峪等自然与人文交融的景观节点和山区富有特色的山村民居；水体有密云水库、官厅水库等重要的库区，拒马河-大清河、永定河等河流，沿河流的武清永定河故道国家湿地公园、宝坻潮白河国家湿地公园等湿地公园，以及众多的湖泊；历史文化方面，北京、天津等著名历史文化名城和其间众多历史底蕴深厚的名镇、名村等历史文化节点不计其数。

第二节　京津冀进一步协同发展机遇

一、国家战略促进区域协同与城乡融合

1. 区域协同发展和优势互补

习近平总书记在党的二十大报告中强调推进京津冀协同发展，国家政策强调京津冀协同发展，将三地视为一个整体，推动协同发展。这为京津冀地区提供了更广阔的发展空间和机遇。通过优化资源配置、协同产业发展和基础设施建设，可以实现区域内各城市的优势互补和协同发展，促进经济增长和提升整体竞争力。2023 年 5 月 24 日，《京津冀产业协同发展实施方案》正式印发，明确了协同发展的指导思想、战略目标和重点任务。该方案提出了推动创新驱动发展、深化产业融合等具体措施，进一步促进京津冀地区的协同发展。

2. 区域产业转型升级

国家政策鼓励京津冀地区加快产业转型升级，重点发展高技术产业、现代服务业和先进制造业。这为京津冀地区提供了发展新兴产业、推动技术创新和提升产业附加值的机遇。三地可以加强合作，形成协同创新和技术共享的合力，推动产业结构优化升级，提高整体经济发展水平。京津冀协同发展为区域产业转型升级创造了多重机遇。首先，通过各地产业优势的互补，形成更为完整的产业链，有助于推动高附加值产业的发展，提高整体经济效益。其次，基础设施建设将改善交通网络和能源基地，降低交通成本，促进资源要素流动，从而提升生产效率。科技创新合作可集聚高校和科研机构资源，推动科技成果转化，促进高新技术产业的发展。人才流动优化劳动力资源配置，有利于产业升级。再次，协同发展也将推动绿色环保产业的发展，满足社会对环保的需求，实现可持续发展。最后，对外开放将使得京津冀地区更好地融入全球产业体系，促进国际合作，提高整体国际竞争力。这一战略性合作为京津冀地区产业升级提供了广泛而深远的发展机遇。

3. 基础设施建设互联互通

国家政策重点推动京津冀地区的基础设施互联互通，包括交通、能源、信息等领域的建设。这为京津冀地区提供了改善交通运输、优化资源配置和

加强市场一体化的机遇。加强交通连通可以促进区域内人员流动和资源流动，提升城市的综合竞争力，为企业和居民创造更便利的生活和工作环境。未来，京津冀协同发展将在基础设施建设互联互通方面迎来重大机遇。规划中的交通基础设施建设有望缩短地区内空间距离，为企业提供更广泛的市场和更便捷的资源获取途径，助推产业链更为紧密地融合。城市轨道交通规划将提升通勤的便利性，促进人才跨区域流动，增强劳动力市场的灵活性，预计还将推动城市间产业更深层次的合作。能源基础设施建设的规划有望降低能源生产和运输成本，促进清洁能源的利用，为京津冀地区未来的能源可持续发展奠定坚实的基础。未来这一基础设施建设将为京津冀经济社会发展创造更为广泛的机遇，推动该区域朝着可持续发展目标迈进。

二、国家高质量发展构建新格局

1. 统筹推进"五位一体"与"四个全面"

京津冀协同发展有益于统筹推进"一带一路"等重大国家倡议。2023 年5 月，习近平总书记在河北考察并主持召开深入推进京津冀协同发展座谈会时指出，京津冀地区区位优势独特，海运条件便利，要持续推进港口转型升级和资源整合，优化港口功能布局，主动对接京津冀协同发展、高标准高质量建设雄安新区、共建"一带一路"等国家重大战略需求，具有重大现实意义和深远历史意义。

2. 统筹协调生态环境治理和保护

国家政策倡导绿色发展和生态文明建设，强调京津冀地区的生态环境保护和治理。这为京津冀地区提供了加强生态环境保护、推动可持续发展的机遇。三地可以加强生态环境合作，共同推进大气污染治理、水资源保护和生态修复，建设宜居宜业的生态环境，提高居民生活质量。2022 年，京津冀相继表决通过《关于京津冀协同推进大运河文化保护传承利用的决定》，京津冀三地通过区域协同立法，共同保护大运河文化与京津冀地区生态环境。

3. 参与"一带一路"建设，加大对外开放力度

国家政策支持京津冀地区加大对外开放力度，鼓励引进外资、扩大对外贸易和促进人员交流。这为京津冀地区提供了更广阔的国际合作和发展机遇。在对外投资方面，在"一带一路"倡议的带动下，三地积极引导企业开展境外投

资，2014—2020 年京津冀对外直接投资额分别累计达到 551.75 亿美元、216.24 亿美元和 250.76 亿美元。三地共同参与"一带一路"建设，吸引了国际资本和人才，拓展了市场空间，推动了经济国际化和城市国际化进程。

三、疏解非首都功能，完善承接格局

1. 聚焦重点平台建设，推动疏解非首都功能

天津市、河北省将聚焦重点平台建设，加快承接项目资源。2023 年，中共天津市委、天津市人民政府印发《推动京津冀协同发展走深走实行动方案》，指出要提升重点平台要素承载能力，建立与国家部委、央企、中管高校等国家资源及北京市地方资源的高效高频"握手通道"。

2. 打造战略合作功能区，完善承接格局

天津、河北地区正在逐步建设战略功能合作区，推动滨海新区强化配套服务功能，提高产业发展质效，培育形成一批高质量、有特色、有规模的产业集群，高标准打造"一基地三区"核心区。天津、河北地区将继续完善承接格局，提升全域承载能力。2023 年，中共天津市委、天津市人民政府印发《推动京津冀协同发展走深走实行动方案》指出要创建更多服务业扩大开放示范园区，重点承接金融服务、商务服务、总部经济、平台经济等产业，带动"津城"产业能级提升，逐年提高现代服务业比重，形成对全市产业布局优化的有力支撑。

3. 全域承接非首都功能，创新政策支持

天津、河北地区为全面承接非首都功能，围绕落户企业和员工关心关注的问题，从贡献奖励、金融服务、人才支持，以及教育、医疗、住房保障等方面给予支持。2023 年，中共天津市委、天津市人民政府印发《推动京津冀协同发展走深走实行动方案》，指出要逐年制定对接清单，设定年度新增承接项目投资额目标，建设对接服务北京信息平台，实施"1+2+N"系列招商活动。

四、构建区域一体化基础设施网络，支持区域联动发展

1. 一体化交通网络逐步构建

京津冀区域合力支持北京通州区与廊坊北三县一体化联动发展。2021

年，北京市加快构建一体化交通网络，推动厂通路等跨界道路规划对接和组织实施，推动北京市头部企业在北三县延伸布局产业链、供应链，实现北运河（通州段）游船通航，加快推进北运河京津冀段全线通航；推进京唐城际铁路（北京段）等项目建设，开工建设北京市郊铁路副中心线（西段）等工程，加快国道109新线高速、京哈高速拓宽改造等项目建设。

2. 以点带面，雄安新区与北京城市副中心建设高质量推进

北京市支持雄安新区发展，加快建设北京城市副中心。2021年，雄安新区"三校一院"中幼儿园、小学、中学项目实现竣工，京雄高速北京段市界至六环段建成。北京城市副中心建设继续高质量推进，保持千亿元以上投资强度。2021年，北京城市副中心剧院、图书馆、首都博物馆东馆三大文化设施实现主体结构封顶；行政办公区二期、副中心站综合交通枢纽、东六环路入地改造等项目建设扎实推进。

3. 基础设施同城化、一体化走深走实

北京、天津、河北支持京津冀地区基础设施同城化发展。2023年，中共天津市委、天津市人民政府印发《推动京津冀协同发展走深走实行动方案》，指出加快建设"轨道上的京津冀"。建成津兴城际铁路、京滨城际南段，与京津城际铁路和京沪高铁形成4条高铁城际连通京津双城格局。建成津潍高铁，高效连通京津冀与长三角地区。预计到2027年，高铁城际运营里程将达到510公里。加快建设创新协同新型基础设施，实施千兆5G和千兆光网建设提升工程，前瞻布局6G网络；建设全国一体化算力网络京津冀枢纽节点；加快建设互联互通能源管网；建设中国石油化工集团公司、国家管网液化天然气（liquefied natural gas，LNG）接收站及北京燃气LNG应急储备项目。

第三节　京津冀进一步协同发展展望

一、完善区域空间格局，构建紧密的区域合作机制

1. 区位优势与区域合作更加紧密

京津冀地区位于中国北方经济发达地区，拥有良好的区位优势。进一步

协同发展将进一步发挥京津冀地区在国家经济发展中的战略地位，形成更加紧密的经济联系和区域合作格局，吸引更多的投资和资源流入，推动整个区域的经济增长。

2. 基础设施建设与产业协同发展不断完善

京津冀地区已建设了一系列高速公路、铁路、航空、港口等交通基础设施，形成了较为完善的交通网络。进一步协同发展将充分利用现有的交通基础设施，加强交通一体化，提升交通效率和便捷性，促进人员流动、物资流通和信息传递的畅通，进一步提升区域的竞争力。京津冀地区拥有多个特色产业和优势产业，如科技创新、现代制造、金融服务等。进一步协同发展将加强产业协同，实现资源优化配置和协同创新，推动产业链条的延伸和产业规模的扩大，提升区域产业的核心竞争力。京津冀地区各具特色的产业结构和区位优势为产业协同发展提供了机遇。通过发挥各自的优势，如北京的科技创新、天津的航运物流、河北的能源化工等，实现优势互补和资源整合，推动产业协同发展，提高整体经济的竞争力和增长潜力。京津冀协同发展是一项国家战略，政府将提供政策支持和优惠措施，为产业协同发展提供机遇。通过制定和落实促进协同发展的政策，如税收优惠、土地政策、人才引进等，为跨地区的企业合作和产业转移提供便利，激发投资和创新活力，推动产业协同发展。

3. 城市群内部协同发展，优势互补

京津冀地区的城市群将实现更加紧密的协同发展。通过加强城市之间的互联互通和合作交流，形成城市群内部的协同发展机制，实现资源的共享和优化配置，推动城市群的整体发展和提升。进一步协同发展将推动京津冀地区的区域一体化。通过加强政策协同、规划整合和资源共享，形成更加紧密的区域一体化发展格局，实现区域间的无缝对接和优势互补，提升整个区域的发展水平和竞争力。

综上所述，从城市群和区域一体化的角度来看，京津冀协同发展将会在区位优势、交通基础设施、产业协同发展、人才集聚、城市群内部协同发展等方面迎来新的机遇和挑战。通过深化合作与创新，京津冀地区将迈向更加繁荣和可持续的发展之路，为全国乃至全球经济的发展做出更大的贡献。

4. "一核两翼"空间格局优化完善

进一步协同发展将推动京津冀地区城市的综合发展。通过优化城市规划和土地利用，加强基础设施建设和公共服务供给，提升城市的生活品质和环境质量，打造宜居宜业的现代化城市，提升城市竞争力和吸引力。进一步协同发展将实现"一核两翼"空间格局的优化和完善。习近平总书记在党的二十大报告中强调"推进京津冀协同发展"，"高标准、高质量建设雄安新区"。雄安新区建设在调整优化京津冀空间结构中起着极其重要的作用，通过承载新的功能，培育新的增长点，以及承接北京非首都功能，雄安新区正在加快提升产业层次、创新能力和公共服务水平。近年来，以"形成新形象、建设新功能、发展新产业、聚集新人才、构建新机制"的"五新"目标为引领，雄安新区在建设绿色生态宜居新城区、创新驱动发展引领区、协调发展示范区、开放发展先行区等领域取得了显著成效。

同时，京津冀地区拥有多个重要城市，协同发展将为优化城市群空间布局提供机遇。通过加强城市之间的互联互通和合作交流，形成紧密的城市网络，推动资源的共享和优化配置，促进人员流动和产业协同发展，实现区域经济的整体提升；通过建立紧密的城市群合作机制，实现城市规划和土地利用的统一协调，推动城市群之间的互联互通和资源共享，形成合理的城市布局，提升整体城市群的功能和竞争力。

5. 重要城市发展，形成合作机制

在京津冀区域协同发展过程中进一步发挥北京在科技创新、金融服务和人才吸引方面的引领作用，推动高端产业集聚和经济转型升级，提升区域的综合竞争力。作为中国的经济特区和重要港口城市，天津经济技术开发区具有发展先进制造业和现代服务业的优势。进一步协同发展将进一步推动天津在航运物流、金融创新和国际贸易方面的发展，加强与北京的产业协同和资源共享，提升区域经济的活力和国际竞争力。作为京津冀协同发展的新引擎，雄安新区具有独特的发展机遇。进一步协同发展将充分利用雄安新区的空间布局和规划设计，推动现代城市建设和新兴产业发展，吸引高端人才和创新资源，打造宜居宜业的现代化城市，为区域经济发展注入新的动力。

综上所述，从"一核两翼"的空间格局角度来看，通过深化合作与创新，京津冀地区将迈向更加繁荣和可持续的发展之路，为全国乃至全球经济的发展做出更大的贡献。

二、促进城乡融合，培养新的区域增长点

1. 人才与技术流动更加便利顺畅

城乡要素流动为京津冀地区提供了人才流动的机遇。通过加强教育培训、创新创业和就业服务等措施，促进人才的跨城乡流动，实现人才的优化配置和集聚，将为京津冀地区带来创新活力和人才红利，推动产业升级和经济发展。随着城乡融合的深入推进，城乡要素流动将更加便利和顺畅。未来，京津冀地区将建立更加完善的城乡要素流动机制，推动人才、资金、技术和市场的自由流动，实现要素的高效配置和优势互补。城乡要素流动促进了京津冀地区技术的流动和创新的融合。通过推动科技创新和知识产权保护，促进城乡科技资源的互通共享，实现技术的跨城乡流动和转化。这将加快京津冀地区产业结构的优化升级，推动科技创新驱动的经济发展。

2. 资金与市场流动壁垒解除

城乡要素流动也为京津冀地区带来了资金流动的机遇。随着城乡融合的深入推进，农村地区的闲置资金和资源将得到有效利用，流入城市地区的投资和创业项目中；同时，城市地区的资金也可以通过投资农村地区的农业、乡村旅游等产业，实现资金的双向流动和增值。城乡要素流动为京津冀地区带来了市场流动的机遇。通过消除城乡之间的壁垒和障碍，可促进农产品、农村特色产品和服务的进城销售，拓宽农村市场的发展空间。同时，城市地区的消费市场也可以向农村地区延伸，推动农村消费的升级和多元化。

3. 城乡融合与农村发展加快

城乡融合将推动京津冀地区城乡之间经济、社会和文化的融合发展。未来，城乡融合将实现农业现代化和乡村振兴的目标，推动农村地区的产业升级和经济发展，提升农民的收入水平和生活品质。同时，城市地区也将吸收更多的农民工和农业转移人口，实现城乡人口的平衡发展。城乡要素流动和城乡融合将实现京津冀地区城乡一体化的发展。未来，京津冀地区将加强城乡规划和土地利用的整合，推动城市和农村基础设施的共建共享，实现城市和农村公共服务的均等化，建设现代化、宜居宜业的城乡一体化发展区域。

城乡要素流动和城乡融合将为京津冀地区农村发展带来新的机遇。未来，农村地区将加强农业生产的现代化和农民的职业培训，推动农村经济的多元化发展和农民收入的增加。同时，农村地区将发展乡村旅游、生态农业等新兴产业，提升农村的产业竞争力和发展活力。

综上所述，从城乡要素流动和城乡融合的角度来看，京津冀协同发展将会在人才流动、资金流动、技术流动、市场流动、城乡融合、农村发展等方面迎来新的机遇和挑战。通过加强合作与创新，京津冀地区将实现更高水平的协同发展，促进经济的转型升级和可持续发展。

4. 城市现代化与更有竞争力的区域协同

进一步协同发展将推动河北省城市的现代化进程。通过加强城市规划和建设，改善城市环境和公共服务设施，提升城市的宜居性和吸引力，吸引更多人才和资本进入河北，实现城市的可持续发展。作为京津冀协同发展的重要节点，河北将受益于相关基础设施建设的加强。包括交通、能源、通信等方面的基础设施建设将提升河北的交通便利性和产业发展条件，吸引更多的投资和人才流入，推动区域经济的蓬勃发展。协同发展将促进京津冀地区农业的现代化与乡村振兴。通过引进先进农业技术和管理经验，加大对农业科技创新的支持力度，培育新型农业经营主体，推动农业从传统的资源依赖型向技术驱动型转变。同时，注重农村基础设施建设和农村公共服务的提升，改善农民的生产和生活条件，促进农村经济的多元化发展。作为京津冀协同发展的重要组成部分，河北省将进一步深化与北京和天津的合作与交流。通过加强区域间的政策协调和资源共享，推动产业、人才、科技等要素的流动和共享，实现区域间的协同发展，打造更具竞争力的综合区域。

5. 产业升级与经济结构转型，竞争力加强

进一步协同发展将推动河北省实现产业的升级与转型。通过发展现代制造业、高新技术产业和现代服务业，河北可以实现产业结构的优化和提升，增加附加值和创新能力，提高经济竞争力和可持续发展能力。随着京津地区产业结构调整和优化升级的需要，河北作为新的区域增长点具有吸纳产业转移的机遇。通过吸引北京和天津的产业转移和投资，河北可以实现产业的跨区域布局，促进经济结构的升级和就业机会的增加。

6. 更加注重生态环境保护与可持续发展

进一步协同发展将注重河北省生态环境的保护和可持续发展。通过加强生态环境治理和资源保护，推动绿色发展和生态经济建设，实现经济发展与生态环境的协调，保护好生态环境资源，为后代子孙留下良好的生态环境。

综上所述，河北作为新的区域增长点，将在京津冀协同发展中迎来重要的机遇与展望。通过充分利用地理位置优势、吸纳产业转移、加强基础设施建设，河北省将实现产业升级与转型、城市现代化、生态环境保护与可持续发展，同时深化区域间的协同发展，为京津冀地区的经济繁荣和可持续发展做出积极贡献。

三、加强产业协同，促进区域创新合作

1. 产业协同发展和产业结构不断升级

京津冀地区将进一步加强科技创新能力，促进科技成果转化和产业技术创新，推动产业结构升级和优化。不同城市在产业布局上形成协同效应，建立合理的产业分工和合作机制，促进产业链条的完善和互补发展。充分发挥京津冀各地的产业优势，形成协同发展的产业集群，加强合作，提高整体竞争力。

2. 区域高质量发展与区域协调治理

京津冀地区的空间布局将进一步优化，加强区域规划和土地利用管理，合理控制城市规模和空间扩张，推动京津冀城市布局优化和城市群协同发展。加强交通基础设施建设，提升交通连通性，构建便捷高效的交通网络，促进人员流动和资源要素的流动。注重生态环境保护和绿色发展，加强污染治理和生态修复，共同应对环境挑战，建设生态友好型城市群。加强政府间合作，推动政策协同和统筹，形成政策合力，为协同发展提供良好政策环境。推动体制机制改革和政府治理创新，加强区域一体化管理和服务能力，提升治理效能。

3. 产业与城市良性互动和协同发展

京津冀地区通过产业布局和城市规划，推动城市功能的互补和融合，实现产业与城市的良性互动和协同发展。加强人才引进和培养机制，促进人才在京津冀地区的流动，推动人才集聚和共享，为区域发展提供智力支持。加强公共服务设施建设和公共资源配置，提高居民生活质量和幸福感，实现城

市共建共享。

4. 建立创新合作平台，创新资源共享

京津冀地区将加强科研院所、高校、企业之间的合作，建立创新合作平台，促进知识、技术和人才的交流与共享。推动科技创新资源共享，通过共建共享的模式，提高科技创新资源的利用效率，加快创新成果的转化和推广应用。

5. 完善创新政策支持，优化创新环境

京津冀将进一步加强创新政策的协同，提供更加优惠的政策环境，吸引更多企业和机构投入创新领域。构建开放、包容、竞争的创新生态系统，促进创新要素的流动和集聚，培育创新创业氛围。京津冀地区将加大对创新人才的培养和引进力度，吸引高层次人才到该地区工作，打造人才高地。加强企业与高校、研究机构的合作，推动产学研结合，促进科技成果的转化和产业的升级。

6. 加强科技成果转化效率

京津冀地区将进一步加强科技成果的转移转化机制，推动科技成果与产业需求的对接，加快科技成果向实际生产力转化的速度。搭建技术创新服务平台，提供专业的技术咨询、评估和知识产权保护等支持，促进科技成果的市场化和产业化。

7. 推动产业创新升级

京津冀地区将进一步优化产业布局，鼓励新兴产业的发展，推动传统产业的转型升级，实现产业结构的优化和协同发展。加强产业链上下游企业之间的合作，形成完整的产业链条，提高整体产业链的竞争力和创新能力。

四、建设更高品质的城市生活圈

环首都一小时生活圈是指以北京市为核心，覆盖北京、天津和河北省部分城市的协同发展区域，通过加强交通连通、优化产业布局、提升生活品质等方面的努力，实现人员、资源和产业的高效流动与融合。

1. 人口与产业协同发展，推动经济增长

环首都一小时生活圈的形成将促进人口红利的释放和人才的流动。高效

便捷的交通系统和一体化的生活圈将吸引更多人才来到京津冀地区，为各地提供更多的劳动力和创新力，推动产业发展和经济增长。环首都一小时生活圈将促进京津冀地区的产业协同与资源优化。通过加强产业链的衔接和资源的共享，不同地区可以充分发挥各自的优势，实现产业协同发展，提升整体经济效益。进一步协同发展将推动京津冀地区的经济发展和产业升级。通过优化产业布局，加强创新驱动和技术创新，培育新兴产业和高端制造业，推动经济结构优化升级，实现更高质量、更可持续的经济增长。

2. 城市建设和基础设施改善，人民幸福感提高

进一步协同发展将提供更多的机会来改善城市基础设施建设水平。各地可以共同投资和合作，提升城市的交通、水、电、气、热等基础设施水平，提供更好的城市服务和生活品质。协同发展将提升人民的生活水平和社会发展水平。通过提供更多的就业机会、改善公共服务、加强社会保障等措施，让人民共享发展成果，提高人民的生活品质和幸福感。

3. 注重环境保护，塑造良好的城市形象

协同发展将注重环境保护和生态建设。通过合理规划土地利用、加强环境治理和生态修复，推动绿色发展和可持续发展，实现经济发展与生态环境的协调，保护好生态环境资源。协同发展将促进文化交流与城市形象塑造。不同地区可以加强文化交流与合作，推广本地文化，提升城市的软实力和吸引力，塑造良好的城市形象，增强对外交往和合作的能力。协同发展将推动京津冀地区绿色低碳和环境保护的发展。通过加强环境治理和资源节约利用，推进清洁能源和循环经济的发展，提高产业生产过程的资源利用效率和环境友好性，实现经济发展与环境保护的良性循环。通过加强生态文明建设，推动生态环境保护与经济社会发展协调并进，实现资源的合理利用和生态环境的可持续发展。注重生态补偿机制的建立和生态文明理念的普及，推动绿色产业发展和低碳生活方式的普及，实现经济发展与生态环境保护的良性循环。

总体而言，环首都一小时生活圈的形成为京津冀进一步协同发展提供了良好的机遇。通过加强交通连通、优化产业布局、提升生活品质等方面的努力，京津冀地区可以实现资源的共享和优化配置，协同推动经济发展、社会进步和环境保护，为人民提供更好的生活条件和发展机会，实现可持续发展目标。

2 | 第二章
京津冀城乡区域协调与融合发展

第一节　城乡融合的内涵与意义

一、城乡融合的概念与研究进展

1. 城乡融合概念

城乡融合是对我国城乡关系发展目标新一阶段的认识，城乡二元的经济社会结构是我国的基本国情，也是导致"三农"问题的根源。因此，对于城市与乡村关系的协调是城乡发展政策中不变的主题，随着经济社会的不断发展，城乡关系被不断赋予新的内涵。本书中的城乡融合是指城市与乡村通过在经济要素、基础设施、公共服务、生态环境等方面的多元化、平等化、一体化发展，形成统一的有机整体。城乡融合在生产方面表现为增强要素互动、协同高效创新，在生活方面表现为缩小水平差距、文化相互渗透，在生态方面表现为促进协同治理、环境友好合作，以生产、生活、生态全方位多层次融合为出发点，破解城乡二元结构，实现京津冀地区的城乡一体化发展。

2. 当前城乡融合研究进展

城乡融合是指城乡通过互动从分离、对立逐步走向融合，实现城乡一体的过程，城乡融合是历史发展的必然趋势，由生产力与生产关系的基本矛盾所决定。从社会分工和人的全面发展角度看城乡关系的走向，可以发现人类社会演进的最终归宿不是由人口和资源在空间上高度集聚所形成的大城市，而是城乡融合状态。这种融合体现在打破城乡壁垒的社会融合、统一生产力布局的经济融合、协调城乡景观的生态融合、促进区域合理分工的空间融合、促进城乡均等发展的文化融合、推进城乡一体化的制度融合等方面。

中华人民共和国成立初期，我国发展战略以经济建设为中心，政府实施的政策偏向发展非农业部门，资本和劳动力等生产要素在农业与非农业部门之间产生了错误配置，城乡呈二元对立结构，要素流动机制不健全；在工业化、城镇化的基础上，进一步推进城乡一体化成为我国选择的新路径，面对重塑新型城乡关系、破解社会主要矛盾、推动乡村全面振兴等任务，城乡融合被赋予新的内涵。

国内学者对城乡关系的研究随着我国经济建设和改革进程而展开，相关学者从不同视角对城乡融合演进过程进行了区域实证研究。韩俊从历史和经济学的角度阐述了城乡关系的变化与特征，并提出加强城乡联系的政策建议[①]。张利民从城市学的角度探究城乡关系问题，认为城乡之间的对立矛盾主要在于城市自身发展动力的缺乏，并通过自组织与他组织的视角进行了动态发展演变分析[②]。高相铎对天津市城乡空间转变的规划响应进行了研究，以天津为实证对象分析我国城乡关系的发展过程，提出此过程中存在的问题[③]。武勇杰选择我国中小城市作为研究对象，探究中小城市发展存在的问题，提出城市功能专业化对城乡关系转变起到至关重要的作用[④]。白理刚和鲍巧玲对西昌市东部地区进行了研究，分析了该地区城郊乡村人与地、城市与乡村之间的关系，借鉴了空间发展模型，提出城郊乡村的规划方案，从而促进城乡

① 韩俊. 中国城乡关系演变 60 年：回顾与展望[J]. 改革, 2009(11): 5-14.
② 张利民. 城市史视域中的城乡关系[J]. 学术月刊, 2009(10): 135-139+145.
③ 高相铎. 我国城乡空间关系转变的规划响应研究——以天津市为例[D]. 天津：天津大学, 2017.
④ 武勇杰. 新型城镇化背景下中小城市发展的关键问题研究[D]. 北京：北京交通大学, 2018.

融合发展①。

在新时代中国特色新型城镇化继续深化和中国经济发展进入新常态的现实需求下，科学把握新时代城乡融合发展的基本内涵成为一项重要命题。欧万彬将城乡融合的内涵及实践要求与新型城镇化继续深化结合，从整体性视角和四种维度回答了"以何种理念推动城镇化转型""新时代的城乡应如何发展""新时代城乡融合应体现在哪些方面""新时代应实现怎样的城乡发展格局"等一系列问题②。王思敬将城乡融合发展作为乡村振兴战略理论框架下的重要课题，论述了新时代乡村振兴与城乡融合的关系，认为问题的核心是有效激励城乡要素互动，按需适配城乡发展资源，最终解决长期困扰我国发展的"三农"问题③。

由此看出，城乡融合不仅仅是社会经济结构的转换过程，也不再是以城乡无差别为导向的均衡主义，不是以城带乡的城市偏向，而是原有城乡空间在结构再组织和保留各自特色基础上的联动发展，以城乡为有机整体，以城乡资源要素流动为主线，以产业、设施、制度、生态等为约束，表现为经济协作、社会认同、生态友好和空间上的平等有序同轨发展。

3. 城乡融合动力机制

城乡融合是城乡关系演进的体现，城市与乡村始终处于同一个动态演化的过程中，经济、社会、文化等活动所产生的人流、物流、交通流、信息流在城乡区域间不断流动，持续为城镇化注入新的发展活力，使得城镇内部、城镇之间及城镇与区域之间的空间组织发生了巨大变化，也不断打破乡村自然经济体系，挤压乡村空间。早期的城乡关系建立在以农业为主的自然经济基础上，原始家庭的纽带式结合使得城乡紧密连接，以此为起点，基于产业分工和互为市场的互利关系开始形成。进入工业化大生产阶段后，城乡关系的发展建立在城市对乡村的劳动力、土地等资源的争夺的基础上，此消彼长的爆发式矛盾改变了城乡关系的基础。随着中国经济社会发展进入新常态，城乡要素联系发生显著变化，由城市主导的城乡变迁转向城乡共同作用下的协调并进，人口可以根据收入、居住、福利等方面的需求在城乡间自由流动，

① 白理刚, 鲍巧玲. 城郊乡村地区的城乡融合规划研究——以西昌市东部城郊乡村地区为例[J]. 小城镇建设, 2019, 37(5): 25-32.
② 欧万彬. "新时代城乡融合发展"的内涵解读与实践要求[J]. 北方论丛, 2020(3): 37-44.
③ 王思敬. 乡村振兴战略背景下城乡融合发展研究[J]. 科技中国, 2020(4): 33-38.

形成长期角力达到的平衡结果。城乡融合的动力机制如图 2-1 所示。

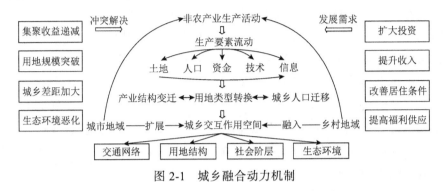

图 2-1　城乡融合动力机制

现阶段的政策体现在搭建"促进人全面发展"的框架上，成为推动城乡融合的制度力量。政策关注城乡居民收入差距缩小、乡村经济多元化发展、基本公共服务均等化等方面，着力协调不同利益主体，逐渐由供给侧结构性改革转变为共享发展。

经济自发力量形成的结构红利是城乡生产要素流动的思维导向与内生动力的决定因素。由于农业与非农业部门的生产力差距逐渐缩小，生产要素投入规模递增效应不再，由要素供需结构匹配决定的地区新增长点开始释放人口消费需求，人口与产业之间的结构红利激发了城乡融合的内生动力。

城乡联合运行机制的内生逻辑是新型城镇化建设和农业农村改革。前者强调以人为本，有序推进农业转移人口市民化，提高城市可持续发展能力，通过源源不断吸纳农村农业富余劳动力、转移人口共享城镇基本公共服务等，加快农村土地流转，提高适度经营规模，为农业劳动生产率的提高创造条件；后者保障城乡融合中乡村振兴战略的实施具有稳定的基础，巩固完善农村基本生产发展水平，并提供强大资本支持和动力。

在这种联合驱动下，城市和乡村的发展作为深层次经济社会结构转变的产物，进行城乡空间结构再组织，趋于经济增长策源地的方向发展，并逐渐上升为社会进步的表现。

二、我国城乡融合政策梳理

从历次党代会报告来看，党的十六大提出要统筹城乡经济社会发展，十六届三中全会进一步提出建立有利于逐步改变城乡二元经济结构的新体制；党的十七大提出要建立以工促农、以城带乡的长效机制，形成城乡经济社会发展一体化新格局；党的十八大提出要加大统筹城乡发展力度，推动城乡发展一体化，形成以工促农、以城带乡、工农互惠、城乡一体的新型工农、城乡关系；党的十九大提出要建立健全城乡融合发展的体制机制和政策体系，随后发布的《中共中央　国务院关于建立健全城乡融合发展体制机制和政策体系的意见》指出要形成工农互促、城乡互补、全面融合、共同繁荣的新型工农城乡关系；党的二十大报告提出，"坚持城乡融合发展"，"统筹乡村基础设施和公共服务布局，建设宜居宜业和美乡村"，明确将统筹基础设施和公共服务布局作为全面推进乡村振兴与城乡融合发展的重要任务。

　　由此可以看出，在城乡融合的内涵中乡村发展在国家发展中的地位进一步提升，这一概念的提出把乡村发展和城市发展提高到了同等重要的位置，从"城乡统筹"到"城乡一体化"再到"城乡融合"，从原有的"以工促农、以城带乡"提升为"工农互促、城乡互补"，是党在探索中国特色社会主义发展道路的实践过程中进行的理论创新。

　　城乡融合是实现乡村振兴的基本路径，是实现乡村振兴战略的七条道路之一。当前，我国社会主要矛盾已经由人民日益增长的物质文化需要同落后的社会生产之间的矛盾转化为人民日益增长的美好生活需要和不平衡不充分的发展之间的矛盾。从现实情况看，我国发展中最大的不平衡就是城乡之间的不平衡，最大的不充分就是农村发展的不充分。从根本上解决现阶段的"三农"问题，不能就农业论农业、就农村论农村，必须重点解决制约农业和农村发展的体制性矛盾和结构性矛盾。因此，在"三农"问题的解决中也有很多对于城乡融合思想的论述。

　　从"三农"发展政策来看，从 2004 年至 2023 年，中共中央发布了众多以"三农"为主题的中央一号文件，现就其中包含的对于城乡关系的论述与政策落实进行梳理，见表 2-1。

表 2-1　城乡关系论述与政策梳理

年份	内容	主题
2004	城市政府要切实把进城农民工的职业培训、子女教育、劳动保障及其他服务和管理经费，纳入正常的财政预算；鼓励有条件的地方将城市农贸市场改建成超市，支持农业龙头企业到城市开办农产品超市；实现城乡税制的统一	公共服务、社会保障、农业发展、税制统一
2006	建立健全城乡就业公共服务网络；促进城乡义务教育均衡发展；按照城乡统筹发展的要求，逐步加大公共财政对农村社会保障制度建设的投入	就业服务、义务教育、社会保障

续表

年份	内容	主题
2007	落实城乡同网同价政策；城乡统一、公平就业；城乡义务教育均衡发展	基础设施、公平就业、教育
2008	按照统筹城乡发展要求切实加大"三农"投入力度；发展城乡一体化中等职业教育；推进农村客运网络化和线路公交化改造，推动城乡客运协调发展；形成城乡劳动者平等就业的制度；探索在城镇有稳定职业和固定居所的农民登记为城市居民的办法	财政投入、职业教育、客运交通、平等就业、户口登记
2009	加快推进城乡同网同价；建立健全城乡一体党员动态管理机制；城乡基础设施建设和新增公益性就业岗位，要尽量多使用农民工	基础设施、党建工作、就业支持
2010	建立覆盖城乡的公共就业服务体系；推进城乡客运交通一体化；城乡建设用地增减挂钩要严格限定在试点范围内；统筹研究农业转移人口进城落户后城乡出现的新情况、新问题；统筹城乡基层党建工作；引导更多城市教师下乡支教、城市文化和科研机构到农村拓展服务、城市医生支援农村	公共服务、客运交通、建设用地、户口登记、党建工作、人才下乡
2012	环境整治方面逐步推行城乡同治；发展连通城乡市场的双向流通网络；促进城乡文化一体化发展	环境治理、市场流通、文化发展
2013	鼓励和引导城市工商资本到农村发展适合企业化经营的种养业；严格规范城乡建设用地增减挂钩试点和集体经营性建设用地流转；有条件的地方研究制定城乡最低生活保障相对统一的标准；把推进人口城镇化特别是农民工在城镇的落户作为城镇化的重要任务	资本流动、建设用地、社会保障、户口登记
2014	完善城乡建设用地增减挂钩试点工作；推进城乡道路客运一体化；推动基本医疗保险制度城乡统筹；开展城乡计生卫生公共服务均等化试点；整合城乡居民基本养老保险制度；建立城乡统一的户口登记制度；加强城乡基层党建资源整合	建设用地、客运一体化、公共服务、户口登记、党建工作
2015	落实统一的城乡居民基本养老保险制度；统筹城乡法律服务资源，健全覆盖城乡居民的公共法律服务体系	社会保障、法律服务
2016	促进城乡基础设施互联互通、共建共享，创造条件推进城乡客运一体化；整合城乡居民基本医疗保险制度；坚持城乡环境治理并重；完善城乡劳动者平等就业制度；完善和拓展城乡建设用地增减挂钩试点	基础设施、公共服务、环境治理、平等就业、建设用地
2017	积极推进城乡交通运输一体化；落实城乡统一、重在农村的义务教育经费保障机制；加快推进城乡居民医保制度整合；完善城乡劳动者平等就业制度，健全农业劳动力转移就业服务体系	交通一体化、公共服务、平等就业
2018	推动建立以城带乡、整体推进、城乡一体、均衡发展的义务教育发展机制；健全覆盖城乡的公共就业服务体系；推动城乡基础设施互联互通；完善统一的城乡居民基本医疗保险制度，统筹城乡社会救助体系；建立城乡建设用地增减挂钩节余指标跨省域调剂机制；立足乡村文明，吸取城市文明及外来文化优秀成果；制定鼓励城市专业人才参与乡村振兴的政策	公共服务、基础设施、社会保障、建设用地、乡村文化、人才政策

年份	内容	主题
2019	推进城乡基本公共服务均等化；推动城乡义务教育一体化发展；同步整合城乡居民大病保险；建立城乡统一的建设用地市场；破除妨碍城乡要素自由流动、平等交换的体制机制壁垒	公共服务、要素流动、建设用地
2020	优化城乡建设用地增减挂钩、扶贫小额信贷等支持政策；有条件的地区将城市管网向农村延伸，推进城乡供水一体化；鼓励城市文艺团体和文艺工作者定期送文化下乡；有组织地动员城市科研人员、工程师、规划师、建筑师、教师、医生下乡服务	建设用地、基础设施、公共文化服务、人才下乡
2021	坚持农业农村优先发展，坚持农业现代化与农村现代化一体设计、一并推进，深入推进农业供给侧结构性改革，充分发挥农产品供给、生态屏障、文化传承等功能	农业现代化与农村现代化、农业供给侧结构性改革
2022	牢牢守住保障国家粮食安全和不发生规模性返贫两条底线，扎实有序做好乡村发展、乡村建设、乡村治理重点工作，推动乡村振兴取得新进展、农业农村现代化迈出新步伐	粮食安全、防止返贫、农业农村现代化
2023	坚持农业农村优先发展，坚持城乡融合发展，强化科技创新和制度创新，坚决守牢确保粮食安全、防止规模性返贫等底线，扎实推进乡村发展、乡村建设、乡村治理等重点工作，加快建设农业强国，建设宜居宜业和美乡村	科技创新、防止返贫、宜居宜业和美乡村

由表 2-1 可以看出，"城乡一体化/城乡融合"出现的频率越来越高，所占的篇幅和比重越来越大。从内容维度来看，城乡融合的范围在不断拓展，从更多关注经济就业、社会保障到环境治理、文化发展方面的融合，从客运交通的一体化到交通运输体系的一体化，从供电、供水到通信、污水处理，基础设施的整合程度越来越深入。从推动主体来看，由单一的政府财政支出向兼具市场力量的方向转变。从政策传承来看，公共服务中医疗和教育方面的融合是政策关注的重点。在土地要素方面，城乡统一的建设用地市场的建立是 2010 年以来持续关注的内容。

从专项政策文件来看，2019 年 5 月，中共中央、国务院发布了城乡融合发展落实的纲领性文件，提出要建立健全有利于城乡要素合理配置、城乡基本公共服务普惠共享、城乡基础设施一体化发展、乡村经济多元化发展和农民收入持续增长的体制机制。2020 年 4 月，国家发展改革委印发了《2020年新型城镇化建设和城乡融合发展重点任务》，提出从加快推进国家城乡融合发展试验区改革探索、全面推开农村集体经营性建设用地直接入市、加快引导工商资本入乡发展、促进城乡公共设施联动发展这几个方面加快推进城乡融合发展。

三、促进京津冀城乡融合发展的重要意义

促进京津冀城乡融合发展是破解新时代社会主要矛盾的关键抓手。新时代的发展注重"以人为本"，尊重农民的主体地位，拥有巨大基数的农村人口是我国的基本国情，而城乡融合将极大改变进城农民、返乡农民和留守农民的生产条件、生活条件，是"以人为本"的实践途径。我国当前的经济已由高速增长阶段转入高质量发展阶段，城乡建设也由追求规模的外延式扩张转向追求品质的内涵式发展，促进城乡融合发展有助于解决发展不平衡不充分问题，强化区域联动，增强内生动力，实现高质量发展。

促进京津冀城乡融合发展符合国家的重大战略部署要求。城乡融合发展是京津冀地区协同发展的需要，京津冀协同发展战略中指出要保障京津冀全体公民能共享区域经济发展成果，在地区、城乡和不同人群之间实现均等化；明确了河北"三区一基地"的功能定位，其中要求河北建设新型城镇化与城乡统筹示范区。城乡融合发展符合新型城镇化战略要求，新型城镇化是以城乡统筹、城乡一体、产业互动、节约集约、生态宜居、和谐发展为基本特征的城镇化，是大中小城市、小城镇、新型农村社区协调发展、互促共进的城镇化。城乡融合发展是推进乡村振兴战略的重要途径，走乡村振兴道路，必须重塑城乡关系，走城乡融合发展之路。只有实现农业农村的发展和农民生活条件的改善，实现农业转移人口的市民化，才能真正实现以人为核心的乡村振兴。

促进京津冀城乡融合发展是缩小京津冀城乡差距的现实要求。长期以来，京津冀地区城市与乡村之间存在着巨大的差距，农业、农村、农民面临着自身蓄能不足、发展能力有限等方面的困境；乡村基础设施和公共服务建设已取得积极进展，但仍存在不均衡不完善的问题；城乡要素市场一体化尚处于探索阶段，城乡要素流动不顺畅、公共资源配置不合理等问题依然突出，人口、土地等要素总体上还处于从乡村向城市单向流动的状态，导致乡村活力不足。为解决这些问题，迫切需要建立健全城乡融合发展制度和政策，在公共服务、基础设施、物质消费、文化生活等各个方面缩小城乡差距，最终改善农民生活，提升国民整体的生活质量，实现人民对美好生活的向往。

第二节 京津冀地区城乡融合发展现状评析

京津冀地区是我国经济发展潜力最大的区域之一，也是全国仅次于长三角、珠三角地区的第三大经济引擎，其范围包括北京市、天津市以及河北省的保定、唐山、廊坊、沧州、秦皇岛、石家庄、张家口、承德、邯郸、邢台、衡水等 11 个地级市。

京津冀地区的社会经济发展水平有良好的基础，区域内具备完善的交通网络和基础设施服务。其中，北京作为首都，集中了大量资源；天津是北方第一大港口城市，是国家物流枢纽，腹地广阔；而河北是北京和天津经济发展的坚实后盾，是京津冀地区发展资源和能源的支撑者。不过，京津冀地区之间也存在巨大的差异。城乡二元制是我国一直以来一个不小的问题，在新型城镇化的道路中，乡村问题是需要关注的重点。

一、地区城乡差异仍比较显著

近年来，京津冀地区经济发展迅速，成为我国经济发展领先的地区之一，然而京津冀地区内部发展水平差异依然存在。

城市间发展的不均衡导致了京津冀地区城镇体系的不健全，城乡空间布局也有待优化。京津两市依靠集聚效应从周边地区吸引了大量的资源和人口，发展成为两个千万级人口规模的超大城市。河北省的一些城市发展水平相对较低，缺乏 100 万—300 万人口以及 300 万—500 万人口规模的大城市。由于京津冀城市群中的中等城市发展有限，小城市过多，大城市过少，无法形成有效的梯次衔接和功能互补，产生了很多问题。一方面，超大城市的发展缺乏次级城市的支撑，一些可以由次级城市承担的职能和定位难以从超大城市中释放出来；另一方面，次级城市由于享受不到大城市的辐射带动"福利"，各地的比较优势难以发挥，最终导致城市群内部大中小城市的协同发展受阻。同时，京津冀三地存在行政壁垒，缺乏高效协调机制，京津两市对河北的支持和反哺有限，这导致了河北众城市发展的相对不足。

此外，尽管京津冀地区整体居民收入都得到了快速的增长，但收入差距却有越来越扩大的趋势。城乡收入是表征城乡关系最直接的指标，经济发展水平越高，城乡收入比越低，城乡协调发展水平就越高。一般认为，城乡收入比达到 1.4∶1 时，城乡关系为最优状态。

在城乡协调发展方面，随着京津冀城乡一体化进程不断推进，三地城乡居民人均可支配收入差距均持续低于全国平均水平，并且有下降趋势，其中北京城乡收入比由 2014 年的 2.6∶1（以农村收入为 1，下同）缩小至 2020 年的 2.5∶1，河北由 2014 年的 2.4∶1 缩小至 2020 年的 2.3∶1，但其与最优水平仍有一定差距。

在京津冀地区内部，城乡居民人均可支配收入及人均消费支出也存在明显差异，河北省内不同城市间城乡居民人均可支配收入和人均消费支出水平及差异也各不相同。由表 2-2 可知，在绝对值上，北京和天津的城乡人均可支配收入及人均消费支出水平都远高于河北。从比值来看，北京的城乡差异高于天津和河北。

表 2-2　2020 年京津冀地区及河北省各市居民基本生活情况

地区		人均可支配收入（元）				人均消费支出（元）			
		全体居民	城镇居民	农村居民	比值	全体居民	城镇居民	农村居民	比值
北京市		69 434	75 602	30 126	2.5	38 903	41 726	20 913	2.0
天津市		43 854	47 659	25 691	1.9	28 461	30 859	16 884	1.8
河北省	全省	27 136	37 286	16 467	2.3	18 037	23 167	12 644	1.8
	石家庄市	30 955	40 247	16 947	2.4	19 411	24 867	11 186	2.2
	承德市	23 223	33 918	13 190	2.6	16 635	23 529	10 169	2.3
	张家口市	25 674	35 595	14 166	2.5	18 036	23 918	11 213	2.1
	秦皇岛市	28 417	39 931	16 088	2.5	19 590	25 955	12 774	2.0
	唐山市	34 871	44 337	20 687	2.1	21 396	26 038	14 440	1.8
	廊坊市	34 358	45 712	19 723	2.3	21 722	27 347	14 472	1.9
	保定市	25 204	34 112	16 883	2.0	17 120	22 360	12 225	1.8
	沧州市	26 888	37 838	15 909	2.4	18 217	24 961	11 456	2.2
	衡水市	23 527	33 223	15 100	2.2	15 960	20 916	10 785	1.9
	邢台市	23 772	33 109	14 943	2.2	15 063	20 225	10 698	1.9
	邯郸市	26 919	35 498	16 888	2.1	17 243	21 459	12 832	1.7

在河北省内，城乡收入和消费水平与经济发展水平高度正相关，城乡差距与经济发展水平负相关。造成这种差异的主要原因还是城乡发展水平差距

的不断拉大。收入水平差距的拉大必然也导致了城乡居民在消费水平上的差距拉大，因此，农村居民与城市居民的消费水平差距也在不断扩大。

二、城乡要素流动加快，但阻碍因素仍然存在

城乡要素包括劳动力、资金、土地等，是影响城乡发展的关键因素。

1. 劳动力流动

城镇化水平是城乡人口流动的重要衡量指标。总体来说，受区域发展差异的影响，不同城市的城镇化程度差异也非常明显，城镇化水平低、质量不高的问题依然没有得到解决。京津冀城市群正处于快速城镇化阶段，城镇化总体水平高于全国 59.85% 的平均水平，但区域内部城镇化水平存在不小的差异。2020 年北京和天津已进入高度城镇化阶段，城镇化率分别为 86.60% 和 84.70%，已经达到了国际发达国家的水平，而河北省的城镇化率为 61.14%，明显落后于北京和天津两市的城镇化水平。

统计调查显示，城乡劳动力流动以农民工从农村向城市流动为主（表 2-3）。在京津冀地区，河北省是主要的农民工输出地。总体来看，河北省的农民工总量在不断增加。河北省农村劳动力的流失情况不容乐观，大多数农民工在跨省打工。

表 2-3　2020 年京津冀地区流动人口流动范围构成　　（单位：%）

城市	跨省	省内跨市	市内跨县
北京市	71	29	0
天津市	34	66	0
石家庄市	69	18	13
唐山市	47	30	23
秦皇岛市	41	32	27
邯郸市	41	31	28
邢台市	37	33	30
保定市	54	24	22
张家口市	53	24	23

续表

城市	跨省	省内跨市	市内跨县
承德市	53	26	21
沧州市	45	31	24
廊坊市	48	28	24
衡水市	42	30	28
京津冀	54	27	19

资料来源：河北省第七次全国人口普查公报

总体来说，京津冀劳动力流动在持续加快，农民工就业情况也在不断改善，不过仍然存在一些问题。农村劳动力相对来说仍然比较缺乏。农村青壮年劳动力外出打工，留下的大多是老人、妇女和儿童，农村劳动力的流失一定程度上制约了农村产业的发展。同时，在城市方面，尽管城市吸引了大量的农村劳动力，但是农民工市民化依然较为困难。除了户籍制度的阻碍之外，较高的城市生活成本对于低收入的农民工来说也较为困难。

2. 资金流动

京津冀地区城乡资金流动密切，农村资金长期源源不断地流入城市，对城市经济的发展做出突出贡献。资金在农村和城市之间的流动主要有三个渠道，即价格渠道、财税渠道和金融渠道。价格渠道是通过"剪刀差"，将资本从农业转移到工业，支持工业化发展。财税渠道中，财政税收和财政支农是政府调控城乡之间资金流动的主要方式。财政税收是"出"，财政支农是"入"。农业个税和乡镇企业税是国家财政在农村地区的主要收入来源，是农村资金通过财税渠道"出"的主要方式。财政支农是对农村地区的部分返还，近年来河北省财政支农的绝对数量在不断增加。金融渠道中，城乡资金流动主要以吸收农村存款、向农村发放贷款的"一出一入"方式实现。农村存款余额占社会存款余额的比重始终高于农村贷款余额占社会贷款余额的比重，表明金融渠道中城乡资本主要是由农村持续流向城镇部门。

3. 土地流动

农用地转建设用地反映了土地流动需求。北京和天津的土地流动在逐渐递减，一定程度说明京津地区已经进入了较为成熟的城市化阶段。由表 2-4 可知，河北省农用地在 2007—2016 年经历了先快速增加再递减的阶段，但总量仍比较大，说明河北省已进入城镇化的中后期阶段。

表 2-4 2007—2016 年京津冀地区农用地转建设用地指标（单位：公顷）

地区	2007 年	2008 年	2009 年	2010 年	2011 年
北京	3 514.77	2 384.02	6 618.07	3 188.32	2027.07
天津	5 138.46	4 599.90	7 301.44	8 460.09	8 156.24
河北	6 764.53	12 748.17	13 919.75	24 104.29	23 499.37

地区	2012 年	2013 年	2014 年	2015 年	2016 年
北京	2 077.44	1 616.79	1 453.95	700.32	—
天津	—	3 589.32	2 447.20	1 622.12	911.85
河北	—	13 760.31	14 301.50	6 410.76	12 820.97

资料来源：历年《中国国土资源统计年鉴》

　　总体来说，要素流动的不充分是城乡发展差异的核心原因。对于农村来说，劳动力、土地和资金等要素的充分流通是农村经济发展的实质。由于我国土地流转制度不够完善，土地价值没有得到充分挖掘。一方面，土地投入产出效益低，更多农民选择进城务工而不是从事农业生产，导致了一些土地的荒废；另一方面，快速城镇化建设征用了大量土地，失去土地的农民不得不从事其他行业。在市场化机制下，由于农村投入产出效益低，城市资源和生产要素难以流向农村，农村资源不足。受城乡二元结构体制的影响，农村建设发展很难突破制度阻隔实现城乡互动。由于城市发展时间早、起点高，城市有很好的发展基础，并集中了大量的资源，各方面发展都很迅速，全面领先于农村。另外，城乡金融市场发展也不平衡。农村资金外流影响了农村的健康发展。虽然政府倡导"以城带乡、以工促农"，但农村起点低，农村经济未得到充分发展，农村还不具备与城市实现"无缝对接"的实力，使得农村发展面临不小的挑战。

三、城乡产业融合不充分，农村产业发展需加快

　　城乡产业之间的联系是城乡关系的重要组成部分。城乡产业融合主要表现为城乡之间产业的相辅相成。以城市产业带动农村产业，以农村产业促进城市产业，城乡之间要素充分流动，使城乡产业成为一个整体，形成一个完整的产业链。要实现城乡产业互融，要做到城乡产业的合理分工，充分发挥

各自优势，最终达到城乡居民利益共享、区域经济共同发展的目的。城乡产业融合发展的前提和基础是城乡产业的互动。互动主要强调城市与乡村是两个独立主体，城乡产业相互影响促进，充分发挥各自的优势进行良好合作。城乡产业融合发展的本质在于城乡一体化发展。打破城乡界限，使得城乡产业相互渗透、交叉重叠、合理分工、统筹发展。

1978年之前，我国"城市发展工业，农村发展农业"的城乡分割制度导致了城乡经济发展的二元化。农民被排斥在工业化和城市化之外，导致农村产业经济发展水平远远落后于城市水平。改革开放之后，城乡行政壁垒被打破，农村和土地被解放出来，大量乡镇企业发展起来，带动了农村经济的迅速发展。然而，城乡二元结构的藩篱影响了城乡之间各生产要素的自由流通。城市较好的发展基础再加上政府对城市发展的政策倾斜吸引了很多农村生产要素的单向流入，就这样我国基本形成了城乡产业体系相分离、产业关联度低、农村产业发展缓慢的局面。

总体来说，京津冀地区城乡产业融合程度低主要表现为农村各个产业发展落后于城市，与城市产业关联不足。

农业是农村最基础的产业，其重要性不言而喻。京津冀地区目前农业发展落后主要表现为农业现代化水平较低，经济产出不高。

首先，农业与其他产业的互融主要体现在农业的现代化，即农业的机械化和产业化上。农业机械化是农业产业化的必要条件。自2007年，京津冀地区总体的农业机械化已经到达较高水平，不过距离全面机械化仍有一定差距。反观河北省近年来农业机械化水平进展较慢，反映了河北省的农业机械化存在一些内部问题。另外，由于农村经济发展水平一直较低，农业生产以个人为主，导致农业生产效率较低，再加上农民收入低，个体很难购买先进的农业机器，农业机械化不够充分，导致科技在农业上没有充分发挥作用。

其次，农业产业化是"以工促农"的重要体现。"以工促农"的本质在于两点：一是保证城市及相关企业的利益不受损害；二是将农业产业链作为城市连接乡村的通道，从而促进城市与农村之间资源和要素的流动。农业产业化发展对农业生产链的完善及农业发展的各个环节都具有重要的推动作用，对促进区域农业和农村经济发展都具有战略意义。从京津冀地区整体来看，通过连续不断的产业结构调整，初步实现了农业生产规模化、专业化的发展。然而，京津冀地区的农业产业化仍存在很多不足。第一，目前农业产业化的投入产出效益仍不及预期，给农民带来的收益不多，很大程度上影响了农民的积极性；第二，农民的文化程度和知识水平有限，在其能力范围内农业产业化只能以小规模、低水平为主，农民难以掌握更复杂的科学技术，所以农产品的产量以及加工水平都很难进一步提升，这也限制了农业产业化的进一步深入。

从农业总产值和乡村从业人口结构来观察河北省农业发展情况，可发现农业总产值中农业和牧业是主要来源。农业从业人口有逐渐减少的趋势，农业总产值上升和农业从业人口的下降意味着农业人均产值有所上升，这与农业机械化有正向相关关系。即便如此，河北省的农业发展仍然比较缓慢。

服务业的发展可以有效地提高区域整体的产业竞争力，促进城乡产业交流。京津冀地区中北京和天津的第三产业都十分发达，而河北省的发展仍以第二产业为主。近十年来，第三产业就业人员持续增加，农村收入中第三产业来源的比重也在持续加大，可以看出农村产业中服务业的重要性。但是河北省农村服务业的发展相对来说还是比较缓慢的，对城乡产业融合的贡献有限。

四、城乡基本公共服务均等化依然任务艰巨

改革开放之后，我国经济快速发展，国家重视提高人民的生活水平，京津冀地区民生工作成效也十分显著，农村生活质量有了巨大的提升，教育、医疗卫生、社会保障等方面的公共服务体系建设也得到加强，社会公共服务供给总量也得到较大增加。不过，受长期以来的城乡二元结构影响，城乡公共服务供给呈现不均等的现象，主要表现为农村公共服务供给不足，落后于城市。在京津冀地区，公共服务的不均衡除了体现在城乡之间，还体现在不同等级的城市之间。北京、天津作为全国性的中心城市，其公共资源分配的偏向性十分明显，而在其影响下，京津冀地区中小城市提供的公共服务更是十分有限，导致很多本该由中小城市提供的公共服务都由北京来承担。

首先，城乡居民收入差异大，农村居民收入偏低，从第一部分的分析中可以看出，京津冀地区农村整体收入水平还是比较低的，与城市差距非常大，但是城乡之间的消费、物价等差异却没有收入差异那么大，这导致了城乡生活质量差距的进一步加大。

其次，教育是民生建设的重点。城乡教育发展不均等也是城乡失衡的重要特征。由于农民收入水平低、受教育程度低等方面的影响，以及对教育的

重视程度不高,部分农村地区入学率低、升学率低、辍学率高、文盲占比高。城乡教育发展不均等主要表现在以下方面:①城市基础教育的办学条件优于农村,无论是硬件设施方面的教室、图书室、计算机室等,还是软件方面的师资力量等,农村的基础教育水平均有待提高;②财政教育经费支出方面,城市教育方面的投入高于农村,在这种情况下,会在很大程度上对农村基础教育的教育设施、师资力量及农村儿童的受教育机会造成阻碍。不过随着财政方面教育支出比重的加大,城乡教育不均衡的现状得到了很大改善。

然后是农村医疗。城乡医疗设施差异巨大,城乡医疗卫生资源分配不均衡。尽管农村医疗卫生资源的情况得到了很大的改善,但是目前京津冀地区的医疗卫生资源仍主要集中在北京、天津、石家庄等大中城市,其中在百万人拥有的三级医院数量上,北京为河北的 3.5 倍,天津为河北的 3.2 倍。很多乡村医疗所仅仅能满足居民非常基本的医疗需求,在现在人口老龄化非常严重的乡村地区,医疗服务水平远远不能满足实际需要。很多老人不得不去大城市治病。农村居民看病难、看病贵问题亟待解决。同城市相比,农村的基本医疗卫生设施、医生从业水平、卫生技术人员数量还存在很大差距。随着政府对农村医疗的重视加大,农村医疗水平不高的现状也在大大改善。

再次是基础设施。城乡基础设施差距大主要表现在城乡基础设施布局不合理,突出表现在农村基础设施建设不足,水、电、气、网络、道路交通网等不完善,以及政府在基础设施后期维护方面投入较少。随着政府对基础设施建设的大量投入,农村基础设施在逐渐完善,但比起城市,仍然存在不小的差距。其一,农村道路网质量仍有待提高。虽然近年来村村通工程取得了很大进展,但是由于面积广、任务多、经费有限,大大影响了工程质量。除了道路设施以外,城乡交通连接也不够深入,公共交通设施十分缺乏。目前农村到就近的城市主要还是依靠摩托车、私家车等交通工具,公共交通数量很少。其二,京津冀农村地区目前很多还是依靠煤炭等传统能源取暖,冬季集中供暖覆盖区域也十分有限。尽管京津冀地区已经实施了"煤改气",但是天然气供应不足,再加上成本又高,特别是在西部山区等地,导致整体效果并不理想。在电信网络方面,农村地区网络覆盖不平衡。一些人口密度较大、地势平坦的地区网络覆盖较好,而一些偏远山区的网络信号就比较差,像张家口农村的宽带覆盖率只有 70%左右。随着 5G 工程的部署,大部分地区的电信网络情况将得到显著的改善。在农村自来水普及方面,京津冀大部分地区已经普及。

最后，农村社会保障体系不完善。近年来，政府高度重视建立公平持久、覆盖全面的社会保障体系，实施大病保险制度、养老保险制度等。虽然国家着力于推动城乡经济社会统筹发展，但并没有建立起城乡统筹、融合的社会保障制度体系。农村社会保障体系十分落后，主要表现为农村医疗保障内容、覆盖范围，以及农村社会保障服务内容、服务水平相较于城市差距较大。

五、城乡生态环境建设存在缺口

近几年来，我国加大对城乡生态环境建设的重视，加大投入力度。但是，面对城乡融合发展的新形势和新任务，农村生态环境改善仍然面临较大挑战。京津冀地区农村生态环境现状主要有以下三个方面的问题。

第一，基础设施不足。2020年，河北省各地区的城市和农村中，生活垃圾集中处理或部分集中处理的比例达到90%以上，但垃圾焚烧等设施建设依然不足。

第二，粗放式发展。河北省农村农业生产有明显的小、散、乱、污等特征。在农业生产过程中，一些主要畜禽的养殖仍然是以一种分散式的养殖方法为主，存在着严重的设施不健全、管理粗放、污染分散等较为突出的不足，对农村生态环境造成了一定程度的污染。与农村日常生活所造成的生活污染源对生态环境的破坏程度相比，这一系列农业生产面源污染的程度更加严重，除了其污染量更大外，其污染源也更多，治理起来更加困难。

第三，监管不到位。在各级政府部门中，有关于农村环保工作的协调推动力度不足，各职能部门以及相关负责人员并没有切实落实相应的工作，直接导致当前农村中村民对于生态环境管理的责任意识薄弱，造成环境污染治理较为困难。

第三节　城乡融合发展规划与策略

各个要素在城乡之间的双向流动和平等交换是城乡融合发展的必然要求，也是乡村振兴的重要途径。近年来，京津冀地区城乡之间的要素流动规模越来越大，但是从要素的流向来看，仍然是以从城市到乡村的单向流动为主，乡村在要素流动中处于被动地位。2020年3月30日，《中共中央 国务院关于构建更加完善的要素市场化配置体制机制的意见》提出了土地、劳动力、资本、技术、数据五个要素领域的改革方向和具体举措，部署完善要素价格形成机制和市场运行机制。京津冀地区应当以此为契机，推动城乡之间土地、劳动力、资本、技术和数据的双向流动，盘活农村的存量资源。在城乡要素双向流动的基础上，应以合理规划为统领，推进产业协同发展、文化一体化建设、公共服务均等化建设、生态创新可持续工作，各地区各部门之间长效联动、协同治理，最终以积极的政策引导来破除一切制约创新的思想障碍和制度藩篱，深化体制改革，激发全社会的创新活力和创造潜能。在以上研究的基础上，本书提出城乡融合发展规划与策略框架，如图 2-2 所示。

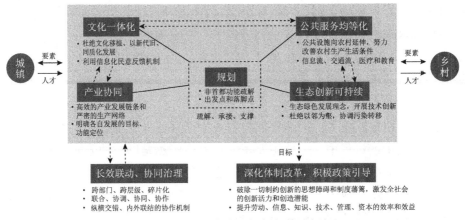

图 2-2　城乡融合发展规划与策略框架

一、统筹城乡规划，引导非首都功能疏解

统筹城乡规划，要完善城乡规划管理体制，建立健全城乡一体的空间规划管制制度，推进乡村规划的编制与实施。要创新集体建设用地利用模式，促进土地要素在城乡之间的双向流动，推进农村土地征收、集体经营性建设用地入市、宅基地制度改革，完善城乡统一的建设用地市场建设。北京市要针对平原地区和生态涵养区不同的资源禀赋条件，创新完善"中心城区—北京城市副中心—新城—镇—新型农村社区"的现代城乡体系；天津市要发挥中心城区的辐射和带动作用，推动增长中心向涉农地区转移，拓展城乡融合空间；河北省各市可结合京津两地的规划，根据自身的资源禀赋和比较优势，探索具有地方特色的城乡融合路径。

北京市疏解非首都功能的战略是京津冀地区城乡融合的动力来源之一，在减轻城市区域功能承载负担的同时，为乡村地区提供了发展所需要的生产要素，以功能疏解带动了城乡空间跨域重构，以建设雄安新区、微中心、北京城市副中心等为契机，把北京非首都功能疏解到都市区外围县域及乡村地区，建设一批定位清晰、功能明确、布局有序的高品质中小城市和产城融合示范区，形成与首都核心区功能配套、协调联动、疏密有度、有机增长的都市连绵带。一般性制造业，区域性物流基地和区域性批发市场，部分教育、医疗机构，以及部分行政性、事业性服务机构是北京非首都功能疏解的主要对象，目前非首都功能疏解工作仍在进行，并已取得了显著成效，具体如下：①非首都功能的疏解促进了资本要素由城市到乡村的流动，例如，2020 年 1 月至 5 月，天津市滨海新区已承接非首都功能落地项目 800 个，投资额约 970 亿元；②非首都功能的疏解促进了劳动力要素由城市到乡村的流动，例如，伴随着大型批发市场的迁移，人口也由城市核心区向外疏解；③非首都功能的疏解促进了技术要素由城市到乡村的流动，减轻了城市的压力，在河北省形成了新的经济增长点。

从非首都功能疏解的角度出发，北京市的疏解对象不仅是北京首都功能中不需要的部分，还包括乡村地区发展需要的部分，在规划时应当站在京津冀区域的全局视角进行统筹安排。例如，北京市从中心城区疏解出去的不仅是落后产能，还应该疏解部分先进的产业集群，以带动乡村地区产业的升级转型；此外，北京市可以将一些优质的教育资源和医疗资源进行疏解，以满足城乡融合区域的发展需要，推进公共服务的均等化。

二、促进城乡产业协同，提升区域扩散效应

城市与乡村之间的产业结构差距较大，导致城市和乡村之间很难发挥乘数作用。北京市的工业以汽车制造、生物制药、新能源和软件等为主，而周边地区的承接环境不够完善，无法为扩散效应的发挥提供产业联系的前提。与此同时，北京之外的城市之间的产业结构同质性较高，差异性不大，区域间竞争大于合作，进一步阻碍了区域间扩散效应的发挥。因此，应促进城乡产业协同，提高乡村地区对城市产业的承接能力，完善产业链配套。

加快推动"京津研发、河北转化"的创新协作新模式，提高产业协同能力。河北省积极推动建立了包括河北·京南国家科技成果转移转化示范区、科技冬奥绿色廊道、环首都现代农业科技示范带在内的"一南一北一环"协同创新重大平台体系。其中，环北京 14 个县（市、区）组成的环首都现代农

业科技示范带被科技部正式批准为国家级现代农业科技示范区,丰宁、滦平、大厂、固安、涿州等8家园区成功获批国家农业科技园区。目前,这些平台的建设已经取得了初步成果,未来的城乡融合发展应持续推进协同创新向纵深拓展,使研发与转化之间的联系更加紧密,使城市产业发展能够真正带动周边地区。

对于承德等第一产业具有发展优势的城市,要培育新兴农业产业,以休闲农业、乡村旅游、农村电商等新产业、新业态为引领,助推农业产业全面发展,筑牢城乡融合的产业基础。拓展农业农村服务功能和增收渠道,发挥生活供给、美化环境、调节经济、创造就业、稳定社会、观光旅游等多种功能。对于沧州等第二产业具有发展优势的城市,要推进特色产业园区的建设,充分发挥企业的主体作用,鼓励企业将生产链中的一部分转移到农村地区,通过企业的产业链布局将分别位于城市和乡村的产业园区联系起来,可以利用产业化组织的方式,以市场为导向,以龙头企业为载体,通过"公司+农户"的模式连接小农户与大市场,由此提高农业生产效率和农民收入,让热爱农业的农民愿意留在农村。此外,探索异地延伸监管的模式,例如,北京·沧州渤海新区生物医药产业园遵循"共建、共管、共享"原则,承接京津地区医药产业转移,成为全国唯一一家北京转移医药企业由北京市延伸监管的园区。实践表明,异地延伸监管可以保留原有的监管隶属属性,节约企业的搬迁成本,可以在原有的建设经验上继续推广。对于环京津区位优势明显、交通便利的村庄,可考虑建设宜居宜业宜游的特色小镇,承载都市区外迁的研发中心、服务中心等第三产业。

三、推动文化一体化建设,振兴乡村文化

增强农民对乡村文化的认同感,挖掘本土文化特色,拒绝文化移植。在乡村文化振兴的时代背景下,对乡规民约等乡村礼俗在社会主义核心价值观语境下进行乡土化再造,使其内化为农民的情感认同,外化为农民的行为习惯,为乡村振兴提供坚实的文化土壤和精神支撑。随着信息化和自媒体时代的到来,文化有了越来越多的承载和表现方式,文化交流也有了越来越多的媒介资源,乡村地区的基层组织可以引导农民利用现代化网络宣传平台,采用短视频等方式来记录农民的日常生活,让农民成为视频中的主人公。这一方面可以将农村中此前口口相传的文化以更确定的形式记录下来,在文化交

流与分享的过程中增加自身的文化自信，便于后代的传承与创新；另一方面，这个过程还能够调动农村中年轻人的积极性，增加农村中老年人与年轻人的交流机会，增强年轻人对乡村文化的认同感，为年轻一代参与乡村文化提供一个广阔的舞台，使年轻一代成为振兴乡村文化的重要力量。

增强城市居民与农民在文化交流上的联系，在文化层面促进城市与乡村之间的相互吸引，为城乡深度融合打下基础。通过休闲农业、文化旅游等项目，吸引城市居民深入乡村，深入了解乡村文化，加深对农村文化的理解；通过城市公共资源的覆盖和人口流动的开放，让农民更多地享受到城市的资源，加深对城市文化的理解。建立互助联动的城乡文化发展机制，在城乡之间形成行政区与行政区、社区与乡村、城市居民与农村居民之间不同层次的文化交流机制，加强不同范围的城乡主体之间的文化交往，如城乡单位联合举办文化展览、文化演出等活动，城市社区与农村开展定点文化交流活动，以及城市各层次人才以志愿者的形式深入农村组织文化活动等。

四、着重完善农村基础设施，补齐建设短板

农村基础设施是农村经济发展的基础条件，也是农民生活质量的基本保障。要加快补齐农村基础设施方面的建设短板，让农民拥有更多的获得感和幸福感，进而留住农民，甚至吸引农民返乡。2008 年起，国家明确把基础设施建设的重点转移到农村，新时代要继续把农业农村基础设施建设作为重点支持方向，推动农村基础设施的更新升级。在建设农村基础设施的同时，要深化农村基础设施的管护体制改革，解决农村基础设施"重建设轻管理"的问题，推动农村基础设施的长期良性运行。

首先，完善农村传统基础设施，加快农村道路建设，规范道路建设标准，建立农村路网体系，扫除城乡之间要素流动的障碍，助力城乡路网一体化建设、交通高效运行和安全保障；加快完善供水和供电等基础设施，满足农民日益增长的用水用电需求，提高农民的生活质量；加快完善水利工程基础设施，挖掘调水工程潜力，提升供水保障能力。其次，布局农村新型基础设施，促进农村光纤宽带网络的推广，加快移动网络的覆盖，实现"村村通、户户通"，互联网等新型基础设施的布局可以实现城乡之间多样化的远程协同作业，经济发达的城市地区可以在行政、教育、生产、医疗、防灾等多个方面对农村地区发挥指导作用，有助于强化农村基层政权的治理能力和城乡之间

的资源共享；新基建项目投资时要注意选择优质项目，让投资持续地发挥效益。最后，重视农村生态基础设施的建设，建设环境优美、村容整洁的新农村，提升农村人居生活水平，继续推进农村厕所改造，完善污水处理厂、垃圾处理站等基础设施，明确环境保护责任，若有社会资本参与旅游开发、美丽乡村等新农村建设，则应承担相应的污水和垃圾治理责任。

五、促进公共服务均等化，提高城乡连接度

以北京城市地区的公共服务资源为主导，通过办分校、办分院、合作共建、委托管理等创新模式，建设跨区域的教育、医疗等公共服务合作载体，解决京津冀城乡公共服务水平落差过大的问题。要推进公共服务的标准化，为乡村制定公路通达率、有线电视覆盖率、网络覆盖率等具体标准，为各个地区公共服务设施的建设制定底线，让农民与城市居民能够平等地享受公共服务。此举对于人才资源由城市到乡村的流动也至关重要，城乡之间教育资源和医疗资源的巨大差距是阻碍人才扎根乡村的重要因素，补齐城乡之间教育资源和医疗资源的差距是当务之急。

优先发展农村教育事业，促进各类教育资源向乡村倾斜。发展乡村教育，让乡村学校的学生能够拥有与城镇学校的学生平等的升学机会。在教学工作日益数字化的时代，城镇与乡村的学校之间可以做好数据共享工作，城镇优质学校的课件、讲义等教学资料可以分享给乡镇的学校，并且在完善硬件设备配套的同时推进软件资源的互通共享，发挥优质学校对农村薄弱学校的带动作用，在教育领域推进数据要素的双向流动。除了办好公办学校，也要支持办好民办学校，吸引更多符合条件、热心乡村教育的社会各界人士参与发展乡村教育事业，满足当地家长和学生对高质量、多样化、个性化教育的需求。

健全乡村医疗卫生服务体系，要建立完善的相关政策制度，统筹加强乡村医疗卫生人才和医疗卫生服务设施建设，并通过鼓励县医院与乡村卫生所建立医疗共同体，以及城市大医院对口帮扶或者发展远程医疗来缓解农村看病难、看病贵问题。北京的医疗资源吸引了来自全国各地的病患，这进一步增加了北京辐射周边地区的难度。北京市应当推动城区优质医疗资源与周边地区的合作共建，例如北京潞河医院与廊坊市香河县政府共建北京潞河医院香河医康院区，与雄县医院联合成立了脑科中心，使人们在家门口就能享受

北京专家的医疗服务。要建立统一的社会保险公共服务平台，做好新型农村合作医疗保险、养老保险与城镇居民医疗保险、养老保险的衔接工作，实现城乡之间和跨地区的医疗保险、养老保险转移和报销。新冠疫情的暴发暴露出我国在公共卫生体系方面的缺陷和不足，在推进城乡融合的过程中也要改革疾病预防控制体制，完善传染病报备和预警系统，强化乡村基层的卫生防疫工作。

六、强化生态文明建设，推进联防联控联治

在生态保护方面，要贯彻落实生态文明建设的思想，坚持"绿水青山就是金山银山"的理念。根据《京津冀协同发展生态环境保护规划》的要求，将京津冀地区中的京津保地区、坝上草原生态防护区、燕山-太行山水源涵养区、低平原生态修复区、沿海生态防护区作为生态保护重点区域，提出相对应的特色保护与发展具体措施，共同改善京津冀区域的生态环境。

在环境治理方面，京津冀区域要推进联防联控联治，建立重污染天气应急响应机制，城市与乡村共同治理环境污染，做到统一会商、统一预警、统一应急、联动执法。要协同推进农业环境治理，在京津冀全域开展农业节水行动，共同推进地下水超采综合治理；制定推广区域农业清洁生产技术规范，大力发展循环农业，降低农药化肥使用总量和强度；围绕强化水源涵养、防风固沙、保持水土等绿色屏障功能，优化调整生态脆弱地区农业用地规模与结构，增加生态用地比重，建设成片森林，恢复连片湿地。应当注意的是，在生态文明建设的过程中要处理好与基本农田保护之间的关系，在多部门之间做好协调工作。生态保护红线的划定应注意永久基本农田控制线的刚性约束，永久基本农田控制线的划定成果是国土空间规划的规定内容，在划定生态保护红线、城镇开发边界时，要与已划定的永久基本农田控制线充分衔接，原则上不得突破永久基本农田边界。

加强推进跨域生态补偿。健全地区间、流域上下游之间横向生态保护补偿机制，加大主要都市区对农业大县和生态功能县的对口帮扶，根据实际情况，采用实物补偿、服务补偿、设施补偿、对口支援、干部支持、共建园区等多元化补偿方式，提高补偿实效。目前，跨域的生态补偿机制已有先行试点，北京市平谷区会同天津市蓟州区和河北省廊坊北三县建设国内首个跨行政区域的生态文明先行示范区。平谷区已联合五地共同出台《平蓟三兴交界

处打击盗采联合执法工作实施方案》《平蓟三兴联防联控合作协议》等多项跨区域生态文明制度，围绕沟河流域的生态治理，平谷将在沟河流域上游和下游之间探索建立基于"利益共享、责任共担"的跨区域流域生态补偿模式。

七、稳固扶贫成果，促进城乡共同富裕

稳固扶贫成果，建立防止返贫监测和帮扶机制，提前采取帮扶措施，避免返贫之后再补救。2021年2月25日，习近平总书记在全国脱贫攻坚总结表彰大会上的讲话中指出，脱贫攻坚战的全面胜利，标志着我们党在团结带领人民创造美好生活、实现共同富裕的道路上迈出了坚实的一大步。

创新"飞地经济"的产业扶贫模式，积极发挥市场机制，探索互惠互利的合作模式，鼓励合作方以资金、技术成果、品牌、管理等多种形式参与合作，充分发挥不同地区的比较优势，优化资源配置，提升市场化运作水平，完善发展成果分享机制，促进要素自由有序流动，推动京津冀城乡融合深度发展。"飞地经济"还可以与"互联网+"等新经济形态相结合，开展农产品众筹等方式的扶贫开发，让广大群众通过购买农村产品参与到扶贫工作中，拓展参与脱贫攻坚的社会主体。

从农村未来长远发展的角度来看，消除贫困要提高农民的文化素养和职业素质。加快发展农村职业教育，培育农业和农村发展所需的专业技术人才，培养懂农业、爱农业的新型农民，用人力资本的投入拉动农业技术的投入从而提高农业产值；优化农村创业环境，出台相关优惠政策，在项目发展、资金投入、土地承包、产品销售等环节上予以扶持，吸引人才扎根农村；提高农民的文化素质还可以增加农民的就业选择，有助于劳动力向非农业部门的转移。

八、加强政府协同治理，深化关键领域体制机制改革

政府的协同治理应从跨城乡边界、跨部门界限、跨行政区界限三个方面入手，形成纵横交错、内外联结的长效联动。①在跨城乡边界方面，要创新考评机制，建立完善、科学、合理的考评体系，增进城乡公共服务均等化、城乡居民收入均衡化、城乡要素配置合理化及城乡产业发展融合化等体现城乡协调发展程度的指标，引导城乡建设整体推进；②在跨部门界限方面，按照"多规合一"的要求，强化国民经济和社会发展规划、城乡规划、土地利用规划、环境保护、文物保护、林地与耕地保护、综合交通、水资源、文化

旅游等各个部门的配合，打破部门之间的壁垒，提高行政效率；③在跨行政区界限方面，京津冀地区在城乡融合方面有着共同的利益诉求，各个地区要以城乡融合为共同目标，推进跨行政区的规划项目，如《北京市通州区与河北省三河、大厂、香河三县市协同发展规划》《北京市人民政府、天津市人民政府加快建设天津滨海-中关村科技园合作协议》《共同打造曹妃甸协同发展示范区框架协议》等。

土地问题和户口问题是长期以来影响京津冀地区城乡融合发展的体制机制问题，土地的流动性低，同时人口流动受制于户口。推动城乡融合发展，要深化体制机制改革，破除一切制约创新的思想障碍和制度藩篱，激发全社会的创造活力和创新潜能。

土地资源是农村中重要的存量资源，可以通过盘活利用闲散土地激发乡村的振兴活力。要尽快完善城乡统一的建设用地市场，以农村土地确权登记颁证为基础，以农村土地产权信息数据库为载体，以确立农村要素市场主体地位为着力点，建立和完善城乡统一、主体平等、产权明晰、合理有序的建设用地市场，以市场引导土地价格形成，让更多的土地增值收益留在农村，确保农民的土地增值收益享有权。

2020年3月，《国务院关于授权和委托用地审批权的决定》颁布，委托北京、天津、上海、江苏、浙江、安徽、广东、重庆等8个试点省（市）人民政府批准永久基本农田转为建设用地和国务院批准土地征收审批事项，同步委托8个试点省（市）人民政府自然资源主管部门行使相应的建设用地预审权。审批权下放后，大大缩短了审批的时间和简化了审批的烦琐流程。北京和天津应当充分利用好审批权限，更加灵活地使用建设用地指标，提高乡村地区建设项目的建设效率，为乡镇企业和乡村基础设施建设提供用地支持。

在改革户籍差异化方面，应实现福利供给的普惠制，缩小城乡居民各种福利待遇的差距，将为农民工提供的保障房纳入城市保障房的覆盖范围，把落户农民工的公共服务纳入城市公共服务保障的范围。由于京津户籍福利的黏附性和改革阻力相对较大，改革应该从河北省的中小城镇开始，再逐步过渡到河北省的城市和北京、天津。一是依靠市场化改革把户籍福利逐步转化为非户籍福利，例如将需要付费才能获得的五险一金福利与户籍脱钩；二是在招生就业、购买保障房、公共卫生等方面，为存量居民和增量居民提供基本相同的资格和机会，取消反市场的限购政策。与此同时，为城市各类人才下乡创业和长期居住提供保障，推动城市居民下乡消费、休闲养老。

3 | 第三章
京津冀区域城镇体系发展
与格局优化

　　京津冀协同发展区域范围涵盖北京、天津、河北三省市完整的行政辖区，土地面积为 21.6 万平方公里，总人口超过 1 亿。截至 2023 年 5 月，区域由 2 个直辖市、11 个地级市组成，下辖 81 个区、21 个县级市和 97 个县（自治县），形成以北京、天津、石家庄为中心，区域城市为次中心，县级城市和小城镇为基础的城镇网络体系。

　　行政方面我国城镇按照等级设立，分为直辖市和省级市、副省级市、地级市、县级市、镇等。行政等级限制城市的资源配置，各个行政等级的城市拥有获取资源分配的不同权限，高行政等级的城市获得资源的能力更强，造成不公平的城市发展竞争环境，可能会导致高行政等级的城市中要素投入过多，对资源配置效率产生负面影响[①]。因此，京津冀协同发展需要推动区域

---

　　① 李澎，范毅. 行政等级结构下的中国城市规模效率及其影响因素[J]. 制度经济学研究，2017(3):
121-136.

内一体化体制机制创新，在要素市场一体化等多方面进一步改革。

此外，在京津冀协同发展战略上升为国家战略后，区域内"撤县设区""撤县设市"工作开展得较为快速。三个地区均有进行，是完善城镇体系、推进新型城镇化的重要方式，也是实现城乡和谐发展、实现区域经济协调发展的重要手段。目前，河北省共有 21 个县级市，占全省县级行政区划数量的12.6%，远低于全国平均水平。以下主要从规模等级、职能结构、经济联系、结构优化四个方面分析京津冀的城镇体系发展。

第一节　京津冀区域城镇规模等级结构发展特征

一、区域人口分布特征

1. 总体趋势

依据常住人口数据，2010—2022 年，京津冀区域人口规模经历了从稳步增长到初步回落的变化。2010—2017 年区域内常住人口规模以年均约 0.7%的增速持续增长；2018 年，区域常住人口规模首次出现下降趋势，区域常住人口规模较 2017 年下降 0.12%；经历了 2019 年与 2020 年的小波动后，2021年，区域人口规模下降趋势扩大，常住人口规模较 2020 年下降 0.26%；2022年较 2021 年，常住人口规模下降 0.39%（图 3-1）。

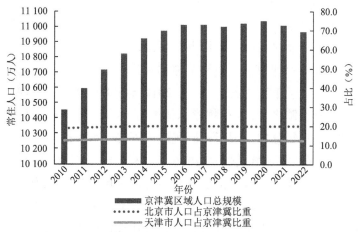

图 3-1　京津冀区域常住人口规模发展情况

资料来源：《河北统计年鉴 2022》和京津冀三地 2022 年国民经济和社会发展统计公报

从分布情况来看，人口集聚于北京市与天津市的特征始终较为显著。北京市与天津市的土地面积约占京津冀区域总面积的 13%。2010 年，北京市、天津市两地的常住人口规模在区域的占比分别为 18.8% 和 12.4%。2022 年，北京市常住人口规模占区域总人口的比重进一步增长为 19.9%，天津市常住人口规模占比也保持在 12.4%。相较之下，河北省的土地面积占区域总面积的 87%，2010 年常住人口规模占区域总人口的 68.8%，2022 年该比重下降为 67.7%。

2. 规模等级分布

城市规模一般用城市人口衡量，各个国家的划分标准不同。2014 年，《国务院关于调整城市规模划分标准的通知》中明确提出了我国城市规模的划分标准，以城市城区常住人口为统计口径，将城市划分为五类七档：①超大城市，城区常住人口在 1000 万以上；②特大城市，城区常住人口为 500 万以上1000 万以下；③大城市，城区常住人口为 100 万以上 500 万以下，其中 300 万以上 500 万以下的城市为Ⅰ型大城市，100 万以上 300 万以下的城市为Ⅱ型大城市；④中等城市，城区常住人口为 50 万以上 100 万以下；⑤小城市，城区常住人口在 50 万以下，其中 20 万以上 50 万以下为Ⅰ型小城市，20 万以下为Ⅱ型小城市。目前住房和城乡建设部（简称"住建部"）出版的《中国城市建设统计年鉴》中对各城市城区人口的统计最为详细，但未统计城区常住人口，因此用该统计年鉴的城区人口与城区暂住人口之和作为各城市的城区常住人口，统计得到历年来京津两市和河北 11 个地级市的城区常住人口数据，如图 3-2 所示。

总体上，北京市的城市规模稳定在高位，远大于天津市及河北省各地级市。然而，2014 年京津冀协同发展战略出台后，北京城市规模的快速增长得到有效遏制，增长速度明显变缓，并于 2017 年出现负增长。天津作为京津冀协同发展的主要引擎之一，城市规模总体上有所扩大，2014 年开始增速加快，但 2020 年和 2021 年分别出现了不同程度的下降。河北省 11 个地级市中，石家庄、唐山的城市规模比较领先。2006 年以来，唐山的城市规模变化幅度整体较小，而石家庄经历了行政区划调整、经济发展，城市规模明显扩大。此外，位于发展轴带上的区域性中心城市和节点城市如保定、邯郸、秦皇岛等城市的规模基本处于省内第二梯队，且在京津冀协同发展战略提出后增长速度明显加快。

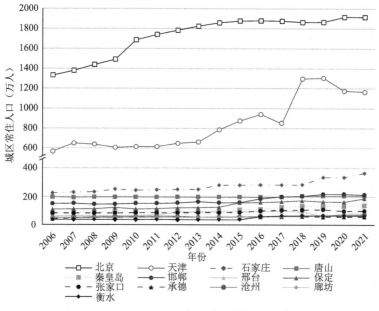

图 3-2 2006—2021 年京津冀区域城区常住人口
资料来源：历年《中国城市建设统计年鉴》

根据上述我国城市规模划分标准，得到京津冀区域内 2 个直辖市、11 个地级市、各县级市的城市规模等级分布情况，如表 3-1 所示。考虑到该标准为 2014 年根据我国城镇化发展新形势进行调整后的分类标准，因此主要选取 2014 年、2019 年、2021 年的规模等级分布情况进行比较。

表 3-1 京津冀城市规模等级分布

规模等级		分布情况	2014 年	2019 年	2021 年
超大城市 （≥1000 万人）		城市数量（个）	1	2	2
		城市占比（%）	3.03	5.71	5.88
		城市名称	北京	北京、天津	北京、天津
特大城市 ［500 万，1000 万人）		城市数量（个）	1	0	0
		城市占比（%）	3.03	0	0
		城市名称	天津	—	—
大城市 ［100 万，500 万人）	Ⅰ型大城市 ［300 万，500 万）	城市数量（个）	0	0	1
		城市占比（%）	0	0	2.94
		城市名称	—	—	石家庄

续表

规模等级		分布情况	2014 年	2019 年	2021 年
大城市〔100 万，500 万人）	Ⅱ型大城市〔100 万，300 万）	城市数量（个）	4	6	5
		城市占比（%）	12.12	17.14	14.71
		城市名称	石家庄、唐山、邯郸、保定	石家庄、唐山、秦皇岛、邯郸、保定、张家口	唐山、秦皇岛、邯郸、保定、张家口
中等城市〔50 万，100 万人）		城市数量（个）	6	5	5
		城市占比（%）	18.18	14.29	14.71
		城市名称	秦皇岛、邢台、张家口、承德、沧州、廊坊	邢台、承德、沧州、廊坊、衡水	邢台、承德、沧州、廊坊、衡水
小城市〔＜50 万人）	Ⅰ型小城市〔20 万，50 万）	城市数量（个）	8	10	10
		城市占比（%）	24.24	28.57	29.41
		城市名称	衡水、遵化、迁安、武安、涿州、任丘、三河、定州	遵化、迁安、滦州、武安、涿州、任丘、黄骅、三河、辛集、定州	遵化、迁安、滦州、武安、涿州、任丘、黄骅、三河、辛集、定州
	Ⅱ型小城市（＜20 万）	城市数量（个）	13	12	11
		城市占比（%）	39.39	34.29	32.35
		城市名称	晋州、新乐、南宫、沙河、安国、高碑店、泊头、黄骅、河间、霸州、冀州、深州、辛集	晋州、新乐、南宫、沙河、安国、高碑店、白沟新城、平泉、泊头、河间、霸州、深州	晋州、新乐、南宫、沙河、安国、高碑店、平泉、泊头、河间、霸州、深州

2014—2021 年，京津冀部分城市发生了规模升级，中等城市和小城市的升级较快，而大城市发展成为特大城市、超大城市的进程则相对较慢，但整体上城镇等级规模体系变动不大。此外，2019 年天津市跃升为超大城市后，区域内特大城市出现空白，大城市与超大城市之间存在断层。根据上述数据，北京始终为区域内首位城市，城区常住人口早已突破 1000 万成为超大城市，天津于 2019 年跻身超大城市行列，而河北省规模最大的地级市仅属于Ⅰ型大城市，与超大城市仍有较大距离，京津双城作为区域辐射带动的主力，因辐射范围内大中城市数量较少，缺乏缓冲，难以通过城市规模体系辐射带动小城市的社会与经济发展。

京津冀区域内城镇等级规模体系的优化是协同发展的重要基础，对优化区域发展空间格局具有重要的现实意义。城镇规模分布直接影响区域整体功能与竞争力，合理分析其分布特征与变化趋势有利于构建合理的体系结构，促进区域协调发展。

对于区域城镇等级规模结构的分布规律，学者们提出了城市首位律、位序-规模法则、分形维数等多种研究方法。采取不同的方法和指标得出的研究结果存在差异，因此本书选取多种方法对京津冀区域的城市规模进行实证分析。

二、区域城镇体系规模等级结构

1. 城市首位律

城市首位律是马克·杰斐逊（Mark Jefferson）于 1939 年对城市规模分布规律的概括，即规模最大城市与第二大城市的差距巨大，吸引了区域大部分人口。二者的人口比值为首位度，反映城市人口在最大城市的集中程度；首位度较大，说明区域呈首位分布。为使首位度的计算简单化，"四城市指数"和"十一城市指数"被提出，即：

$$S_2 = P_1/P_2$$

$$S_4 = P_1/(P_2+P_3+P_4)$$

$$S_{11} = 2P_1/(P_2+\cdots+P_{11})$$

式中，P_i（i=1,2,3,4）为城镇体系按人口规模从大到小排序后排在第 i 位城市的人口规模。按照位序-规模的原理，正常的首位度应为 2，四城市指数和十一城市指数应为 1。根据京津冀区域内各地级以上城市的市区人口数据，计算首位度指数，得到表 3-2。

表 3-2 京津冀区域 2006 年、2010 年、2014 年、2018 年、2021 年城市首位度指数

指数	2006 年	2010 年	2014 年	2018 年	2021 年
区域首位度	2.032 134	2.430 175	2.583 573	1.381 252	1.594 028
四城市指数	1.207 792	1.444 193	1.394 698	0.885 482	0.941 252
十一城市指数	1.623 203	1.934 552	1.894 514	1.180 739	1.205 110

资料来源：历年《中国城市建设统计年鉴》

分析计算结果，2014 年以前，即京津冀协同发展战略实施前，区域首位度大于 2，四城市指数和十一城市指数均大于 1，人口在北京集中程度很高。北京作为首位城市优势明显，是区域核心发展城市，相对于天津、石家庄、唐山等城市人口规模偏大、发展速度快，但对周边城市的辐射能力有限。2014年实施京津冀协同发展战略后，规模等级结构发生了明显改变。2018 年，区域首位度明显小于 2，呈现出京津双城共同发展的态势。此外，四城市指数小于 1，十一城市指数仍大于 1，但相比从前已有了较大程度的减小，北京增长速度变缓。2021 年，区域首位度和四城市指数均进一步向理想标准靠近，但十一城市指数依然大于 1，且数值大于 2018 年的数值。这在一定程度上说明随着协同发展战略、北京人口疏解任务的逐步推进，区域城市规模体系结构得到了优化，正朝着"一核双城"的空间结构演化，区域性中心城市得到了一定成长，但节点城市的规模仍有待提升。

2. 位序-规模法则与分形维数

位序-规模法则从城镇体系整体出发，反映不同的城市规模和其位序间的关系。这一法则最初由弗兰克·奥尔巴赫（Frank Auerbach）提出，区域内某城市的人口规模与该城市的人口规模位序的乘积近似等于首位度最高城市的人口规模，即：

$$P_1 = P_i \times R_i$$

式中，P_1 为首位度最高城市的人口规模，P_i 为某一城市的人口规模，R_i 为该城市的人口规模在区域内的位序。

后经过不断修正得到现今常用的一般化表达式：

$$P_i = P_1 \times R_i{}^{\wedge}(-q)$$

式中，q 为常数。

此后，伯努瓦·B. 曼德尔布罗特（Benoit B. Mandelbrot）受到位序-规模法则启发创立了分形理论，反推城市位序-规模分布研究的发展。分形理论中把 q 当作分形维数，当 $q < 1$ 时，城镇体系中首位城市首位度弱，各城市规模相对均衡；当 $q = 1$ 时，满足齐普夫定律，城镇规模分布较为和谐，属于理想状态；当 $q > 1$ 时，城镇体系中首位城市影响较大，各城市规模差距较大。

利用上述方法，将公式两边取对数得到：$\ln P_i = \ln P_1 - q \times \ln R_i$，代入京津冀区域城区常住人口数据，进行线性回归，得到表 3-3。

表 3-3　回归结果整理

年份	回归方程	相关系数	q
2006	$\ln P_i = -1.3876\,\ln R_i + 7.1846$	$R^2 = 0.9929$	1.3876
2010	$\ln P_i = -1.4172\,\ln R_i + 7.3128$	$R^2 = 0.9904$	1.4172
2014	$\ln P_i = -1.4596\,\ln R_i + 7.4748$	$R^2 = 0.9851$	1.4596
2018	$\ln P_i = -1.4220\,\ln R_i + 7.6044$	$R^2 = 0.9582$	1.4220
2021	$\ln P_i = -1.4363\,\ln R_i + 7.6508$	$R^2 = 0.9758$	1.4363

根据结果可知，各年回归相关系数均大于 0.95，相关性良好，回归结果可以用来评价京津冀城镇规模分布情况。2006—2021 年，q 值变化幅度不大，维持在 1.4 左右，均大于 1。这在一定程度上说明北京虽然在城镇规模增长上速度放缓，但依然具有较高的首位度，人口吸引力远大于区域内其他城市。此外，京津冀区域内人口分布差异大，城市规模体系结构不够合理，不利于大城市发挥辐射带动作用。虽然相关状况近年来有所改善，但尚未发生根本性扭转。

三、规模等级结构演进特征

1. 转移矩阵分析

研究城镇体系的演进，仅借助截面或面板数据的相关方法，难以反映横截面分布的跨期演进，即无法考察分布中的某一部分对其他部分的跨期影响，如一组大城市的发展对较小城市的发展的影响。因此，可以引入一个可直接考察全部城市分布动态性的模型，通过建立马尔可夫转移矩阵，在观察整体分布的同时追踪每个城市相对于其他城市在分布上的变动，来分析区域城镇体系的演进特征[①]。

马尔可夫链是一种时间和状态均为离散的马尔可夫过程。根据城市规模数据离散化为 k 个等级，计算各等级的概率分布及其跨期变化，将城镇演进过程近似为马尔可夫过程。具体做法是：构建一个 t 时刻的 $k \times 1$ 的状态概率向量 $f_t = [f_{1t}, f_{2t}, \cdots, f_{kt}]^{\mathrm{T}}$，在每个适合定义的间隔中显示各等级的频数 f_{it}。不

---

① 王乾, 冯长春, 甘霖. 中国城市规模的空间分布演进及其动力机制[J]. 城市问题, 2019(6): 14-23.

同时期的城市规模等级之间的转换可以用一个 $k \times k$ 的马尔可夫转移矩阵 M 表示，t 时期演进到 $t+1$ 时期的表达式为：$f_{t+1}=Mf_t$。

如果不考虑随机扰动，可以重复公式 $f_{t+1}=Mf_t$，可以得到：$f_{t+s}=(M_s \cdot M_{s-1} \cdots M_1)f_t$。城市规模演进是分散、收敛还是平行增长取决于 $f_\infty = \lim_{t \to \infty} f_t$ 的性质。如果 f_∞ 趋于一个非零概率的极限值，则会出现平行增长 $f_{T+s}=M^s f_T$；如果 f_∞ 为一个质点，则会出现收敛增长；如果 f_∞ 是一个极化或者离散分布，则会出现分散增长。转移矩阵 M 的元素 M_{ij} 表示 t 时期属于等级 i 的城市在下一个时期 $t+1$ 转换到等级 j 的一步转移概率，采用表达式 $M_{ij} = \dfrac{n_{ij}}{n_i}$ 估计，其中 n_{ij} 表示由 t 时期属于等级 i 的城市转变为 $t+1$ 时期属于等级 j 的城市数量总和，n_i 是 t 时期所有 i 等级城市的数量总和。同时，根据城市规模等级的上升、不变和下降来定义转变的方向。城镇演进的过程伴随着每个城市规模等级的上升、不变和下降即不同等级城市的流动性在改变。转移概率矩阵作为表征这一过程的关键要素，本身可以反映不同等级城市的流动性水平。本书研究采用安东尼·F. 肖罗克斯（Anthony F. Shorrocks）所定义的肖罗克斯迁移指数（Shorrocks mobility index，SMI）：

$$SMI = \frac{k - \sum_{i=1}^{k} M_{ii}}{k-1}$$

式中，转移矩阵 M 的迹 $\sum_{i=1}^{k} M_{ii}$ 决定了 SMI 的大小，值越大表示 t 时期属于某等级的城市在 $t+1$ 时期仍属于同一等级的可能性越小，越有可能发生流动。

依据前文的城市规模等级划分结果，将区域内 13 座城市划分为 5 个规模等级，分别分析 2006—2010 年、2010—2014 年、2014—2018 年、2018—2021 年四个时间段内城市规模等级的转变特征，主要有以下三点发现（如表 3-4 至表 3-7 所示）。

表 3-4 2006—2010 年京津冀区域城市规模等级转移矩阵 （单位：%）

项目	超大城市	特大城市	大城市	中等城市	小城市
超大城市	100	0	0	0	0
特大城市	0	100	0	0	0
大城市	0	0	100	0	0

项目	超大城市	特大城市	大城市	中等城市	小城市
中等城市	0	0	0	100	0
小城市	0	0	0	67	33

表 3-5 2010—2014 年京津冀区域城市规模等级转移矩阵 （单位：%）

项目	超大城市	特大城市	大城市	中等城市	小城市
超大城市	100	0	0	0	0
特大城市	0	100	0	0	0
大城市	0	0	100	0	0
中等城市	0	0	0	100	0
小城市	0	0	0	0	100

表 3-6 2014—2018 年京津冀区域城市规模等级转移矩阵 （单位：%）

项目	超大城市	特大城市	大城市	中等城市	小城市
超大城市	100	0	0	0	0
特大城市	100	0	0	0	0
大城市	0	0	100	0	0
中等城市	0	0	33	67	0
小城市	0	0	0	100	0

表 3-7 2018—2021 年京津冀区域城市规模等级转移矩阵 （单位：%）

项目	超大城市	特大城市	大城市	中等城市	小城市
超大城市	100	0	0	0	0
特大城市	0	100	0	0	0
大城市	0	0	100	0	0
中等城市	0	0	0	100	0
小城市	0	0	0	0	100

（1）从规模结构体系整体动态性来看，京津冀区域城镇体系规模等级体系的流动性在 2014—2018 年明显增强。以 SMI 的变化为重要指标，2006—

2010 年、2010—2014 年、2014—2018 年、2018—2021 年的 SMI 分别为 0.17、0、0.58、0，第三阶段发生流动的概率明显强于前两个阶段。在一定程度上，可以认为，京津冀协同发展战略的提出促进了区域城镇体系的规模等级结构的重构。

（2）聚焦发生流动的城市等级，可以发现，城市等级越高，稳定性就越强，京津冀区域内流动性较大的主要为大城市与中等城市。2006—2010 年、2010—2014 年、2014—2018 年、2018—2021 年四个时间段内，超大城市维持原状的概率均为 100%，具有极强的稳定性。特大城市仅在 2018—2021 年发生了等级跃升，在其余时间区间内均保持不变。中等城市和小城市的流动性相对较强，2006—2010 年，从小城市跃升为中等城市的概率为 67%；2014—2018 年，从中等城市跃升为大城市的概率为 33%。

（3）从转移方向看，均为向上流动。2006—2010 年，主要的变化为小城市上升为中等城市，发生的概率为 67%；2014—2018 年，发生的变化均为等级跃升，之前唯一的特大城市上升为超大城市；此外，还有 33% 的中等城市上升为大城市，同时唯一的小城市也增长为中等城市。

2. 位序移动指数

为了考虑更微观层面的城市流动性特征，即每个城市在一段时间内位序的变动，位序移动指数（rank mobility index，RMI）能够对某一城市在一组城市中人口位序的变化进行很好的度量，RMI 的表达式为：

$$\text{RMI} = \frac{R_{t1} - R_{t2}}{R_{t1} + R_{t2}}$$

式中，RMI 是位序移动指数，R_{t1} 为城市在初始时间点 $t1$ 的位序，R_{t2} 为城市在时间点 $t2$ 的位序。RMI 在 -1.0 与 1.0 之间变化。负值 RMI 指示位序的降低，而正值 RMI 反映了位序的增长，零值意味着位序不变；当处在位序列表的更高处时，这一位序就代表了更重的分量，城市越大就越难以被超越。RMI 结合地理信息系统（geographic information system，GIS）分析可以很好地反映出城市变迁的空间分布模式，高 RMI 值和低 RMI 值集群的空间集中或分散可以间接表示出区域的增长和衰落的不同模式。

选取 2006 年、2010 年、2014 年、2018 年、2021 年五个时间节点，观察区域内各城市的规模位序移动规律，可以发现：2006 年以来，北京、天津、石家庄、秦皇岛、保定、沧州的 RMI 始终为 0，在区域城市规模体系中的位序未发生改变。其中，北京、天津、石家庄始终保持在前三位，秦皇岛、保定保持在中段，而沧州保持在后段。此外，区域内规模较小的城市，如廊坊、承德、衡水虽位序变化较活跃，但始终在末三位，未发生规模等级的跃升。从时间维度来看，2014—2018 年，区域城市的规模位序结构较其他阶段发生了最活跃的变化，共有 6 座城市发生了位序变化。这在一定程度上说明，区域协同发展战略的提出，为河北省内各城市带来了良好的发展机遇，城市规模结构得到重构，尤其对冀南地区的带动作用明显增强。

四、发展趋势

京津冀区域城镇规模等级结构的主要问题在于存在一定的断层现象，主要表现为大中城市数量偏少。北京市作为首位城市的核心地位始终稳固，京津冀协同发展的主要任务之一是疏解非首都功能，调控北京市人口规模。近年来北京人口规模增长势头得到有效遏制，并开始出现减量趋势，向着规划目标前进。天津市在区域内的发展亦全面领先于河北省内各城市，尤其在 2014 年京津冀协同发展战略提出以后，发展更为迅速。2019 年，天津正式进入超大城市的行列，"京津双城联动"格局更为突出。根据《京津冀协同发展规划纲要》要求，区域将逐步形成"一核、双城、三轴、四区、多节点"的战略空间结构，依托京津双城全面、深入的合作，发挥引擎作用，带动区域发展。未来，随着职能体系的优化、交通网络的完善、区域治理制度的健全，天津将迎来更多的发展机遇。因此，目前区域的城市首位度小于 2 的现象，不作为规模结构体系的问题考虑，而是更多地体现了"双城结构"的发展趋势。在上述区域战略的持续作用下，此后发展中区域的城市首位度仍可能进一步减小，甚至向 1 靠近。

相比之下，河北省内各城市的增长速度仍有较大提升空间。天津作为区域内次位城市，规模与北京的差距不断缩小。立足这一前提，京津冀区域的四城市指数、十一城市指数仍基本大于 1，充分说明河北省内城市的发育规模与京津差距较大。结合具体分布来看，河北省缺乏特大城市，大、中型城市的分布也不够合理，大城市规模整体偏小，城区人口规模大多为Ⅱ型大城市，仅石家庄已发育为Ⅰ型大城市。这一体系结构特征在一定程度上影响了跨域产业与创新链的构建，也难以通过城市规模体系辐射带动小城市的社会经济发展，加大了区域协同的难度。然而，随着京津冀协同发展逐渐上升为国家级战略，区域规模结构的优化趋势明显。2014 年以后，以环京津周边区域的城市为主，出现了较明显的规模等级跃升趋势，且以中等城市向大城市的转变为主。未来，应当通过公共服务设施建设、政策偏向等方式，重点提升河北省内城市的产业承接能力、创新能力、人口吸引力。持续加快特大城市的培育，大力支持大城市的发展，重点推动中小城市的建设，全面优化区域城镇规模结构体系，支撑区域协调发展。

第二节　京津冀区域城镇职能结构发展特征

城镇职能是指城镇在区域内的经济和社会发展中发挥的作用。在一个城镇体系中，城镇有各自承担的分工，各城镇职能的有机组合形成了城镇体系的职能结构。城镇职能结构反映了区域的经济结构，分析京津冀区域的城镇职能结构有利于促进区域间的资源配置、分工协作，推进市场一体化进程，实现区域内协同发展、互利共赢。下文以京津冀区域的 2 个直辖市和 11 个地级市为对象，开展区域城镇职能结构分析。

一、城镇职能类型及其分工

京津冀区域内部城市的职能不同，通过城镇职能专业化分析，可以得到各城市在区域中的职能分工结构。城镇职能一般根据就业人数判断，专业化指数测量方法有多种，笔者参考侯杰和张梅青提出的城镇职能专业化指数计算方法[①]，将城镇职能划分为服务职能和生产职能两大类，将行业分为生产性服务业和生产制造业。《国民经济行业分类》将《中国城市统计年鉴》中的四类第二产业划归为生产制造业，将第三产业中的交通运输、仓储和邮政业，信息传输、计算机服务和软件业，金融业，房地产业，租赁和商务服务业，以及科学研究、技术服务和地质勘查业划归为生产性服务业。计算公式与区位商计算公式相近，即城镇职能专业化水平等于该城市生产性服务业就业人数除以该城市生产制造业就业人数的结果与区域内生产性服

---

① 侯杰，张梅青. 城市群功能分工对区域协调发展的影响研究——以京津冀城市群为例[J]. 经济学家，2020(6): 77-86.

务业总就业人数除以生产制造业总就业人数的结果之比。若该比值大于 1，说明城市在区域内主要承担生产性服务职能；若该比值小于 1，说明城市在区域内主要承担生产制造职能。根据《中国城市统计年鉴》（2007 年、2011年、2015 年、2019 年），各城市按行业分组的年末城镇单位就业人员数据，结合《河北统计年鉴 2022》《北京统计年鉴 2022》《天津统计年鉴2022》中按行业分城镇非私营单位从业人员的相关数据，分别计算得到2006 年、2010 年、2014 年、2018 年和 2021 年京津冀区域内各城市的职能专业化水平。

　　根据分析结果可知，参照比值等于 1 的标准，京津冀区域内的城市被明显分为两大类。2006—2021 年，北京市的城市职能专业化水平大于 1，在区域内主要承担生产性服务职能，且指数在 2014 年以前不断增大，说明北京的生产性服务职能在相应阶段内不断增强。自京津冀协同发展战略实施以来，北京的该指数开始呈现下降趋势。这在一定程度上反映出北京的非首都功能疏解得到了一定效果。天津市与河北省内各地级市的职能专业化水平基本均小于 1，主要承担生产制造职能。从时间序列上看，各城市该指数的波动不大，说明在区域内长期承担生产制造职能。2014 年以后，随着京津冀协同发展的不断深入，部分城市的职能专业化水平发生了小幅度上涨。这可能是因为随着城市间的协作逐渐增强，改善了原先职能相似的城市之间的竞争关系，区域分工体系得到优化，对城市产业经济发展产生了一定的积极影响（图 3-3）。

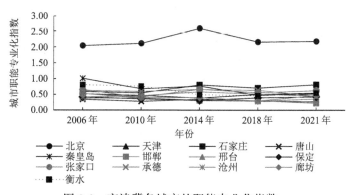

图 3-3　京津冀各城市的职能专业化指数

二、区域产业格局发展特征

1. 研究方法与数据来源

1）改进的区位商指数

促使区域内各中心城市形成合理的分工体系，更有利于共享集聚经济与专业化分工带来的效益，并解决相关的社会环境问题[①]。这是区域协同发展的重要基础，更是区域整体竞争力提升的关键所在。传统区位商指数是衡量某一区域要素的空间分布情况，以及反映某一产业的专业化程度及它在更高层次区域内的地位与作用的经典指标。某一地区的某一产业的区位商值越大，就意味着该地区的该产业在计算的区域范围内的比较优势越大。区位商有不同的定义和界定方法，本书采用行业从业人员数为主要指标计算区位商，具体算法如下：

$$LQ_{ij} = \frac{L_{ij} / \sum_j L_{ij}}{\sum_i L_{ij} / \sum_i \sum_j L_{ij}}$$

式中，LQ_{ij} 为城市 i 中 j 产业的区位商，L_{ij} 为城市 i 中 j 产业的从业人员数，$\sum_j L_{ij}$ 为城市 i 对应的总从业人员数，$\sum_i L_{ij}$ 为该地区所有从事 j 产业的总人数，$\sum_i \sum_j L_{ij}$ 为该地区的总从业人数。当 $LQ_{ij} > 1$ 时，说明城市 i 的 j 产业在区域内具有较高的专业化程度，城市 i 的 j 产业分布集中、发展迅速，具有比较优势；LQ_{ij} 的值越大，说明比较优势越大。

在传统区位商指数的应用中，陆续出现了一些问题，促使学者们在其基础上提出了多种改进方案。本书采用 Yu 等提出的正态区位商指数[②]。改进后的指数具有较好的时空稳定性，受产业、区域划分方式的影响较小，可以更好地反映出时间序列上、不同地区之间的差异。改进后的公式为：

$$NLQ_{ij} = \frac{L_{ij}}{\sum_i \sum_j L_{ij}} - \frac{\sum_i L_{ij} \sum_j L_{ij}}{(\sum_i \sum_j L_{ij})^2}$$

① 吴康. 京津冀城市群职能分工演进与产业网络的互补性分析[J]. 经济与管理研究，2015, 36(3): 63-72.

② Yu R, Cai J, Leung P. The normalized revealed comparative advantage index[J]. The Annals of Regional Science, 2009, 43(1): 267-282.

2）数据来源与处理

因自《中国城市统计年鉴 2021》起，未再统计"按行业分组的年末城镇单位就业人口"数据，故本节研究采用 2015 年、2019 年两个时间节点，京津冀区域各城市分行业的城镇单位从业人员数据主要来源于《中国城市统计年鉴 2016》和《中国城市统计年鉴 2020》。借鉴吴康[①]、史雅娟等[②]的研究成果，将 19 个行业重新分类归并处理为第一产业、制造业、其他工业、高级生产性服务业、一般生产性服务业、其他服务业六大类（如表 3-8 所示）。因第一产业不属于城镇职能，在具体分析中不加以考虑。

表 3-8　六大类行业划分及其构成

职能部门归并	对应行业
第一产业	（A）农、林、牧、渔业
制造业	（B）制造业
其他工业	（C）采矿业；（D）电力、热力、燃气及水生产和供应业；（E）建筑业
高级生产性服务业	（F）金融业；（G）信息传输、计算机服务和软件业；（H）租赁和商务服务业
一般生产性服务业	（I）交通运输、仓储和邮政业；（J）批发和零售业；（K）科学研究、技术服务和地质勘查业
其他服务业	（L）住宿和餐饮业；（M）房地产业；（N）居民服务、修理和其他服务业；（O）水利、环境和公共设施管理业；（P）教育；（Q）卫生和社会工作；（R）文化、体育和娱乐业；（S）公共管理、社会保障和社会组织

2. 制造业发展格局

根据区位商计算结果（表 3-9），天津市的区位商指数大于 0，且绝对值为区域内最高，并显著大于次位城市唐山市，制造业发展在京津冀区域内具有绝对优势。河北省内主要发育形成了石家庄市、唐山市两个制造业中心，且唐山市的制造业区位商高于石家庄，职能优势更突出。2015—2019 年，唐山市的制造业区位商与石家庄市的差距有扩大趋势，逐渐发展成为河北省内的制造业中心，但与天津市相比仍有差距。河北省内制造业发展较好的还有

---

① 吴康. 京津冀城市群职能分工演进与产业网络的互补性分析[J]. 经济与管理研究, 2015, 36(3): 63-72.

② 史雅娟, 朱永彬, 黄金川. 中原城市群产业分工格局演变与功能定位研究[J]. 经济地理, 2017, 37(11): 84-91.

秦皇岛市、保定市与廊坊市，三座城市 2015 年和 2019 年的制造业区位商指数均大于 0，且排名均保持在全省前五位。总体上，京津冀区域内制造业主要依托两个主要的港口城市发展，以天津市为核心，以唐山市为次级中心。此外，石家庄市凭借省会地位，以及交通枢纽区位优势，制造业发展基础良好并保持优势。同时，随着京津冀协同发展战略不断深入落实，秦皇岛市的区位优势有所强化，制造业得到快速发展。

表 3-9　京津冀区域各城市制造业的区位商指数

城市	2015 年	2019 年
北京	−0.036 981	−0.027 787
天津	0.030 293	0.018 210
石家庄	0.002 246	0.002 121
唐山	0.003 082	0.004 143
秦皇岛	0.000 699	0.001 346
邯郸	−0.000 470	0.000 377
邢台	0.000 379	0.000 248
保定	0.001 448	0.001 299
张家口	−0.001 310	−0.000 495
承德	−0.000 718	−0.000 288
沧州	−0.001 314	−0.000 354
廊坊	0.003 062	0.001 528
衡水	−0.000 416	−0.000 348

3. 其他工业发展格局

2019 年，京津冀区域内其他工业发展具有优势的城市主要包括天津市、唐山市、邯郸市、邢台市、保定市、沧州市、廊坊市、承德市和衡水市（表3-10）。总体上，可以分为三个梯队，其中天津市、唐山市、邯郸市的优势最为突出，次之为邢台市、保定市、沧州市和廊坊市，第三梯队为承德市与衡水市。从发展动态来看，京津冀区域内唐山市与邯郸市基本保持着其他工业的发展优势，而保定市与沧州市的优势有所减弱，天津市则发展迅速。此外，该行业的发展优势有所扩散，廊坊市 2015 年时的区位商小于 0，2019

年区位商已大于 0，发展提升速度较快。与之相反的是张家口市，其他工业的区位商在 2015 年时大于 0，2019 年则小于 0。这可能与张家口市的生态地位不断强化有关，随着京津冀协同发展战略的提出，张家口市加快了生态建设与产业经济的绿色转型，相应地便限制了其他工业的发展。

表 3-10　京津冀区域各城市其他工业的区位商指数

城市	2015 年	2019 年
北京	−0.025 676	−0.015 579
天津	0.000 930	0.004 138
石家庄	−0.001 196	−0.001 000
唐山	0.004 681	0.003 666
秦皇岛	−0.000 304	−0.000 134
邯郸	0.006 499	0.003 918
邢台	0.001 687	0.001 148
保定	0.010 447	0.001 261
张家口	0.000 262	−0.000 444
承德	0.000 117	0.000 379
沧州	0.001 926	0.001 241
廊坊	−0.000 091	0.001 253
衡水	0.000 719	0.000 151

4. 高级生产性服务业发展格局

北京市的高级生产性服务业在京津冀区域内具有绝对优势，2015 年与 2019 年，区域内仅有北京的区位商大于 0（表 3-11）。2015—2019 年，天津市的高级生产性服务业虽尚未能在区域内具有比较优势，但区位商有明显提升。河北省内唐山市、秦皇岛市、邢台市、张家口市等城市的区位商变化幅度较小，相关职能尚未出现强化趋势，而石家庄市与保定市的区位商则有不同程度的提升。一方面，石家庄市作为省会城市，不断发挥资源优势，"十三五"时期加快了经济转型升级的步伐，提出了发展"4+4"现代产业①的战

---

① 指做优做强新一代信息技术、生物医药健康、先进装备制造、现代商贸物流四大产业，积极培育旅游业、金融业、科技服务与文化创意、节能环保四大潜力产业。

略，现代服务业、金融业、科技服务和文创产业得到蓬勃发展，创新能力得到全面提升；另一方面，保定市受"石保廊"全面创新改革试验的积极影响，同时借势雄安新区的发展，产业升级不仅得到了丰富的创新资源，亦逐渐带动起相关生产性服务业的发展。然而，邯郸市、承德市、沧州市、廊坊市的高级生产性服务业区位商均呈现一定程度的下降，发展速度相对滞后于其他城市。

表 3-11　京津冀区域各城市高级生产性服务业的区位商指数

城市	2015 年	2019 年
北京	0.041 894	0.039 449
天津	−0.012 963	−0.007 821
石家庄	−0.002 962	−0.001 882
唐山	−0.004 691	−0.005 031
秦皇岛	−0.001 307	−0.001 489
邯郸	−0.004 206	−0.004 896
邢台	−0.002 664	−0.002 963
保定	−0.006 046	−0.004 447
张家口	−0.001 797	−0.001 872
承德	−0.000 799	−0.001 645
沧州	−0.001 244	−0.002 230
廊坊	−0.001 816	−0.003 288
衡水	−0.001 397	−0.001 884

5. 一般生产性服务业发展格局

从一般生产性服务业的发展格局来看，同样表现为以北京市为核心（表 3-12）。除了北京市的区位商指数大于 0 以外，天津市与河北省内各城市的区位商均小于 0。其中，天津市、保定市、沧州市、邯郸市、廊坊市的区位商呈上升趋势，且天津市与保定市的增长趋势更突出，2015—2019 年两座城市的一般生产性服务业的区位商提升幅度在区域内领先。河北省内其他城市的区位商则有不同程度的下降，但值得注意的是，北京市的一般生产性服务业区位商亦呈现下降趋势，且下降幅度为区域中最大。这在一定程度上说明非首都功能疏解工作得到了良好的落实，大型批发零售市场、仓储物流中心迁出的效果逐渐显现。

表 3-12　京津冀区域各城市一般生产性服务业的区位商指数

城市	2015 年	2019 年
北京	0.032 211	0.028 579
天津	−0.005 506	−0.001 224
石家庄	−0.000 490	−0.002 402
唐山	−0.003 528	−0.004 388
秦皇岛	−0.000 691	−0.001 261
邯郸	−0.004 318	−0.003 864
邢台	−0.002 899	−0.002 921
保定	−0.004 826	−0.002 640
张家口	−0.001 572	−0.001 966
承德	−0.001 540	−0.001 603
沧州	−0.003 032	−0.002 445
廊坊	−0.002 713	−0.002 555
衡水	−0.001 097	−0.001 311

6. 区域产业网络分析

对于京津冀城市群而言，经济发展呈现典型的京津双中心特征，但两座核心城市的主要职能有所不同。北京市是区域内突出的服务业中心，尤其是高级生产性服务业的发展具有显著优势，而天津市则主要是区域的资本密集型和技术密集型制造业中心。这一分工格局的形成具有一定的历史基础，并经历了长时间的演进，对河北省内各城市的产业分工与发展亦影响深远。下文采用克鲁格曼专业化指数（GSI），进一步考察京津冀城市群内产业发展是呈现出更突出的同构性还是互补性特征。计算公式如下：

$$\mathrm{GSI}_{ij} = \sum_{j} \left| \frac{P_{ij}}{\sum_{j} P_{ij}} - \frac{P_{kj}}{\sum_{j} P_{kj}} \right|$$

式中，GSI_{ij} 表示两个城市 i 和 j 产业结构的差异性，若二者产业结构完全相同，则 GSI 值为 0；若二者产业结构毫不相关，则指数值为 2。计算结果如表 3-13 所示。

表 3-13　京津冀区域内各城市间克鲁格曼专业化指数

城市	年份	北京	天津	石家庄	唐山	秦皇岛	邯郸	邢台	保定	张家口	承德	沧州	廊坊
天津	2015	0.638											
	2019	0.450											
石家庄	2015	0.450	0.327										
	2019	0.411	0.295										
唐山	2015	0.641	0.334	0.301									
	2019	0.674	0.331	0.325									
秦皇岛	2015	0.540	0.329	0.094	0.295								
	2019	0.605	0.343	0.195	0.215								
邯郸	2015	0.710	0.536	0.358	0.242	0.320							
	2019	0.739	0.550	0.374	0.247	0.274							
邢台	2015	0.756	0.532	0.354	0.289	0.260	0.206						
	2019	0.761	0.571	0.394	0.331	0.294	0.151						
保定	2015	0.706	0.461	0.399	0.179	0.390	0.166	0.306					
	2019	0.562	0.342	0.165	0.255	0.112	0.209	0.231					
张家口	2015	0.633	0.563	0.385	0.421	0.290	0.363	0.252	0.503				
	2019	0.633	0.601	0.343	0.431	0.262	0.312	0.200	0.264				
承德	2015	0.594	0.546	0.318	0.430	0.259	0.336	0.226	0.487	0.109			
	2019	0.671	0.540	0.359	0.338	0.259	0.214	0.109	0.199	0.103			
沧州	2015	0.604	0.571	0.343	0.340	0.284	0.233	0.165	0.400	0.218	0.125		
	2019	0.600	0.455	0.279	0.298	0.202	0.169	0.160	0.141	0.180	0.120		
廊坊	2015	0.681	0.279	0.231	0.300	0.187	0.313	0.282	0.408	0.379	0.318	0.321	
	2019	0.767	0.472	0.358	0.222	0.196	0.135	0.143	0.209	0.318	0.221	0.171	
衡水	2015	0.618	0.474	0.296	0.298	0.202	0.232	0.139	0.372	0.148	0.153	0.139	0.306
	2019	0.733	0.642	0.437	0.447	0.337	0.269	0.169	0.304	0.119	0.129	0.222	0.260

首先，京津冀区域内整体仍存在一定的产业同构现象。从计算得到的 2015 年与 2019 年的 78 对 GSI 来看，均小于 1。2015 年最大的 GSI 为 0.756，

2019 年最大的 GSI 为 0.767。2019 年与 2015 年比，有 34 对 GSI 变大了，有 44 对 GSI 变小了，但变化幅度均较小，区域整体特征变化不大，同构问题尚待解决。

其次，北京与河北之间的产业互补性有逐渐增强趋势。2015 年与 2019 年，北京市与河北省各市的 11 对 GSI 均明显大于其他城市的 GSI，且 2019 年北京市与河北省大部分城市的 GSI 在 2015 年的基础上有所增加，京冀的分工格局有优化趋势。相比之下，天津市与河北省大部分城市还是存在一定的同构问题。2019 年，天津市与石家庄市、唐山市、保定市、承德市、沧州市的 GSI 进一步减小。这在一定程度上可以说明两个问题：一方面，京津冀沿海地区的港口城市之间尚未形成良好的职能分工，可能影响港口群发挥最大的综合效用；另一方面，石家庄、唐山、保定等河北省的中心城市未能与天津形成较好的分工互动关系，不利于河北省自身经济的高效发展。

最后，协同发展中除了注重京津冀三地的分工定位，还要重视河北省内部的职能体系优化。从 GSI 来看，河北省内部的产业同构问题明显比北京、天津之间的同构问题更严重。就其省域内部的 11 座城市来看，两两之间的 GSI 即使到了 2019 年最大值也仅为 0.447。除去省会石家庄市与经济强市唐山市以外，河北省内其余城市之间的 GSI 大部分分布在 0.1—0.3 区间。

三、发展趋势

根据《京津冀协同发展规划纲要》，区域的功能定位是以首都为核心的世界级城市群，其中北京市的功能定位是全国政治中心、文化中心、国际交往中心、科技创新中心；天津市的功能定位是全国先进制造研发基地、北方国际航运核心区、金融创新运营示范区、改革开放先行区；河北省的功能定位为全国现代贸易物流重要基地、产业转型升级试验区、新型城镇化与城乡统筹示范区、京津冀生态环境支撑区。对比城市的功能定位，北京目前仍存在部分行业不符合自身定位的问题，如交通运输、仓储和邮政业；部分职能负担过重，如批发和零售业，需持续推进非首都功能疏解。天津市具有良好的制造业基础，但距离城市定位的要求仍有提升空间，亦需要逐渐增强与北京市功能定位的互补性，更好地支撑双城带动区域发展的形态。河北省内各地级市的主导产业较为相似，存在多个工业大市，发展商贸物流的相关产业职能均不突出。

结合区域体系结构来看，京津冀三地的产业职能已发育形成了一定的梯度关系。北京主要发展高端产业，以服务业经济为主，高级生产性服务业的优势最为突出；天津市的制造业在区域内处于绝对领先地位；河北省目前仍以制造业、其他工业的发展为主，且其他工业的优势相对更明显一点。然而，这一梯度关系尚有较大的优化空间。高端产业在区域内具有强烈的空间集聚效应，且生产要素越高端，集聚趋势越显著。这在一定程度上会影响北京与天津、河北的联动关系的建立。此外，区域内产业同构的问题亦需持续优化。一是引导制造业强市、港口城市之间的错位发展，天津与唐山、石家庄等城市仍存在一定的同构问题；二是河北省内部各城市之间产业同构的问题主要集中于河北省内部，要注重避免分散布局、低效竞争。

第三节　京津冀区域城市间的经济联系格局

一、研究方法与数据来源

引力模型常用于测量两座城市之间的经济联系强度。一般来说，两地的经济联系强度具有随距离增大而衰减的特征，因此地方间距离的测量方式存在较大的影响。原始模型选取两地间的直线距离加以衡量，后来学者们常用两地间的公路里程数或铁路最短旅行时间距离加以修正。考虑到京津冀区域公路建设水平差距较小，且公路货运量较之铁路货运量更为突出，本节选择用公路里程数衡量两地距离。其中，经济联系强度模型为：

$$R_{ij} = \frac{\sqrt{P_i V_i}\sqrt{P_j V_j}}{D_{ij}^2}$$

式中，R_{ij} 代表城市 i 与城市 j 之间的经济联系强度，P_i、P_j 代表城市 i、城市 j 的总人口（万人），V_i、V_j 代表城市 i、城市 j 的地区生产总值（亿元），D_{ij} 代表城市 i 与城市 j 间的最短公路里程（公里）。这一模型可表征城镇间绝对经济联系量，反映某一城镇的对外经济联系范围。

本节选取 2015 年与 2021 年两个时间点展开分析，各城市的人口与地区生产总值数据来源于《北京统计年鉴 2016》《北京统计年鉴 2022》《天津统计年鉴 2016》《天津统计年鉴 2022》《河北经济年鉴 2016》《河北统计年鉴 2022》。此外，2015 年的城市间最短公路里程源于地图窝网站上提供的河北省交通地图 2014 年版，2021 年的最短公路里程于 2023 年 6 月通过河北省高速公路出行信息服务网查询得到，在推荐路线、最短路程、费用最少三种方案中选取最短路程方案作为参考。

二、经济联系强度格局发展特征

对比 2015 年与 2021 年京津冀区域的经济联系强度格局，结构特征基本一致，发生的最核心变化是经济联系强度的全面增强（表 3-14 和表 3-15）。2021 年，区域内各城市之间的经济联系强度均比 2015 年有显著提升。这说明在京津冀协同发展战略的推动下，区域内的交通网络不断完善，产业协同逐渐深化，城市之间的联系更为密切，生产要素流动更为活跃，然而，尚未扭转体系结构特征。因此，仅结合 2021 年的分析结果，观察京津冀三地经济联系强度格局发展形成的主要特征。

表 3-14　京津冀区域 2015 年各城市间经济联系强度

城市	北京	天津	石家庄	唐山	秦皇岛	承德	张家口	保定	廊坊	沧州	衡水	邢台
天津	1932.80											
石家庄	209.96	102.54										
唐山	460.50	717.78	26.12									
秦皇岛	52.10	44.99	4.31	90.88								
承德	100.22	26.44	6.13	25.18	2.64							
张家口	105.57	31.52	8.27	9.98	1.83	3.57						
保定	576.34	287.73	251.59	43.59	5.72	8.28	9.68					
廊坊	2232.28	780.10	32.94	61.60	5.90	8.40	9.42	94.17				
沧州	213.75	552.21	74.93	68.37	7.36	6.94	4.31	113.83	57.80			
衡水	60.98	56.77	93.20	12.39	1.82	1.80	1.97	49.39	13.02	62.53		
邢台	50.37	33.32	203.45	9.19	1.62	1.65	2.53	33.04	7.39	20.50	33.01	
邯郸	58.55	41.17	126.87	11.86	2.16	2.20	3.20	31.38	9.08	23.43	30.45	462.56

表 3-15 京津冀区域 2021 年各城市间经济联系强度

城市	北京	天津	石家庄	唐山	秦皇岛	承德	张家口	保定	廊坊	沧州	衡水	邢台
天津	2798.07											
石家庄	307.14	137.71										
唐山	872.14	832.06	41.06									
秦皇岛	88.23	57.47	7.09	109.65								
承德	163.27	51.91	8.29	57.62	12.29							
张家口	222.59	40.01	18.04	17.19	2.98	5.28						
保定	744.16	297.62	267.47	61.55	8.49	10.73	20.67					
廊坊	4635.59	1109.81	47.81	165.18	13.79	18.08	19.94	118.20				
沧州	419.70	683.85	96.02	94.95	11.48	9.80	9.77	149.15	109.30			
衡水	109.31	74.04	153.50	18.04	2.93	2.80	4.01	72.52	20.39	79.26		
邢台	78.68	43.34	272.64	13.86	2.65	2.71	5.07	40.31	12.43	28.97	49.49	
邯郸	94.04	53.69	193.52	17.92	3.53	3.50	6.23	42.47	15.23	33.94	47.06	860.60

（1）北京市作为区域内绝对的核心城市，2021 年的辐射范围仍主要是周边地区。根据联系强度之间的梯度差异，大致可以分为三个圈层。联系强度最突出的是与天津和廊坊，属于第一圈层，京津、京廊之间的联系强度亦是区域内表现最突出的关系。第二圈层为唐山和保定，与第一圈层的联系强度相比，有了十分显著的衰减，京津联系强度为京唐联系强度的 3.2 倍，但在区域内依然非常突出，显著高于河北省域内其他各城市间的联系强度。第三圈层主要为沧州、石家庄和张家口，与第二圈层相比，联系强度进一步减弱，但减弱幅度放缓，京保联系强度为京沧联系强度的 1.8 倍。

（2）以天津市为中心的联系强度格局则更为集中，主要集中在京津走廊、沿海地区。2021 年，除了北京市以外，天津市与廊坊市、唐山市、沧州市的联系强度最为突出。其中，津廊的联系强度高于津唐、津沧之间的联系强度。这在一定程度上说明京津发展轴得到了较好发展，但沿海地区还可进一步增强联动效应。除此之外，天津市与河北省内其他城市的经济联系强度均较弱，天津市主要在区域沿海发展轴上发挥核心带动作用，引领外向型经济发展。

（3）除了与京、津双城的联系以外，河北省内的中心城市为省会石家庄。然而，其存在一定的带动能力不足的问题。2021 年，在省内与石家庄市联系强度最大的城市为周边的邢台市与保定市，但保定市与北京市的联系强度是保定市与石家庄市联系强度的 2.8 倍；保定市与天津市的联系强度是保定市与石家庄市联系强度的 1.1 倍。此外，石家庄市除了向北与保定市、向南与邢台市存在较紧密的联系，以及与邯郸市、衡水市的互动相对密切以外，与省内其他城市的经济联系强度均较弱，未能较好地发挥省会城市的带动作用。河北省内经济联系强度格局还有两点突出的特征：一是邯郸市与邢台市自成组团；二是冀北地区相互离散。具体来说，邯郸市与邢台市之间的经济联系强度仅略低于京唐联系强度，甚至高于津唐联系强度，并显著超过石家庄与周边城市的联系强度。因此，邢台市虽然是石家庄市在省内联系强度最大的城市，但邢台市的主要经济联系方向依然指向了邯郸。对于冀北地区而言，城市间的相互联系均不突出，主要联系方向基本指向了京津。

三、发展趋势

在京津冀发展成为世界级城市群的目标下，区域内必将形成更紧密的协作关系，在区域外形成更广泛的辐射影响，向构建更具层次性、动态性与系统性特征的空间结构演化。自京津冀协同发展战略提出以后，产业协同、交通一体化发展就成为重点突破领域中十分重要的两点。随着交通网络的日益完善、产业协同工作的全面落实，区域内城市间的联系强度也明显提升，但格局上仍需进一步改善，主要包括以下三点：①层次性不足，城市间经济联系强度的递进性较弱。以京、津为中心的经济联系强度远大于其余城市之间的联系强度，常表现为大斜率衰减，应加快缩小三地差距。②系统性不强，各次级区域之间缺乏必要联系。目前，从经济联系强度格局来说，基本上形成了四个次级区域，即环北京区域、天津引领的沿海区域、石家庄带动的冀南区域，以及邯郸-邢台联动区域。但结合相应区域中心城市的主要联系方向来看，除了京津有明显的双向互动趋势外，各区域的发展相对独立。尤其对于沿海地区而言，难以直接与内陆腹地形成联系，对其发展壮大有所限制。③辐射面不全，除了上述四个次级区域外，河北省内仍有若干城市未能较好地融入区域经济发展体系中。应当加快找准这些城市的产业经济定位，增强与邻近中心城市之间的互补性，同时提升交通基础设施建设水平，积极促进人口与生产要素的流动与集聚。

第四节　京津冀区域城镇体系结构优化

一、提升河北省内中心城市发展能级

　　不论是规模结构、职能结构，还是经济联系强度格局，都面临着一个共同的挑战，即体系结构的层次性不足。这与河北省的区域性中心城市发育不足有着密切关系，需重点加强。河北省应把握非首都功能疏解的重要机遇，充分挖掘自身资源禀赋，强化城市间的专业化分工合作，培育各具特色的城市产业体系；同时，集中力量加快推进省域内中心城市制造业的转型升级，积极深化与北京、天津的合作，加大对科技研发的支持力度，推动相关产业向价值链中高端迈进。此外，还要着力培育具有专业化优势的服务业中心，一方面，顺应市场化需求，瞄准社会化方向，着力促进生产性服务业快速发展，打造经济新引擎；另一方面，全面提升生活性服务业发展水平，为居民提供高质量的多元服务，在满足人民日益增长的美好生活需要的同时，提升对高端人才的吸引力。此外，在中心城市鼓励产业成长的多元化，并形成良性竞争机制。改变政府角色，激发市场活力，运用财政支持、税费减免、创业投资引导、政策性金融服务等方法，为企业发展提供良好的经营环境。

二、引导人口有序流动与合理集聚

　　随着非首都功能疏解成效逐渐显化，北京市的人口规模已出现下降趋势，且区域常住人口总规模亦有所下降。这在一定程度上说明伴随着非首都功能的疏解，人口可能并未流向周边的天津与河北，北京在区域内的人口吸引力依然有绝对优势。未来应当积极支持河北省内各城市通过多维度的机制创新，引导人口适当集聚，加速对城镇规模等级结构的优化；借助承接京津产业转移的时机，创造就业机会；在完成产业转移空间部署的同时，完成对新增就业人口的迁移指引；进一步深化户籍制度改革，把握大城市全面放宽落户条件的政策机遇；推动区域公共服务均等化，打造优越的工作生活环境，提升人口吸引力。

三、强化区域联动机制，培育发展合力

持续强化城市间协作意识，避免产业重构导致的低效竞争。坚持规划引导，合理布局产业，推动职能分工体系优化。重视区域治理制度创新，减少要素流动壁垒，避免地方合作受阻。推动沿海区域各城市构建积极的、活跃的互动关系，形成合力，助推京津冀区域港口经济发展壮大。强化京保石发展轴上各城市之间的经济联系，把握雄安新区建设带来的历史机遇，积极吸纳和集聚创新要素，更好地接受首都功能辐射，加速转型升级。增强冀中南地区的发展凝聚力，整合优势资源，协调好石家庄、邢台、邯郸的发展关系，提升冀中南地区的整体竞争力。

4 | 第四章
京津冀世界级城市群发展与建设

第一节 京津冀城市群现状

一、基本情况

京津冀地区位于环渤海经济圈的中心位置，是我国连接西北、东北和华中的重要节点地带，是我国北方连接"海洋经济"和"大陆经济"的枢纽地区。京津冀地区包括北京、天津，以及河北省的石家庄、唐山、秦皇岛、承德、廊坊、邯郸、邢台、沧州、保定、张家口、衡水等城市。北京市是我国首都，是我国政治、文化、国际交往和科技创新中心；天津市是环渤海地区的经济中心和我国北方的重要进出港口，是全国先进制造研发基地、金融创新运营示范区、改革开放先行区；河北省是全国产业转型升级试验区、新型城镇化与城乡统筹示范区、京津冀生态环境支撑区，其中唐山市是我国重要的钢铁工业基地。

京津冀地区土地面积为 21.6 万平方公里,占国土总面积的 2% 左右。2021 年,京津冀地区总人口约 1.1 亿,占全国总人口的 7.8% 左右,地区生产总值合计 96 355.9 亿元,占全国生产总值的 8.5%。人均 GDP 指标方面,北京市为 18.40 万元,居全国各省市第一,天津市为 11.37 万元,石家庄市为 5.42 万元。作为一个处于发展初期的城市群,京津冀城市群在发展过程中仍然存在较大的提升空间。

第一,区域发展差距依然显著。除中心城市外,其他城市的 GDP 和人均 GDP 水平普遍较低。各城市经济水平、产业结构差距明显,经济总量比起江苏省、广东省等沿海经济强省仍有发展空间,未呈现出明显的规模经济优势(图 4-1)。

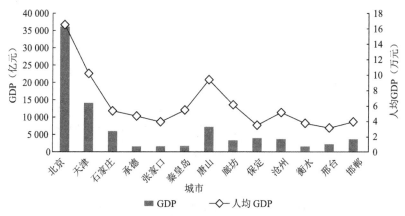

图 4-1 2020 年京津冀各城市 GDP 和人均 GDP

第二,人口数量和质量不够均衡,未建立人口调控的长效机制。北京、天津两座城市的人口规模和密度仍然高于区域内其他城市,河北省合理承接人口疏解、主动吸纳人口转移仍然存在种种障碍,制约了区域城镇体系的健康发展(图 4-2)。

第三,中心城市扩散效应和带动作用不足,尤其体现在创新驱动辐射方面。从专利申请数、专利授权数和发明数这三项指标来看,北京市的水平高于区域内其他城市的总和,北京市和天津市的总量占区域总量的 80% 以上,可见区域创新能力和创新成果仍然高度集中于中心城市,边缘城市几乎未受到扩散效益的带动作用,创新能力仍然低下(图 4-3)。

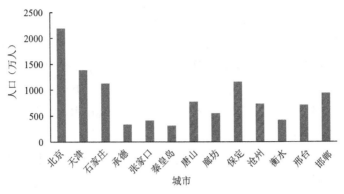

图 4-2　2020 年京津冀各城市常住人口

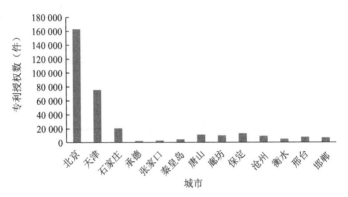

图 4-3　2020 年京津冀各城市专利授权数

第四，区域空间结构有待优化。北京市的各类资源要素和服务高度集聚，大城市病仍然突出；未建立合理的空间结构和城镇体系，城市间交通互联和服务共享水平不高，导致城市之间未能形成合理分工。

第五，生态修复和环境改善任务依然艰巨。土地资源超载、水资源供需紧张、大气污染形势严峻等问题长期制约着区域社会经济的良性可持续发展。区域自然资源资产管理格局和生态协同治理机制有待完善。

第六，体制机制改革仍有待深入。现有体制机制在要素市场一体化、行政管理协同机制、行政管理信息交流共享等突破行政壁垒的关键领域改革方面仍需进一步突破。

二、京津冀世界级城市群发展的政策背景和战略目标

京津冀城市群的发展历程可追溯到改革开放时期，但在各城市快速城镇

化时期并未取得明显成效，直到 21 世纪才取得实质性政策建设和发展进步。1986 年，环渤海地区的 15 个城市共同发起成立了环渤海地区经济联合市长联席会，标志着京津冀的地域联系初步建立。2004 年 2 月，国家发展改革委召集京津冀三省份的发改部门在廊坊召开京津冀区域经济发展战略研讨会，达成"廊坊共识"；同年 6 月，国家发展改革委、商务部，以及京、津、冀、晋、内蒙古、鲁、辽 7 地领导在廊坊达成《环渤海区域合作框架协议》，商定成立环渤海合作机制的三层组织架构。2010 年 8 月 5 日，《京津冀都市圈区域规划》上报国务院，区域发展规划按照"8+2"的模式制定：包括北京、天津两个直辖市，以及河北省的石家庄、秦皇岛、唐山、廊坊、保定、沧州、张家口、承德八地市。2011 年 3 月，国家"十二五"规划纲要提出"打造首都经济圈"，京津冀城市群发展由地方战略向国家战略过渡。

京津冀世界级城市群的建设自 2014 年起上升到国家战略高度，并受到国家政策的大力支持。以 2014 年 2 月 26 日习近平总书记视察北京市工作时的讲话为标志，京津冀协同发展上升为国家重大战略。之后中共中央政治局于 2015 年 4 月 30 日审议通过了《京津冀协同发展规划纲要》，标志着经过一年多的准备，京津冀协同发展的顶层设计基本完成，推动实施这一战略的总体方针已经明确。2017 年 4 月 1 日，中共中央、国务院印发通知，决定设立河北雄安新区，雄安新区规划范围涉及河北省雄县、容城、安新三县及周边部分区域，是继深圳经济特区和上海浦东新区之后又一具有全国意义的新区。党的十九大报告进一步提出，要"以疏解北京非首都功能为'牛鼻子'推动京津冀协同发展，高起点规划、高标准建设雄安新区"。2018 年，《中共中央 国务院关于建立更加有效的区域协调发展新机制的意见》中明确提出，以北京、天津为中心，引领京津冀城市群发展，标志着京津冀城市群成为国家区域协同发展的改革引领区。2022 年，党的二十大报告中提出，推进京津冀协同发展，以城市群、都市圈为依托构建大中小城市协调发展格局，推进以县城为重要载体的城镇化建设。

党中央、国务院做出推动京津冀协同发展的重大战略部署之后，京津冀城市群步入了快速发展阶段，京津冀三省市和有关部门单位围绕非首都功能疏解和建设以首都为核心的京津冀世界级城市群等任务，出台了一系列重大政策和行动计划，建立了多层次、宽领域的协作关系，在北京非首都功能疏解、京津冀交通一体化、生态环境保护、产业升级转移等重点领域取得新的进展①。

京津冀建立世界级城市群是一个自下而上的过程，其实际需求的发生早于国家政策的提出。京津冀城市群的发展不仅是国家政策要求，更是环渤海地区有效化解地域城镇化问题和矛盾、促进京津冀一体化进程合理健康发展、提升区域战略地位的现实需求。京津冀世界级城市群的建立，将有效缩小区域发展差距，实现人口的合理分布和区域空间结构的优化，形成生态环境修复和体制机制改革的共同体和强大合力，进而切实推动区域经济增长，提高人民生活水平，树立良好的区域形象。及时跟踪京津冀协同发展的进程和政策实施效果，总结发展过程中存在的突出问题，科学谋划协同发展的路径和方向，是探索人口经济密集地区优化开发模式和推动京津冀建设世界级城市群的战略需要，将为全国乃至全球的区域协同发展改革以及创新驱动经济的发展模式提供宝贵经验。

第二节 京津冀城市群同国际城市群的比较分析

一、国际城市群发展概况

1. 世界级城市群的发展概况

城市群一体化协同发展是继续推进城市化的助燃剂，各大城市群也是各国经济发展的引擎。其中，诸如伦敦、纽约、东京、巴黎这样的全球城市，在各自城市群中的角色更是金融资本、技术创新、专业化服务、知识管理和通信的核心，也是各大型跨国公司争相进入的国家中心城市。

几大世界级城市群拥有一些共性特征，比如它们的核心城市都拥有数个在全球极具影响力的产业，有着引领全球的标杆地位；城市群中的城市产业空间布局合理有序，有着完善的产业链条；核心城市内部拥有强大密集的交通系统，并且同周边城市之间形成了完善的交通网络。以下分别介绍日本东京城市群和英国伦敦城市群的基本概况和发展历程。

1）日本东京城市群

以东京市区为中心，半径 80 公里内包括东京都、埼玉县、千叶县、神奈川县，占地面积为 13 557 平方公里，占全国面积的 3.5%。第二次世界大战

---

① 李国平. 2019 京津冀协同发展报告[M]. 北京: 科学出版社, 2019.

后，东京城市群经历了四个阶段的发展历程。从第二次世界大战结束到 1960
年前为第一阶段，主要以东京为中心，人口、经济、技术等向东京集聚，为
中心城市的强核发展阶段；1960—1970 年为第二阶段，逐渐从单级中心走向
环状三圈层结构，东京的制造业开始逐步衰弱，产业面临转型升级，在空间
结构上表现为周边区域的城市化发展，卫星城逐步成型；1970—1985 年为第
三阶段，在第三次科技革命中，许多日本企业凭借技术创新和引进，取得了
很多领域的世界级成就，第三产业经济占比超过第二产业，制造业进一步向
城市群边缘地带或城市群外转移，形成多个核心的区域城市复合体；1985 年
至今为第四阶段，随着日本泡沫经济的破裂，政府调整政策，东京都逐渐转
向发展为世界金融中心，城市群中的其他各个城市则根据自身优势发展出了
不同的优势产业，东京城市群彻底由单级中心发展为多极多圈层的城市结构。

2）英国伦敦城市群

英国伦敦城市群是由伦敦、伯明翰、曼彻斯特等城市和周边小城镇组成
的城市群，总面积约 4.5 万平方公里。英国伦敦城市群经历了三个阶段的发
展。18 世纪末至 20 世纪 50 年代为第一阶段，受工业革命影响，人口在伦敦
周边集聚，带来伦敦的持续扩张和人口增长，形成一个强大的中心；1950—
1960 年为第二阶段，为了解决城市人口密度过高、居住条件差、工业发展用
地紧缺等问题，伦敦在离市中心 50 公里的半径内建成了 8 个卫星城，并且为
了使城市合理发展，提升卫星城的基础设施和交通配套，新建了三条廊道连
接伦敦与各卫星城，并在三条廊道的终端新建了三个新城，改变了城市群同
心圆的封闭格局，使之变为网络状城市群；1960 年至今为第三阶段，政府规
划继续强化伦敦作为中心城市的作用，并为各个卫星城规划了不同的发展方
向和各具特色的发展战略，城市群走向"一超、多强、多中心"的格局。

2. 国际城市群的发展经验

由于时代背景和发展阶段不同，世界各国城市群发展采取的策略也不尽
相同。在形成初期，城市群的发展重点主要是解决核心城市的过度集聚带来
的城市效率下降问题。例如，英国伦敦和日本东京周边的新城建设就是分别
为了解决伦敦和东京的过度拥挤问题。在发展中期，城市群要依靠核心城市
带动周边地区发展。例如，日本的新干线建设就是将偏远地区纳入东京的辐
射圈，加强东京与周边地区及偏远地区的空间联系，推动人口、产业向周边
地区转移。在后期阶段，尤其是在全球化背景之下，城市群主要解决的问题

是多个城市的分工与专业化问题，以便提升整个城市群在全球的竞争力，使之成为国家参与全球竞争的重要载体。例如，"美国2050"规划、欧洲空间展望及巨型城市区域规划等，都是为了提升核心城市和整个腹地在全球流动资源要素竞争中的优势。

从国际城市群的发展历程中可以发现，城市群的合理发展十分依赖于城市群内各个城市的协同合作与政府制定的专项政策，城市群的形成离不开市场与政府的双重作用。前者主导了城市群发展过程中产业、人口的转移和城市间的分工，后者则主导了交通规划和卫星城的建设。由国际城市群的发展历程可总结出以下四条发展经验。

1）依靠核心城市带动中小城市协同发展

全球各大城市群的发展历程均呈现出大城市带动中小城市共同发展、互为支撑的局面，大城市将老旧的和衰退的产业扩散到中小城市，中小城市借助于大城市在市场、技术等方面的空间溢出效应，在促进自身发展的同时，也为大城市高端产业提供了市场。在美国东北部城市群的形成发展过程中，纽约市凭借着强大的经济总量和服务能力，以现代化的交通网络、互联网等为载体向周边城市输出资本、信息、技术劳动力和游客等，带动了周边中小城市的发展。日本东京通过产业转移与周边中小城市形成了"总部—制造基地"的区域合作链条，并通过这一链条带动周边中小城市产业发展。

2）发挥各城市的比较优势，合理分工、协同发展

在美国东北部城市群的发展初中期，波士顿受到纽约的挑战，在区位上远离西部和南部腹地、商业优势不复存在的背景下，转而发展工业经济，在城市周边建设了洛厄尔纺织城等一系列工业城镇，与纽约形成错位发展的格局。2008年，纽约-纽瓦克-泽西都市圈的制造业占比为5.61%，而其周边的阿伦敦-伯利恒-伊斯顿都市圈、布里奇波特-斯坦福德都市圈、东斯特劳斯堡都市圈、纽黑文-米尔福德都市圈制造业占比则分别为15.28%、14.5%、21.92%和15.56%，呈现出一种核心服务、外围制造的分工格局。即便是进入后工业化时代，在主要城市均以服务业为主导的产业格局下，城市群内部的产业分工也较为明确。

3）推进交通一体化，构建网状多层次的交通体系

城市群内发达、完善的交通网络是推动城市群一体化的重要基础。19世纪中后期以来，在电车和火车组成的快速、大容量交通系统下，城市之间的经济社会联系开始大幅度增强，由此也推动了城市空间由紧凑式的空间布局

转向放射状发展，进而为城市群的经济活动奠定了基础。从美国东北部城市群的交通发展来看，1835年，华盛顿和巴尔的摩之间修通了铁路，3年后铁路就延伸到了纽约。1846—1847年，纽约与奥尔巴尼、波士顿和布法罗被沿着伊利湖向前延伸的铁路干线连接了起来，1846年又与克利夫兰、底特律和芝加哥连接在一起。铁路与运河的建设使得东北部城市群整体框架最终形成。当前以高速公路和铁路干线为主的区域交通系统将波士顿、纽约、费城、巴尔的摩、华盛顿五大城市及沿线城市连接起来，成为美国客运量最大、发车频率最高的交通走廊。借助于交通一体化的推进，城市群内不同地区间的经济社会联系得以大幅度增加，并形成了一个紧密的整体。从英格兰东南部城市群来看，依托以伦敦为核心的铁路网络，伦敦与英格兰东南部其他地区互动非常密切。依据《大伦敦规划（2011—2030）》［Greater London Plan（2011-2030）］，为深化与周边区域的关系，伦敦将与英格兰东南部其他地区在交通、物流、其他基础设施（如开放性空间、教育、医疗及其他服务）上对接，通过一体化的区域政策实现伦敦与周边地区的可持续发展。

4）建设新城，治理大城市病

国外的大城市群在形成过程中均存在着因中心城市人口过度集聚而产生的"大城市病"问题。在美国东北部城市群、日本东京城市群、英国伦敦城市群的形成过程中，都存在着人口过度向纽约、东京、伦敦等中心城市集聚而产生的如房价过高、交通拥堵、贫民窟与犯罪、生态环境恶化等问题，而解决此类问题的方法，就是建设新城。从英国伦敦城市群发展历程来看，伴随着工业革命的开展和全国铁路网络的建设，伦敦作为工业革命的中心地之一，其人口规模迅速膨胀。为了协调和平衡经济发展，1964年英国政府指出需要发展对伦敦具有反磁力效应的第三代新城，这些新城主要设置在南安普敦—朴次茅斯、切尔诺贝利地区。1968年的英国东南部战略又提出依托当时交通道路的放射性模式，将发展集中在少数几个主要地区，在这一背景下，东南部的米尔顿凯恩斯、北安普敦和彼得伯勒等新城开始建设。至此，英格兰东南部的内部联系逐渐提升，在新城的建设和发展中不断与伦敦进行互动，推动了人口向周边新城的转移，减缓了伦敦这一中心城市因人口过多而带来的过大压力。另外，从日本来看，20世纪80年代后期，为了解决人口、产业向东京过度集聚的问题，日本一方面通过构建一日交通圈，另一方面通过千叶、埼玉、茨城等新城的建设，在有效减轻东京人口压力的同时，推动了周边区域的发展。

二、城市群核心城市指标排名对比

由于核心城市指标对比涉及多个指标，因此用定量计算的统计数据难以搜集且统计标准不一致。为了用定量数据表示北京相对东京、伦敦、纽约等核心城市的长短板，下文通过梳理相关文献和报告，将北京与东京、伦敦、纽约的各项指标排名进行对比，进而间接评判北京相对于其他核心城市的优势和劣势。

本次对比主要选取了 7 个城市排名指数，分别为 GPCI、GCI、GaWC、WCoC、GFCI、IC、全球城市营商环境指数。其中 GPCI、GaWC、WCoC、GFCI、全球城市营商环境指数包含明确的国际化水平衡量指标。具体信息如表 4-1 和表 4-2 所示。

表 4-1　城市排名指数信息表

指数	全称	发布单位	发布时间	具体层面
GPCI	Global Power City Index	日本森纪念财团	从 2008 年开始发布，每年发布 1 期	经济、研发、文化、宜居、环境可达性
GCI	Global Cities Index	全球管理咨询公司科尔尼公司、芝加哥全球事务委员会以及《外交政策》（Foreign Policy）杂志	从 2007 年开始发布，每年发布 1 期	经济活动、人力资本、信息交流、政策参与、文化体验
GaWC	Globalization and World Cities Index	英国拉夫堡大学全球化和世界城市研究小组	2000 年、2004 年、2008 年、2010 年、2012 年、2016 年、2020 年，共发布 7 期	顶级生产性服务业
WCoC	Worldwide Centers of Commerce Index	万事达卡	2007 年、2008 年，共发布 2 期	法律与政治框架、经济稳定性经营的容易程度、金融流动、商务中心、宜居性、知识创造力与信息流动
GFCI	Global Financial Centres Index	伦敦金融城	2007 年 3 月开始发布，每年发布 2 期	人才、商业环境市场发展程度、基础设施、总体竞争力
IC	Innovation Cities Index	2ThinkNow	2007 年开始发布，每年发布 1 期	文化资本、基础设施、网络市场
全球城市营商环境指数	全球城市营商环境指数	上海发展战略研究所	2019 年开始发布，每年发布 1 期	营商环境、产业配套、产业规模、服务能级

表 4-2　各指数与国际化水平相关指标表

指数	全称	指标类型	是否包含国际化水平相关指标
GPCI	Global Power City Index	综合指数	是（交通、文化、对全球专业人才、对游客）
GaWC	Globalization and World Cities Index	世界性城市间关联程度指数	是
WCoC	Worldwide Centers of Commerce Index	国际商贸指数	是
GFCI	Global Financial Centres Index	金融中心指数	是（金融国际化指数）
全球城市营商环境指数		营商环境指数	是

首先看 2022 年的 GPCI，在"经济发展"这一项指标中，北京排名第四，说明北京与伦敦、纽约、东京在经济发展速度上水平相近；在研发指数、文化指数、环境指数、交通指数上，北京均与其他三个城市有差距，具有较大提升空间。在对不同人群的吸引力上，北京均排在四个城市中的最后一位，但在绝对数值上，在对企业管理者吸引力和对游客吸引力这两项的排名与伦敦、纽约、东京差距较小，而在对全球专业人才吸引力、对当地居民吸引力上，北京与其他三座城市的差距则较大，说明北京的居住、就业、生活环境对国际专业人才不太友善，当地居民宜居程度相对不高（表 4-3）。

表 4-3　2022 年四大核心城市 GPCI 十个指标的排名

指标	伦敦	纽约	东京	北京
经济发展	2	1	5	4
研发指数	2	1	4	12
文化指数	1	2	5	20
宜居指数	8	38	11	41
环境指数	11	27	13	40
交通指数	6	4	10	19
对企业管理者吸引力	1	2	8	13
对全球专业人才吸引力	1	3	13	37
对游客吸引力	1	4	3	16
对当地居民吸引力	4	25	7	33

在 GCI 中，2016—2022 年北京的排名呈总体上升趋势，但在排名的绝对数值上，仍距伦敦、纽约、东京有较大差距（表 4-4 和图 4-4）。

表 4-4　2016—2022 年四大核心城市 GCI 的排名变化

城市名称	2016 年	2017 年	2018 年	2019 年	2020 年	2021 年	2022 年
伦敦	1	2	2	2	2	2	2
纽约	2	1	1	1	1	1	1
东京	4	4	4	4	4	4	4
北京	9	9	9	9	5	6	5

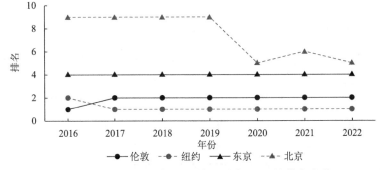

图 4-4　2016—2022 年四大核心城市 GCI 的排名变化

再看城市前景排名（从四个方面衡量：个人幸福感、经济增长、创新水平、政府治理），自 2019 年起，纽约在创新、宜居程度、投资等指标的排名中下降明显，经商环境恶化，失去亚马逊总部，2021 年排名上升。北京在这一项排名中呈稳步上升状态，但在排名的绝对数值上，仍距伦敦、纽约有很大差距，2021 年才刚刚进入全球前 30 名（表 4-5 和图 4-5）。

表 4-5　2018—2022 年四大核心城市的城市前景排名变化

城市名称	2018 年	2019 年	2020 年	2021 年	2022 年
伦敦	3	1	1	1	1
纽约	2	24	27	18	6
东京	14	6	4	7	25
北京	47	39	32	23	27

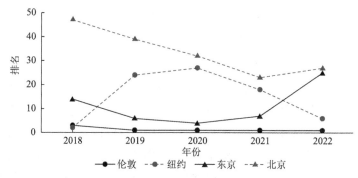

图 4-5　2018—2022 年四大核心城市的城市前景排名变化

　　综合七个指标有关国际化水平的情况，得到四大核心城市的国际化综合指标排名（表 4-6）。总的来说，京津冀地区的核心城市北京的国际首位度不足，与国际著名城市圈内的核心城市仍然具有一定的差距，在创新水平方面有不小差距。在一些指标和排名体系中，如城市关联程度和金融服务水平上，北京和世界领先城市的差距并不大。

表 4-6　四大核心城市的国际化综合指标排名

指数	年份	评价角度	伦敦	纽约	东京	北京
GPCI	2022	综合指数	1	2	3	17
GCI	2022	综合指数	2	1	4	5
		城市前景	1	6	25	27
GaWC	2020	城市关联程度	1	2	9	6
GFCI	2020	金融服务水平	2	1	3	7
IC	2022	创新水平	2	3	1	28
WCoC	2008	国际商贸	1	2	3	57
全球城市营商环境指数	2020	营商环境	4	1	2	12

第三节　京津冀区域建设世界级城市群的 SWOT 分析与战略建议

一、发展优势

1. 发展环境优势

京津冀城市群的发展，脱离不开中国宏观经济的整体发展和各经济区的发展环境格局。改革开放以后，中国经济持续高速增长，加之区域发展格局由东南沿海"一枝独秀"向西北内陆和东北地区扩张涓滴的趋势，使得京津冀世界级城市群的发展拥有良好的宏观环境。

如表 4-7 所示，根据世界银行提供的各国经济发展数据，在 1978—2006年，中国是世界上经济增长速度最快的国家，年均增长率高达 9.9%，比其他几个增长较快的亚洲国家和地区还要快 2—4 个百分点。在人口超过 1000 万的大国中，没有一个国家在历史上如此长时间地达到这么高的年均增长率。这也使得中国从 1949 年以来的经济弱国一跃成为世界重要经济体和中等收入国家。后发优势使得中国的发展拥有高资本积累率、先进技术支撑和高人力投资收益率，同时树立了中国在世界市场中的格局和地位，使得中国在产业结构和外资吸引方面取得了质的飞跃，这使京津冀城市群作为中国重要的钢铁资源基地和对外交往中心具有了良好的发展环境和深入的发展潜力[①]。

表 4-7　1978—2006 年世界上经济增长较快的经济体　（单位：%）

国家	1978—2006 年 GDP 年均增长率	2007 年资本形成占 GDP 比重
中国	9.9	44
博茨瓦纳	8.3	—
不丹（1981—2006 年）	7.6	—
新加坡	7.1	23
越南（1985—2005 年）	6.8	35
韩国	6.6	29
马来西亚	6.3	23
泰国	6.1	30
伯利兹	6.0	—

资料来源：世界银行（https://data.worldbank.org）

此外，近年来，受到东部沿海开放地区的带动作用和国家"西部大开发""东北振兴"等政策支持的影响，我国的区域经济发展格局由非均衡发展向均衡发展转变，作为京津冀城市群的重要腹地和产业基地，西部地区的经济增速在全国处于领先地位，东北地区虽然经济持续低迷，但近年来也呈现回暖态势。同时，2015 年《京津冀协同发展规划纲要》文件出台后，京津冀协同发展加快推进，实施五年来，在重点领域和非首都功能疏解、公共服务等方

[①] 郭熙保. 中国经济高速增长之谜新解——来自后发优势视角[J]. 学术月刊, 2009, 41(2): 63-71.

面一体化步伐加快，实现了良好开局，为京津冀建设世界级城市群提供了坚实的地域和政策基础。

2. 发展基础优势

京津冀城市群凭借北京、天津两座直辖市的战略地位，尤其是首都建设过程中对全国特别是北方人口的吸引能力，已经达到了一定的人口和基础设施水平，构成了京津冀世界级城市群建设的基础性优势。

人口优势体现在人口绝对数量和人口结构两方面。改革开放以来，京津冀地区人口数量发生显著增长，且在过去的 20 余年间呈现增速加快的趋势。如表 4-8 所示，仅看常住人口增量一项，1990—2000 年常住人口增长 88.5 万人；进入 21 世纪以来，京津冀地区常住人口出现大幅增长，2000—2010 年增长 141.6 万人，2010—2015 年增长 136.5 万人，2015—2020 年增长 66.3 万人。京津冀内部差异明显，长期以来形成了"京强、津中、冀弱"的局面，但人口增速已经发生变化，近年来，河北人口增量和增速逐步超越京津，为非首都功能疏解、雄安新区建设和河北省经济发展提供了劳动力和人才基础。人口结构又可细分为年龄结构、人口素质结构等方面，京津冀地区当前处于计划生育政策措施的显现阶段和输入型人口红利优势阶段，15—64 岁劳动力年龄人口比重相对较高；京津冀集聚型人才红利优势突出，人口素质增长较快，从文盲率来看，2010—2020 年京津冀三省市分别下降 1.0、0.4 和 1.1 个百分点，2020 年三省市平均受教育年限分别为 12.21 年、10.87 年、11.65 年。

表 4-8　京津冀常住人口规模及变动

时间	常住人口增量（万人）				三地增量占比（%）		
	北京	天津	河北	京津冀	北京	天津	河北
1990—2000 年	27.8	9.2	51.5	88.5	31.4	10.4	58.2
2000—2010 年	59.8	29.8	52.0	141.6	42.2	21.1	36.7
2010—2015 年	47.4	54.4	34.7	136.5	34.7	39.9	25.4
2015—2020 年	0.7	-53.0	118.6	66.3	1.1	-79.9	178.8

作为历史上的国家政治中心，京津冀城市群基础设施的发展基础较好，水平较高。目前京津冀地区已基本形成了以北京为陆路航空主中心，天津为副中心，秦承张通道、京秦-京张通道、津保通道、石沧通道为横向通道，沿

海通道、京九通道、京沪通道、京承-京广通道为纵向通道，首都地区环线通道为环状通道的"四横四纵一环"的陆海空综合交通运输网络，并呈现为以首都北京为中心的放射式组织形态，是全国铁路和高速公路最密集的地区之一。在水路方面，已经形成了以天津港为枢纽的渤海西岸港口群，包括天津港、秦皇岛港、唐山港、黄骅港等大型港口，各个港口之间已经形成了明显的分工。在航空方面，由北京首都国际机场、北京大兴国际机场、天津滨海国际机场、石家庄正定国际机场、邯郸机场等民用机场，以及北京南郊机场、秦皇岛山海关机场、唐山三女河机场等军民两用机场组成的机场群已经形成。2019 年落成的北京大兴国际机场位于北京南郊京津冀交会处，计划建成京津冀地区 4F 级国际机场、大型国际枢纽机场，成为京津冀世界级城市群建设和国家发展的新动力源。

3. 创新能力优势

在北京市作为全国教育中心、科技创新中心的定位支撑下，京津冀城市群的创新能力在全国具有比较显著的优势，主要体现为创新水平、创新主体和创新环境在全国范围内的突出地位。

第一，京津冀城市群创新系统的整体创新水平领先全国。就研发投入水平而言，京津冀地区在全国处于领先地位，如表 4-9 所示，2020 年京津冀研发经费投入占 GDP 水平的 4.0%，领先于江浙沪城市群的 2.8% 和广东省的 3.1%，其中北京市以 6.4% 的极高研发投入水平名列全国前列；此外，京津冀地区创新产出十分丰富，其中又以北京市的创新产出尤为突出，SCI 论文数、发明专利授权数和商标核准注册数均位列全国前列，超越了长三角、珠三角城市群的核心城市。

表 4-9　2020 年京津冀创新投入情况

地区	研发经费占 GDP 比重（%）	研发经费内部支出	
		总量（亿元）	占全国的比重（%）
京津冀	4.0	3 446.0	14.1
北京	6.4	2 326.6	9.5
天津	3.4	485.0	2.0
河北	1.8	634.4	2.6

续表

地区	研发经费占 GDP 比重（%）	研发经费内部支出	
		总量（亿元）	占全国的比重（%）
江浙沪	2.8	5 856.0	24.0
上海	4.2	1 615.7	6.6
江苏	2.3	2 381.7	9.8
浙江	2.9	1 858.6	7.6
广东	3.1	3 479.9	14.3
全国	2.4	24 393.1	100.0

第二，京津冀城市群创新系统内部各创新主体优势突出，尤以研发机构的优势最为明显。首先，京津冀地区的创新优势领先全国，聚集了多所优质高等学校，保持了较高的创新产出水平，如表 4-10 所示，2020 年，高等学校发表的科技论文数、专利授权数在全国所占比重分别为 13.05%、9.38%；其次，京津冀地区研发机构创新活力强劲，2020 年京津冀地区研发机构的研发人员和经费，以及研发机构的论文、专利数量，在全国所占比重均达到 30%以上，说明京津冀地区是全国最有优势的创新主体；最后，近年来京津冀地区的企业创新投入与产出水平虽不及长三角城市群，但仍在不断提升。

表 4-10　2020 年京津冀研发机构创新产出情况

创新项目	北京	天津	河北	京津冀
高等学校发表的科技论文数（篇）	126 570	34 443	35 153	196 166
占全国比重（%）	8.42	2.29	2.34	13.05
专利授权数（件）	162 824	75 434	92 196	330 454
占全国比重（%）	4.62	2.14	2.62	9.38

第三，近年来京津冀城市群的创新环境有较大改善。首先，京津冀地区科技服务业发展迅猛，2020 年北京市的技术服务业产值占全市 GDP 的比重超过 15%，创业风险投资额和创业孵化能力长期占据全国前列，为京津冀城市群的创新服务提供了有力保障；其次，京津冀地区创新组织机构日益完善，2014 年 10 月成立的京津冀智能制造协作一体化发展大联盟、2015 年 7 月成立的京津冀开发区创新发展联盟、2015 年 12 月成立的京津冀技术转移协同创新联盟等，有力促进了地区之间的技术合作；最后，京津冀地区的创新制

度环境逐渐改善，2015 年 9 月北京市科学技术委员会发布的《北京市科学技术委员会关于建设京津冀协同创新共同体的工作方案（2015—2017 年）》，以及 2016 年 7 月河北省人民政府印发的《河北省科技创新"十三五"规划》等战略文件，加快推进了京津冀协同创新。

较强的创新力为京津冀城市群带来了强有力的企业实力和国际竞争力。2022 年，京津冀城市群拥有世界 500 强企业的数量达到 58 家，在全球和全国都处于领先地位。

二、发展劣势

1. 自然资源与生态环境

京津冀地区历史上是我国资源最为匮乏、人口资源环境矛盾最为突出的地区之一[①]，随着城市群的发展，当前京津冀地区的资源环境问题呈现出更为严峻的面貌。自然资源与生态环境问题是京津冀世界级城市群面临的最基础的问题，也是当前制约京津冀城市群建设的最重要因素之一，直接影响京津冀城市群的城市形象、吸引力、居民生活水平和基础产业发展。

第一，京津冀地区水资源匮乏与水污染现象并存。京津冀地区的地表水和地下水资源匮乏，三地人均水资源量均低于 200 立方米。如图 4-6 所示，京津冀地区所处的海河流域地表水污染状况较为严重，总体污染状况为轻度污染，与全国其他主要流域相比，Ⅰ—Ⅲ类水质所占比例较低，Ⅳ、Ⅴ类及劣Ⅴ类水质所占比例较高,总体水质仅优于松花江流域而劣于其他主要流域。

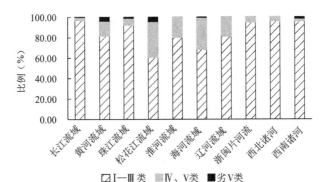

图 4-6　2021 年全国主要流域水质状况比较

资料来源：《2021 中国生态环境状况公报》

---

① 于维洋, 许良. 京津冀区域生态环境质量综合评价研究[J]. 干旱区资源与环境, 2008, 22(9): 20-24.

第二，大气环境形势仍然严峻。如表 4-11 所示，京津冀地区主要污染物浓度高，$PM_{2.5}$、PM_{10} 等大气污染物的平均浓度普遍高于长三角城市群，京津冀及周边地区 2021 年优良天数比例范围为 60.3%—79.2%，平均为 67.2%，比 2020 年上升 4.7 个百分点，其中北京的优良天数比例为 78.9%，比 2020 年上升 2.1 个百分点。近年来，京津冀地区空气污染事件频发，尽管空气质量治理初见成效，严重污染天数显著减少，但达标天数比例仍然处于较低水平。

表 4-11　2021 年京津冀主要污染物浓度与长三角城市群对比（单位：mg/m^3）

地区	$PM_{2.5}$	PM_{10}	二氧化硫	二氧化氮
京津冀	43	78	11	31
长三角	31	56	7	28

资料来源：《2021 中国生态环境状况公报》

第三，能源结构仍需优化。近年来，京津冀地区能源消耗量不断增加，煤炭等化石能源比例仍维持在较高水平，能源结构不合理、能源利用效率低下的现状对于资源的利用和生态环境的改善起到一些负面作用。

2. 产业发展

相比长三角、珠三角等中国一线城市群而言，京津冀城市群在经济发展水平和产业国际化水平方面的不足是其距离中国顶尖城市群和世界级城市群差距较大的原因所在，主要表现在经济发展水平和产业环境不平衡、产业转型升级压力较大和高技术产业协作困难等方面。

第一，区域内经济发展水平和产业环境不平衡（图 4-7）。虽然区域经济发展水平存在差距是区域发展的必经过程，且有助于产业系统的完整性和优势互补，但当前京津冀地发展水平差距较大在一定程度上阻碍了区域协同发展的进程。由于京津冀三地的产业发展处于不同的阶段，产业结构差异显著，京津两地第一产业水平极低，津冀两地第二产业的支撑作用仍然突出，河北省第三产业的发展远远落后于京津两市，以上发展现状是导致三地经济发展水平差距较大的根本原因。

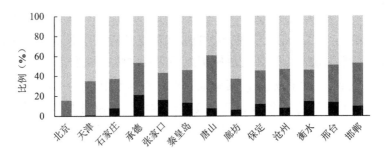

图 4-7　2020 年京津冀城市群各城市产业结构

　　第二，产业转型升级压力较大。目前，京津冀城市群优势产业集中于矿物原材料加工生产、装备制造等制造业，以及与之相配套的能源生产行业。相较于长三角、珠三角城市群，京津冀城市群低端产能所占比重依然较大，高附加值产能较低，在一定程度上阻碍了高技术制造业的发展，使得向高附加值产品生产转型的压力增大，尤以河北省的资源密集型产业依赖度最高，产业转型升级过程最为缓慢。

　　第三，高技术产业协作困难。京津冀三地高技术制造业主营业务收入占工业主营业务收入的比重差异较大，在研发经费支出方面北京市也远高于天津市和河北省的水平，三地高技术产业较大的发展差异导致了协作的困难。

3. 创新共同体建设

　　虽然京津冀城市群依托北京市的全国教育中心、科技创新中心的地位而拥有较高的科技创新总体水平，但目前而言，京津冀城市群的创新发展格局仍然以北京一家独大为主，协同发展格局尚未建立，创业共同体建设水平的低下，特别是企业创新主体和产学研创业协同体系缺位，影响了创新成果的转化和变现能力，阻碍了创新驱动发展生产链条的形成。

　　企业创新主体地位不够突出。目前，京津冀城市群尚未形成企业主导的自主创新体系，企业在研发投入方面仍高度依赖政府资金支持。2020 年京津冀地区研发经费支出结构中，政府资金所占比重高达 31.99%，与此同时，企业资金所占比重只有 57.55%。其中，津冀两地企业创新主体性较为突出，企业资金占研发经费的比例均超过 70%，而北京则因中央企业和国有企业的主导地位，呈现出明显的政府投入倾向，政府资金占研发经费的比例在80%以上。

产学研协同创新水平有待提高。高等学校和科研机构的研发投入依赖于政府拨款，企业对高等学校和科研机构的研发投入水平较低，而高等学校和科研机构的创新成果转化能力也有待提升，阻碍了高校科研院所创新成果的变现能力。

三、发展机遇

1. 历史文化深厚，吸引能力和创新力巨大

京津冀地区历史文化底蕴十分深厚，不仅是我国古人类发展的核心地区之一，也是我国古都密集布局的区域，更是金代以来长达800多年历史中的京畿重地。京津冀地区在我国历史上就是对外开放与交往的重点地区，形成了深厚的文化积淀和独特的文化品格。京津冀地区的历史文化资源十分集中，共有世界文化遗产8处、国家级历史文化名城8座、中国历史文化街区4条、中国历史文化名镇10座、中国历史文化名村38个。京津冀地区所共同拥有的社会文化根基对于城市群的发展是一种根源性的优势，也是全球大多数城市群在发展初期所不具备的优势，这种文化背景不仅能够形成区域先天性的文化软实力，也能够使区域经济发展和城市化进程基于文化圈层和文化网络的联系而得以更为顺畅地开展。

在作为封建统治中心建设发展的漫长进程中，京津冀地区不仅拥有了大量文化遗存，也在中央集权的历史背景下，吸引了大量人才、优质教育资源和国家核心机构的汇集，奠定了京津冀地区作为国家文化中心、教育中心和科技中心的基础，形成物质场域与文化场域重叠、生产服务流程与人才培养流程并行的区域运营模式。此后，虽然政治体制几经改革，但是这种传统得以延续，在当今体现为优质高等院校、国有企业、高新技术产业及文化旅游资源的集聚，为京津冀提供了强大的吸引能力和创新潜力基础。

2. 空间结构独特，有利于形成合理分工和开放格局

北京、天津双核发展的空间结构是京津冀城市群的突出特点，在双核城市周围还分布了十几个大中城市和一批小城镇，使得京津冀有形成多极化空间结构的地理基础。相对于单中心的城市群空间结构，这样的城镇体系受多

个增长极复合驱动，因而发育基础、对外开放水平、产业结构层次布局明显优于其他区域，这成为京津冀城市群发展过程中的结构性优势①。

近年来，随着京津冀协同发展战略的提出和深化，北京城市副中心和雄安新区成为京津冀城市群发展的"两翼"。"两翼"的发展及与"两核"的协同将有利于有效缓解核心城市的"大城市病"，支撑和服务北京市建设成为政务环境优良、文化魅力彰显和人居环境一流的首都功能核心区，天津市成为先进的高端制造业基地和以港口经济、航运经济为基础的自主贸易示范区。在"两翼环抱"的新格局下，京津冀将从计划发展向轴向发展、多极发展过渡，在建立合理的区域分工网络的基础上，推进首都减量发展，优化城镇体系功能，有助于推进建设双核驱动、多级联动的京津冀世界级城市群网状空间结构。

3. 政策战略支持有力，区域发展受到政府主导的可靠治理和保障

市场和政府是世界级城市群发展中两股最主要的驱动力。纵观全球城市群的发展，市场力量是城市群发育的基础。但仅靠市场驱动的城市群发育过程也存在其局限性和弊端，如要素的自发聚集规律将导致区域发展的极度不均衡，中小城镇和乡村地区将呈现空心化发展，自然资源环境的利用不可持续，基础设施和公共服务的配套随要素集中，以及核心城市的"大城市病"等，进而引发一系列空间冲突和社会矛盾，导致城市群的发展失去持久动力。政府的有效宏观调控，不仅能为城市群的发展提供合理的顶层设计和动力保障，而且将促进要素的合理分配，解决城市群发展过程中核心城市病态扩张、人口过度集聚的问题，同时能够协同地方政府打破行政壁垒，形成区域性的治理体制机制，形成更为合理的空间布局和城镇体系，因此是城市群发展过程中不可或缺的外部力量。

京津冀城市群在发展过程中虽然已经呈现出种种矛盾，但近年来国家政策战略为京津冀城市群的发展提供了强有力的支持，政府手段的提前介入将成为京津冀城市群缓解城市病、实现资源再分配、实现区域性协同发展的有利契机。在政策倾向的惠益之下，区域基础设施网络建设、生态治理等系统工程将能够得到有效实施，区域开发潜力将能够被进一步挖掘，区域外向经济发展和内部资源整合进程将提前开启，有利于区域率先进入健康可持续的发展模式。

---

① 李国平, 宋昌耀. 京津冀区域空间结构优化策略研究[J]. 河北学刊, 2019, 39(1): 137-145.

四、发展挑战

1. 提升核心竞争力，增强城市群的国际影响力

目前，京津冀城市群的发展仍然处于初步阶段，其经济发展水平尚不如国内的长三角、珠三角城市群，距离世界级城市群仍然有较大差距。纵观近年来京津冀城市群的发展，虽然在中心城市疏解、基础设施建设、生态环境治理、体制机制改革等各方面都初显成效，但当前的政策措施以现状问题为导向的成分偏多，对于整体发展方向的顶层设计依然不够明确，"创新驱动"的发展根本动力虽然得到了识别和定位，但在实际执行之中并未突出强化，导致京津冀地区难以发挥其比较优势，在全国和世界范围内仍缺乏其核心竞争力。

纵观全球世界级城市群的发展，不难发现各城市群除了体量庞大、经济繁荣、联系紧密等基本特征外，还各具其发展方向和产业特色，如英国伦敦城市群以其工业革命发祥地的物质积累，成为世界工业化、城镇化和资本流转的中心，保持着蓬勃的金融活力；日本太平洋沿岸城市群依托其发达的区域新干线快速轨道交通网络，成为互联互通程度极高的都会区；欧洲西北部城市群则依托其航海时代形成的港口经济传统，发展成为世界重要的交通枢纽和工商业中心。相较而言，京津冀地区的发展趋向于同质化，北京作为全国政治中心、文化中心、教育中心和科技创新中心所拥有的集聚优势和要素积累未被完全发挥，"创新驱动"的原动力仍处于架空状态，区域的产业创新升级驱动链条尚未形成，教育科研和科技创新投资不足以催生区域创新发展，导致京津冀地区创新成果未达预期，对区域的驱动作用有限，更难以形成其作为世界级城市群赖以立足的名片。

2. 破除本位思想的约束，缩小各城市发展差距

京津冀地区各城市的发展差距显著仍然是一个不可回避的问题，各类要素向核心城市的集聚导致京津冀的发展差距仍在不断拉大。三地的发展差距是多维度的，不仅体现在经济发展水平和工业化阶段方面，还体现在产业结构和类型、基础设施和公共服务水平、人口受教育程度、科研创新能力等方面。虽然主流理论认为区域差距是发展过程中不可避免的阵痛，但已经迈入后工业化时代的北京市仍然在对津冀两地持续产生虹吸效应，而非发挥辐射带动作用缩小地域差距，这无疑证明京津冀各城市的差距已经呈现出非健康

的状态。

这种病态的差距扩张来源于政策导向之下首都本位思想的长期固化。在京津冀三地的关系之中，中央虽然不作为独立的一方参与到京津冀的协同发展中，但三地都要服从中央政府的要求和命令。由于中央的利益和首都北京的利益之间常常未有严格界限的划分，因此，一些从中央视角出发的制度设计和政策规定实际上维护了北京的利益，而损害了津冀的利益，减缓了三地协同发展的进程。[①]在京津冀世界级城市群的发展战略与政策中，我们常常能够看到类似于"以首都为核心""为首都提供服务和保障"等功能，特别是河北省由于在地域上环绕北京，因此在政策倾向上成为北京的"护城河"和"生态屏障"，为北京提供物质保障，承接由北京淘汰的落后产业，并为北京发展的环境成本买单，这无益于河北省强化其基础设施和经济体系，与三地协同发展的初衷背道而驰。京津冀城市群的发展不应该等同于"首都经济圈"的发展，三地之间的联系与服务功能应当是相伴相互的，而不是周边城市为首都单向提供资源和服务，只有打破首都本位思想，削弱京津冀城市群的政治意义，才可能切实建设健康的城镇体系，发挥北京的辐射带动作用，缩小三地的发展差距。

3. 健全协同治理体系，提升现代化治理能力

在京津冀城市群建设的过程中，人口数量及质量的不均衡、公共服务的差距和生态环境的恶化始终是阻碍区域发展的突出矛盾，然而至今未能得到有效调控和解决，导致京津冀一体化尤其是非首都功能疏解过程中存在严重的阻力。究其原因，仍然可以归结于京津冀之间没有构建有效的协同治理体系，尽管三地在政策上"协同发展"，但体制机制改革尚未深化，实际执行时三地仍然各自为政，以各自的利益为考量，使得区域性的社会问题和生态问题治理被搁置和延续。

协同治理体系的缺位不仅体现在三地行政的分立上，也体现在法律法规的地方化、考评机制的单一化，以及参与主体的官方化等方面，使得京津冀未能形成平等协商的协调机制，也缺乏区域层面的纵向协调机制。自 2014年京津冀城市群建设上升到国家战略以来，虽然政策的务实性有所增强，但协同治理体系的缺位使得涉及跨省市协同发展的多项系统工程难以推进，特

① 薄文广，陈飞. 京津冀协同发展: 挑战与困境[J]. 南开学报(哲学社会科学版), 2015(1): 110-118.

别是在显性收益较低的社会和生态治理执行层面，"协同发展"很大程度上仍然只是美好的愿景和空想。目前我国发育程度最高的长三角城市群，已经形成了从宏观到微观的"会商—决策—协调—执行"四级联动、有机协调的合作运作机制，成为长三角一体化逐渐深入的最重要的基础和制度保障。反观京津冀地区，协同治理不应该只停留在会议文件之中，而要落实成为可参与、可执行的机制和政策，以保障区域难题的共治共管和区域的携手共赢。

五、发展策略

1. 将"文化"与"创新"作为树立京津冀世界级城市群地位的金名片

将京津冀城市群的发展条件和发展优势与国内外城市群进行横向比较，历史文化底蕴积淀和科技创新要素聚集是京津冀城市群的突出特征和显著优势。因此，应当将"文化"和"创新"作为京津冀世界级城市群发展的重点功能和闪亮名片，以此为城市群发展提供目标和原动力，有助于其树立国际地位与核心竞争力。

京津冀作为中华文化圈的核心圈层，不仅为区域协同发展提供了根源性的合作动力和保障，而且也借助于区域国际交往和文化旅游功能，成为树立民族文化世界影响力和民族自信的重要平台。文化驱动的发展模式，对内有助于京津冀共同体身份认同的建立，改善教育和人才培养环境，推动京津冀一体化发展，增强城市吸引力；对外有助于文化的展示和输出，形成代表京津冀乃至全国的良好形象[1]。作为一种内化的精神要素，京津冀城市群的文化建设要采取多维度的措施：政府应当建立体系化的文化制度和文化合作组织，通过文化部门、研究者和文化工作者的联动，推进区域文化底蕴的发掘、文化符号的构建和文化体系的塑造；企业应当加大文化产业的发展，依托发达的文化遗产和文化资源，建立一批包括核心产业、支持产业、配套产业和衍生产业的具有集群效应的创意文化产业群落，实现文化产品的规模化、链条化、产业化，全面形成优势互补、集群发展的文化产业发展格局；在社会方面，应当加大教育投资，通过居民文化素质的提高，形成强大的区域文化合力和文化自觉力，构建区域独特的文化品格。

文化、教育与科技创新要素的聚集与场域的重叠，为京津冀地区的创新

---

① 陈旭霞. 京津冀都市圈文化软实力建设思考[J]. 济南大学学报(社会科学版), 2012, 22(1): 25-28.

发展提供了难得的机遇。在长三角、珠三角城市群较为完善的经济体系和开放格局业已形成的情况下，京津冀更应当抓住创新力这一长期驱动力，以创新作为京津冀城市群在国内和国际上的独特功能定位，坚持创新力的高端化、特色化、全方位、全流程发展，特别注重高科技产业的发展，为城市群乃至全国的发展提供强大引擎与永续保障，同时对标美国大西洋沿岸城市群发展，树立全球核心竞争力。为提升创新驱动能力，应当从顶层设计、企业支持、高校建设、人才培养等各个方面入手①。在顶层设计层面，应当健全由科技、人力、金融等部门与高校企业共同形成的创新协同机制，要完善知识产权保护的法律法规和管理制度，构建多层次的科技投融资机制，对高新技术产业给予一定的政策倾向和经济优惠。在企业支持层面，企业要加强与其他企业和高等院校的合作，积极引进人才，夯实硬件保障，调整产业结构，加快产业升级、产业转型、产业融合，实现京津冀产业的集群化发展②。在高校建设层面，政府要加大对高校的科技创新经费投入，加强对非中心城市创新力落后地区的高等教育建设与投资，高校也应当响应创新协同的相关要求，维持优质教育资源的区域性共享。在人才培养层面，一方面应加大人才教育和培养力度，制定关于吸引人才的优惠政策；另一方面要持续建设人才交流共享合作平台，鼓励地区间科研人才的交流合作，建立人才联合培养体系，做到人才资源共享，为区域协调发展提供人才基础。

2. 将"一体化"作为推动京津冀世界级城市群发展的核心

"一体化"是城市群的基本特征，也是世界级城市群提升经济实力和联系程度的关键手段。京津冀城市群要增强综合实力，缩小地域差距，切实改善经济发展和人民生活水平，就要在政策、产业、基础设施、生态、公共服务等方面提高一体化水平，为京津冀步入世界级城市群行列创造核心条件。

政策一体化是京津冀世界级城市群的必要前提。在国家战略的引导下，京津冀三地要构建更为广域的规划方案和政策规范，打破固有的行政壁垒，在发展目标和执行手段上首先达成一致。在资源配置、人口流动、设施建设和产业升级等各个方面，三地可以因发展阶段的不同而产生不同的短期目标，但在长远规划和政策支持力度方面不宜偏废，应当采取统一标准，有意识地向落后地区倾斜，尤其应当打破各类政策和规划以北京为中心的倾向，唯此

① 朱光远. 京津冀地区创新能力评价及提升路径研究[J]. 创新科技, 2019, 19(6): 25-31.

② 王殿华, 莎娜. 京津冀科技创新驱动产业转型发展研究[J]. 科学管理研究, 2016, 34(4): 57-59+63.

才能阻止北京的过度膨胀和落后地区的空心化，为各类物质要素一体化发展提供条件。

产业一体化是京津冀世界级城市群的实体内容和关键支撑。京津冀只有通过产业链的合理分工，发挥各自的优势，推动区域经济深度融合，才能夯实世界级城市群的微观基础。在产业一体化过程中，京津冀各城市应当发挥优势，因地制宜，形成完整的产业共同体。北京市要结合全国性枢纽的定位，走高端产业发展之路，把发展现代服务业放在优先位置，大力发展高新技术产业。天津市要依托良好的交通区位和对外格局，建设具有更多自主知识产权和品牌的现代制造业基地，同时作为京津冀的对外门户积极发展港口工业和经济。河北各市应立足于资源优势和产业基础，结合城市群发展的空间优化和中心城市功能疏解的总体要求，发掘城市可持续性资源和潜力，打造特色产业和功能性城市，同时巩固农业的基础地位[①]。

基础设施一体化是京津冀世界级城市群建设的根本基础和充要条件。在京津冀城市群的核心发展轴线上建设多层级快速交通体系，是疏解北京非首都功能的关键，也是促进服务均等共享的必要保障。要尽快打通断头路，实现高速路网和公路网的互联互通；通过建设高铁和市域快轨的方式，缩短各增长极之间的时空距离，扩大城市联系和服务范围；打破以行政区划为界限的壁垒，疏通省界收费站，简化检查程序，提高出行效率；要增强重要海陆空枢纽的区域交通可达性和共享程度，使区域对外客货流畅通；要重点关注落后地区的交通基础设施投资，为落后地区的发展提供物质基础和机遇条件[②]。

生态一体化是建设京津冀世界级城市群的基本要求和终极目标之一。长期以来，生态环境建设是京津冀城市群发展的短板和瓶颈之一。实现生态一体化需要三地紧密携手，在调整能源结构、淘汰落后产能、化解过剩产能、防治机动车污染、保护水资源等方面加强合作，建立大气污染、水污染联防联控机制，共同构筑起区域生态环境安全防护体系，根治制约城市群发展的环境问题[③]。

基本公共服务均等化是建设京津冀世界级城市群不容忽视的关键环节。基本公共服务的巨大差距将成为阻碍京津冀城市群未来健康发展的"绊脚

① 孙虎, 乔标. 京津冀产业协同发展的问题与建议[J]. 中国软科学, 2015(7): 68-74.

② 李玉涛. 京津冀地区基础设施一体化建设研究[J]. 经济研究参考, 2015(2): 28-47.

③ 王喆, 周เว一. 京津冀生态环境协同治理研究——基于体制机制视角探讨[J]. 经济与管理研究, 2015, 36(7): 68-75.

石"。应进一步发挥政府的引导作用，引入市场机制，促进优质公共服务资源均衡配置，合力推进教育医疗、社会保险、公共文化体育等社会事业发展，特别是随着非首都功能的疏解和人口结构的再次分配，为外围城市提供优质的公共服务和教育资源，以此逐步提高公共服务均等化水平，保障人才的长期全域供应，实现京津冀城市群公共服务规划和政策统筹的有效衔接。

3. 将"协同机制模式"作为促进京津冀世界级城市群健康持续发展的保障

党的十九大报告指出要"实施区域协调发展战略""建立更加有效的区域协调发展新机制"。这是对我国区域发展的新要求，是新时代解决人民日益增长的美好生活需要和不平衡不充分的发展之间的矛盾的重要途径。聚焦当下京津冀地区所面临的突出矛盾，生态恶化、区域发展差距过大、城镇体系和人口结构失衡、公共服务水平落后等问题阻碍着京津冀一体化的建设与发展。要解决京津冀城市群面临的区域发展不协调、不平衡问题，仅通过简单的跨区域合作或发挥北京核心城市的辐射外溢作用是远远不够的，当务之急是建设京津冀协同治理体系，聚焦体制机制改革创新。从长远而言，协同机制模式的建设不仅是解决区域矛盾的核心手段，也是维持京津冀协同发展和一体化建设所必需的内在机制[1]。要依据京津冀的功能定位与发展模式，构建有效的治理体系，亟须创新体制机制，实现经济结构优化与功能提升，提升城市群整体实力；还需要通过探索协同发展新模式，融入新机制，促进城市群内部的功能分工和结构优化，实现城市群内部协调发展。

创新协同机制，有利于推动京津冀城市群的文化与创新"金名片"建设，促进京津冀城市群的实力提升与经济结构优化。第一，要通过搭建京津冀创新资源信息共享平台，构建创新主体交流机制，完善科技创新成果转化推广平台，构建协同创新共同体；第二，要以构建区域一体化要素市场为基础，以产业转移、对接和产业链延伸为抓手，以配套服务机制为保障，构建产业转移对接机制；第三，要通过完善市场运作的生态补偿机制，完善生态补偿标准的确定机制，来完善京津冀生态补偿机制；第四，要通过建立公共服务对接共享机制，建立高层次医疗、科技、教育人才共享机制，来完善公共服务均等化机制；第五，要通过建立京津冀财政统一规则，创新适合京津冀区域的横向转移支付制度，建立财税政策实施效果评价机制，来探索财税协调

① 毛汉英. 京津冀协同发展的机制创新与区域政策研究[J]. 地理科学进展, 2017, 36(1): 2-14.

机制。

创新协同模式，有利于发挥京津冀地区的空间结构优势，促进京津冀城市群空间优化与均衡发展。第一，要通过北京城市副中心、雄安新区的高标准建设，强化"两翼环抱"的空间结构，促进北京市非首都功能的疏解区域协调发展；第二，要深化天津自贸试验区对接京津冀的合作模式，发挥制度示范和溢出效应，为京津冀协同发展提供对接、辐射和示范作用；第三，要通过冬奥会遗产活化等契机，关注推进河北省张家口市等城市的未来发展，培育新的增长极，探索因地制宜、各具特色的城市发展模式和协同模式，最终形成网络化发展的空间结构。

4. 将合理的城镇功能定位分工作为京津冀世界级城市群建设的基础

核心竞争力的树立、一体化的推进和协同机制模式的发展基础，为京津冀世界级城市群的建设提供了方向和保障。然而，要真正建设世界级城市群，切实提高区域的经济发展水平和在世界市场中的地位，以及缩小区域内部的发展差距，各城市还需要依据各自的发展现状和条件，因地制宜找准城市定位，承担合理的产业分工，唯此才能构建健康有层次的城镇体系和产业系统，为京津冀城市群的建设运作打下坚实基础。

北京市作为京津冀城市群之中地位最高、发展水平最先进、吸引力最强的城市，应当充分发挥其全国政治中心、文化中心、国际交往中心、科技创新中心和教育中心的地位，形成世界级大都会。在产业发展路径选择方面，北京市应当走高科技发展道路，进一步发挥企业在创新驱动生产中的主体地位，依托强有力的教育、科研和企业基础建设产学研共同体，加强创新成果的变现能力，同时进一步发挥金融业、保险业等创新服务业的潜力，成为京津冀城市群创新驱动的枢纽和引擎。在文化软实力培养方面，应当充分发掘北京作为中国皇家文化中心所积累的物质文化、非物质文化遗产的影响力和吸引力，建设旅游服务、文化传播、科普教育为一体的首都特色旅游产业，大力发展文化产业，成为中华文化的枢纽和对外展示的窗口，树立良好的城市形象。在交通运输方面，北京市应当依托当前的全国性公路铁路枢纽和两座世界级航空港的建设基础，打造成为世界级航空枢纽和全国性陆上交通枢纽，提升交通服务水平和旅客生产能力。

天津市作为京津冀城市群之中的两座核心城市之一，应当充分发挥其进出口港和对外开放门户的区位优势，形成世界级港口城市和京津冀的对外枢纽。在产业发展路径选择方面，天津市应当依托其改革开放先锋型城市的基础，大力发展以先进制造业为主导的临港工业，并基于此发展培育临港贸易产业，成为国际化的港口交易平台。在文化软实力培养方面，天津市应当充分发掘作为我国早期沿海开放城市和近代洋务运动基地所具有的港口文化、贸易文化、东西方融合文化特质，特别注意保护城市之中遗存的风格多样的建筑和街区风貌，树立中西合璧、古今兼容的独特文化品格，培养其独特的文化吸引力。在交通运输方面，天津市应当依托其港口建设条件和世界级港口城市的定位，打造以海上运输为核心、海陆空一体互联的综合性交通枢纽，提升客货运在不同交通方式之间转换对接的效率。

河北省各城市作为京津冀城市群发展的基质，同时也是未来京津冀世界级城市群培养提升的重点，应当因地制宜，在发展之中培育特色产业，充分发挥各城市的比较优势。在产业发展路径选择方面，河北省南部的石家庄、保定等平原城市应当着重发展制造业，注重科技创新在产业发展之中的驱动力，努力促进高端产能和高附加值产业的建设，通过合理的地域分工，构成相互依存、相互联系的高端制造业生产网络，同时应当作为京津冀城市群之中重要的现代化农业发展基地。河北省北部的张家口、承德等山区城市则应当着重发展生态产业和服务业，尤其应当借助 2022 年京张联办冬奥会的历史遗产，提升城市的环境友好水平、服务水平和国际影响力。一方面为京津冀城市群构建良好可靠的生态屏障，保障城市群发展的生态环境品质；另一方面为生态脆弱区的城市发展和城市特色树立探索新的方式。在文化软实力建设方面，河北省应当注重文化遗产的先保护后开发，结合皇家文化、京畿文化、南部水域文化、东部海域文化和北部草原文化的特点，发展特色旅游业，增强城市吸引力和文化影响力，构筑京津冀和谐统一且各具特色的文化场域。在交通运输方面，河北省不仅应当注重京津两地的放射状交通建设，更应当加强河北省各城市之间的交通互联互通水平，为京津冀产业、人才、贸易、服务、旅游的一体化发展构建基础，真正实现"轨道上的京津冀"的建设目标。

第五章
京津冀区域发展格局及区域增长点研究

　　面对京津冀协同发展、雄安新区规划建设等重大机遇叠加交汇，河北省逐步形成了强大的发展动力和独特的发展优势。为推动京津冀协同发展战略深入实施，打造河北高质量发展的重大区域增长点，河北要以高质量发展为主题，以供给侧结构性改革为主线，充分发挥地理区位、产业基础、政策支撑、资源禀赋等方面的优势，坚持问题导向、目标导向、结果导向，坚持规划协同、政策联动、创新引领、集约高效、生态优先、固守红线、开放合作、包容共进、设施共建及要素融合，以石家庄市为核心，围绕"做稳做实基础产业，引领打造先锋产业，突出做强优势产业"的原则，促进石家庄市发展实体经济，助力京津冀地区产业提质升级，以雄安新区、张北地区为两翼，建设中部地区成为环京津核心功能区，整合滨海地区港口贸易优势构建开放经济引领区，加快推进南部地区"腾笼换鸟"产业转型升级建成现代化产业升级示范区，打造北部地区成为绿色生态产业功能区，构建"一核两翼四区"

的区域发展新格局，推动形成雄安国家创新中心、京冀临空经济区、张北绿色经济基地、正定自贸试验片区、曹妃甸自贸试验片区、北三县飞地经济基地、港口经济基地、沿海率先发展区、冀中南现代农业发展区九大区域增长点。

第一节　河北经济发展现状

一、发展基础

河北省坚持创新、协调、绿色、开放、共享的新发展理念，推动经济发展不断朝着更高质量、更有效率、更加公平、更可持续的方向前进。首先，经济发展稳中有进。2021 年，全省生产总值同比增长 6.5%，固定资产投资增长 3%，社会消费品零售总额增长 6.3%，居民消费价格上涨 1%，规模以上工业企业实现利润增长 10.6%，进出口总值增长 21.5%，地方一般公共预算收入增长 8.9%，质量效益不断提高。其次，产业结构更趋优化。三次产业结构调整为 10：40.5：49.5，服务业对经济增长的贡献率达到 61.1%。战略性新兴产业增加值同比增长 12.1%，高新技术产业增加值增长 12%，新旧动能转换呈现新气象。再次，产能压缩效果明显。"十三五"时期，压减退出粗钢产能 8212.4 万吨，完成国家任务的 1.7 倍，化解水泥过剩产能 1194.9 万吨、平板玻璃过剩产能 4999 万重量箱、焦化过剩产能 3144.4 万吨，超额完成"十三五"任务；创建省级以上绿色工厂 233 家，其中国家级 95 家，钢铁企业全部完成超低排放改造；规模以上工业单位增加值能耗下降 26.1%，超过全国平均水平 10 个百分点，超过全省"十三五"工业节能减排目标 8 个百分点；新产业、新业态、新模式加速成长，规模以上工业八大主导产业增加值增长 5.8%（其中生物医药健康产业增长 11.8%，新能源产业增长 0.7%，信息智能产业增长 6.0%，新材料产业增长 9.9%）；全年规模以上服务业中，高技术服务业营业收入增长 5.6%。全年网上零售额增长 16.4%；最后，环境治理成效初步显现，$PM_{2.5}$ 浓度持续下降，同比下降 14.4%，空气质量优良天数比率达到 73.8%，重污染天数降至 9 天。

河北区域协调发展取得持续进展。实施区域协调发展战略是新时代国家重大战略之一，是贯彻新发展理念、建设现代化经济体系的重要组成部分。

根据《关于贯彻落实建立更加有效的区域协调发展新机制的实施方案》，河北将在推动京津冀协同发展、促进城乡间要素自由流动、加快区域合作互动、创新区域政策调控机制等方面发挥重要作用，到 2035 年，河北将建立与基本实现现代化相适应的区域协调发展新机制。党的十八大以来，河北省围绕促进区域协调发展与正确处理政府和市场的关系，在建立健全区域合作机制、区域互助机制、区际利益补偿机制等方面进行了积极探索并取得显著成效，尤其是在京津冀协同发展方面，河北与京津协同共进取得持续进展。

河北消费市场扩容升级取得明显改善。从《中共中央　国务院关于完善促进消费体制机制　进一步激发居民消费潜力的若干意见》到建立完善促进消费体制机制部际联席会议制度，再到《国务院办公厅关于进一步激发文化和旅游消费潜力的意见》《国务院办公厅关于加快发展流通促进商业消费的意见》，一系列政策文件为河北省提供了以促进消费提质扩容对冲经济的下行压力的新思路。"十三五"期间，河北省以强大国内市场来消化吸收外部的不确定性，消费结构不断优化，支撑作用持续增强。2020 年，河北省社会消费品零售总额达到 13 509.9 亿元，同比增长 6.3%。随着农村居民收入增速加快、农村基础设施和公共服务不断完善，农村居民消费梯次升级，正成为拉动内需的重要力量。2021 年，城镇消费品零售额完成 11 481.1 亿元，增长 6.8%；乡村消费品零售额完成 2028.7 亿元，增长 3.8%。网上零售额增长稳定，全年实物商品网上零售额完成 2877.2 亿元，同比增长 22.0%，占社会消费品零售总额的比重为 21.3%。但是，消费对经济增长的贡献率下降剧烈，消费需求对河北省经济增长的贡献率由 2019 年的 61.2%下降到 14.6%。服务业"稳定器"的作用不断巩固，服务业继续领跑经济增长。2022 年，全省非营利性服务业实现增加值 5271.6 亿元，同比增长 7.8%，对第三产业的贡献率为 58.4%，占全省生产总值的 12.4%，对全省生产总值贡献率为 25.1%；全省营利性服务业实现增加值 3177.0 亿元，同比增长 5.6%，对第三产业的贡献率为 26.4%，占全省生产总值的 7.5%，对全省经济增长的贡献率为 11.4%。

二、河北省区域协调发展的优势条件

第一，区位优势明显。一是区域合作机制稳步建立。河北作为京津冀协同发展的重要组成部分，面临着京津冀经济一体化进程加快、环渤海地区正崛起成为我国第三增长极的发展机遇。目前，京津冀协同发展的区域合作机制逐步稳固。二是综合交通网络趋于完善。截至 2021 年，全省铁路运营里程达到 8120 公里以上，公路通车里程超 20.7 万公里，高速公路通车里程达到 8084 公里；港口通过能力超过 11.3 亿吨，位居全国第三位，货物吞吐量达到 12.3 亿吨，居全国沿海省市第四位，拥有秦皇岛、唐山、黄骅 3 个亿吨级大港；拥有石家庄、张家口、唐山、北戴河、承德、邯郸等地的 6 个民用机场，2022 年货邮吞吐量达 4.5 万吨，旅客吞吐量达 686 万人次。三是资源要素转移流动便利。由于地处环首都经济圈，紧靠京津两个特大城市，随着北京疏解非首都功能、京津产业转移的推进，河北在承接京津产业转移方面有着得天独厚的区位优势。尤其是随着京津冀协同发展的推进，区域内各要素转移流动的体制机制障碍逐渐被打破，资源要素转移流动更加便利。

第二，产业基础扎实。随着京津冀协同发展战略的实施，河北在承接京津产业转移方面具有重要优势。河北自身制造业基础良好，人口资源丰富，消费市场庞大。近年来，河北的产业结构已由"二三一"转变为"三二一"，服务业发展速度加快，已成为河北经济发展的第一引擎。

第三，政策支撑有力。随着京津冀协同发展战略和雄安新区建设的推进，河北省将迎来投资建设高峰期，尤其是雄安新区的巨量资金投入，将为河北至少带来以下三方面明显的外溢效应。一是公共服务疏解有力促进了周边地区公共水平的提升，雄安新区带来的转移增量都是北京具备较高水平的科研、教育、医疗等优质公共资源，这些将加速北京高端要素向河北布局。二是有效投资快速增加，雄安新区汇集了中央/地方、央企/民企等多方力量在河北投资布局，产生的投资溢出带动效应明显。三是政策一体化效果显著，雄安新区将是实现京冀政策一体化的"试验田"，是制度红利发挥最充分的区域，将有效弥补河北与京津之间的政策落差。中央要求打造"雄安质量"。

第四，资源禀赋优越。河北省现有耕地 619.9 万公顷，全省的粮食播种面积占耕地总面积的 80%以上，小麦、玉米、高粱、谷子、薯类等粮食作物丰富，河北省也是我国的重要产棉基地。河北海岸带总面积约 100 万公顷，海洋生物资源 200 多种，是中国北方重要的水产品基地。河北同时拥有海河、滦河两大水系，矿产、土地、海洋资源、生物资源、新能源、电力、水利等各种资源、能源也颇具优势。各种动植物种类繁多，全省共有植物约 200 科、900 属、2800 种。此外，劳动力资源雄厚，全省劳动力总资源已达 4260 多万人。这些资源优势为河北省发展以特色资源要素为基础、市场需求为导向、特色产业和生产特色产品为重点的经济发展体系，包括特色农业、特色工业和特色服务业，提供了资源基础和保障。同时，这些资源优势可以帮助河北有效避免区域间的同质化竞争，以特色经济提升综合实力和区域竞争力。

第五，绿色发展潜力大。面对近年来京津人口压力过大、资源短缺、环境恶化的严峻形势，河北省在对接京津发展中承担起维护区域生态文明的重任。目前，作为整个京津冀区域乃至整个华北地区的重要生态屏障，河北省管辖着京津的水源地，其区域生态环境直接影响着京津地区的社会生活质量和现代化建设进程。河北省在发展生态农业、观光农业、生态林业、生态渔业、生态畜牧产品生产等方面具有独特的生态优势，除生态旅游资源丰富外，河北省的人文旅游资源也相当丰富。

三、石家庄市实体经济发展现状

乘着京津冀协同发展、"一带一路"倡议和石保廊全面创新改革试验区建设的东风，石家庄市的经济发展驶上了"高速路"，全市经济发展总体向好，京津冀区域三大经济增长极之一的战略地位不断凸显。

1. 总体形势

近年来，石家庄市经济恢复良好，保持了中高速增长，产业发展迈向中高端，主要指标增速高于全省平均水平，质量效益提升幅度高于省内其他城市。2022 年，全市生产总值达 7100.6 亿元，同比增长 6.4%。其中，第一产业增加值为 558.3 亿元，增长 5.2%；第二产业增加值为 2334.1 亿元，增长 5.4%；第三产业增加值为 4208.2 亿元，增长 7.0%。第一产业增加值占全市生产总值的比重为 7.9%，第二产业增加值所占比重为 32.9%，第三产业增加值所占比重为 59.2%。全年人均 GDP 为 63 319 元，同比增长 6.5%。

重大战略任务稳步推进。深入实施协同发展战略，重点推进石保廊全面创新改革试验工作，建成中关村天合科技成果转化促进中心、石家庄市高新技术产品推广应用平台、河北工业设计创新中心等平台，承接首都非核心功能和产业转移的能力明显增强，协同发展取得新成就。

研发投入强度不断加大。高新技术企业和研发机构快速增长，经济增长由主要依靠工业带动转为依靠工业和服务业共同带动，发展动能由主要依靠传统产业驱动转为依靠战略性新兴产业、现代服务业和传统产业共同驱动，新动能加速发力，产业结构得到优化。

城市吸引力大幅提升。特色小城镇和新农村建设深入开展，使城乡面貌发生新变化。石家庄市成功举办首届国际数字经济博览会，成功承办省运动会、省残疾人运动会，连续举办了中国国际通用航空博览会、石家庄国际投资贸易洽谈会、市旅游产业发展大会等高水平会展活动，被评为"中国会展名城""亚太旅游目的地城市"，省会的影响力、吸引力、辐射力明显提升。

生态文明建设强力推进。单位生产总值能耗降低率、化学需氧量，以及二氧化硫、氨氮、氮氧化物排放量完成省下达的目标任务。

重大项目取得新进展。在"4+4"现代产业发展擘画出的巨大发展空间里，全市产业结构进一步优化升级，引领力、带动力不断增强。"4+4"现代产业投资同比增长 6.0%以上。在"4+4"现代产业引领下，一大批优质项目落地、开工、投产，众多企业做大做强。在省会产业项目发展的竞技台上，石家庄呈现出"大象军团"迎风起舞，"隐形冠军"乘势而上的崭新局面。

2. 主要优势

石家庄市作为河北省省会，是全省政治、经济、科技、金融、文化和信息中心，是国务院批准实行沿海开放政策和金融对外开放的城市。石家庄作为华北中心、交通枢纽，商贸物流发达，成本优势突出，产业人才聚集，城市对人口的吸附能力强，主城区人口密度大，而且革命传统和历史文化悠久，燕赵民风淳朴传统，通过百年来的不懈努力，已经形成了发展实体经济的明显优势。

1）产业优势

党的十九大召开以来，石家庄市委、市政府根据资源条件和环境容量、现有产业发展基础和优势、产业发展的一般规律和未来趋势，以及与京津和雄安新区产业对接融合的现实需要，致力提高供给体系质量，在保证传统优势农业、工业产业不断发展的同时，确定了全市"4+4"现代产业发展决策部署，着力做强做优新一代信息技术、生物医药健康、先进装备制造、现代商贸物流四大产业，着力培育壮大旅游业、金融业、科技服务与文化创意、节能环保四大产业。2020 年，"4+4"现代产业增加值达到 2275.3 亿元，占全市生产总值的比重达到 41.3%，"4+4"现代产业格局基本确立，成为引领石家庄高质量发展的主要力量。

第一，产业结构不断优化。1953—2018 年，全市三次产业增长经历了"大幅震荡—波动增长—平稳向好"的三个阶段。1992 年中国共产党第十四次全国代表大会确定建立社会主义市场经济体制后，全市三次产业都保持平稳高速发展。尤其是 2012 年党的十八大召开之后，经济增长从高速增长向中低速高质量增长过渡，第三产业增速稳定高于第一产业、第二产业，成为全市经济稳定增长的主要贡献因素。

第二，新旧动能加快转换。通过近年来的快速发展，石家庄市目前已建立起独立的、比较完整的、有相当规模和较高技术水平的现代工业体系，实现了由工业化起步阶段到工业化初级阶段，再到工业化中期阶段的历史大跨越。工业结构调整取得明显成效，实现了由工业基础薄弱、技术落后、门类单一向工业基础显著加强、技术水平稳步提高、门类逐渐齐全的重大转变，从劳动密集型工业主导向劳动-资本-技术密集型工业共同发展转变。全市目前已形成了涵盖全部 41 个行业大类中的 37 个大类的产业门类较为齐全、独立完整、有较高技术水平的现代工业体系。随着经济发展进入新常态，全市工业内部结构不断调整优化，新旧动能加快转换，工业高端化步伐加快，整体水平不断提高。十八大以来，在供给侧结构性改革和"中国制造 2025"等国家重大战略措施的推动下，全市工业经济多个领域取得重大突破，工业发展质量提升，高耗能产业占比下降。

十八大以来，石家庄注重对产业结构战略性调整的谋划研究和顶层设计，在改革创新、扩大开放、京津冀协同发展中加快新旧动能转换，"4+4"现代产业快速发展，全市实体经济发展呈现稳中向好的态势，社会事业呈现和谐稳定的良好局面。

2）区位优势

石家庄地处中国华北地区、河北省中南部、环渤海湾经济区，东临衡水，南接邢台，西倚山西阳泉，北靠保定，作为华北中心、交通枢纽，距北京 283 公里，与北京、天津、济南、太原、郑州等城市几近等距相望，具有天然的交通枢纽优势。石家庄市是中部战区陆军机关驻地，是国务院批准实行沿海开放政策和金融对外开放的城市，也是全国重要的商品集散地、北方重要的大商埠和全国性商贸展中心城市之一，是中国国际数字经济博览会永久举办地，是中国铁路运输的主要枢纽之一，京广、石太、石德、朔黄四条铁路干线交会于此。

3）人力资本优势

作为中国北方的著名城市，石家庄市吸引了华北一带城市和农村的大量人口，在百年间从一个不足万人的小村庄，成长为河北省最大的一座移民城市。石家庄的人口吸附能力强，一方面得益于京津冀协同发展过程中北京人口的外溢，石家庄作为承接北京疏解人口的重要城市，发挥了重要作用；另一方面得益于石家庄在城市发展建设方面的显著成效。截至 2020 年底，石家庄辖区总面积 13 504 平方公里，全市常住总人口 1124.15 万人，人口密度为 832 人/公里 ^{2}。其中，城镇人口 788.88 万人，常住人口城镇化率为 70.18%。

人口密度可以在一定程度上反映指定区域内人力资本的可集中利用程度。因此，本书对全国所有省会城市的人口密度进行了计算排序，发现石家庄市的人口密度相对较大，可集中利用人力资本的空间也较大，排全国第 14 位，如果不包含直辖市和港澳台地区，则排全国第 8 位，人力资本可利用程度较高。具体计算分析情况将在后文详细阐述。

4）科研优势

石家庄是"全国科教兴市先进城市"，科技力量雄厚，拥有中国电子科技集团公司第 54 研究所和第 13 研究所、东旭光电等一批科研机构、优势企业和创新平台，创新能力突出，已初步形成了通信与导航设备、新型显示、集成电路、应用电子和软件为主导的优势产业集群。

全市加大科技研发力度，增强自主创新能力，提高工业科技水平和技术水平，以科研带动产业升级。2020 年，全市规模以上工业研发人员 14 795 名；研发经费支出 52.93 亿元。石家庄市强化企业科技创新的主体地位，不断提升企业创新能力和核心竞争力。2020 年，新产品开发数量达到 3655 项，有效发明专利 5583 件，形成国家或行业标准 188 项。

5）其他优势

城市基础服务完善。石家庄是国家重点建设的城市之一，基础设施及服务日臻完善，公用设施和绿化率指标在全国名列前茅，市容环境卫生进入"全国十佳"行列。一批新建的大型广场、主要街道的绿地以及人工开凿的民心河，有效地改善了城市生态环境。

第一，民生保障齐全到位。基于家庭生活感受、经济状况、消费投资预期、民生困难和幸福感调查，石家庄市多次入选全国十大幸福城市，政府切实为民办事，民生支出在全国名列前茅。例如，开展教育扶贫，将深山区学生免费安置到城区新建、扩建的寄宿制学校中，为高校毕业生就业提供多项便利，主城区218所公办小学全部实行小学生免费托管服务；加强城市安全和环卫管理，缩小出警范围和缩短时间，帮助小微企业贷款和打工者讨薪，保障住房和医疗，并倡导善行风尚。

第二，商贸服务繁荣发展。石家庄是全国重要的商品集散地和北方重要的大商埠，也是全国性商贸会展中心城市之一。大型商业企业为顾客提供了舒适的购物空间。新华、南三条两大市场是华北地区布匹、服装和小商品的重要集散地和中转交易中心，双双跻身于全国十大集贸市场行列。辛集皮革商城是全国最大的皮革交易市场。

第三，历史文化底蕴深厚。石家庄市所辖区域是人类文明开发较早、文化底蕴十分深厚的地区。市区白佛口文化遗址是目前全市境内发现的最早的平原地区人类遗址，距今6000—7000年；新乐古代遗址"伏羲台"证明了6000多年前中华人文始祖伏羲氏曾经活动于此地；战国中山国文化，是石家庄历史文化脉络中的重要一环，也是继藁城台西商文化之后令世界瞩目的辉煌文化。全市有6个"千年古县"，正定县作为国家历史文化名城，自北魏至清末1500多年间，一直是郡、州、府、路的治所，曾与北京、保定并称"北方三雄镇"。西柏坡是我党的最后一个农村指挥所，党中央从西柏坡走向北京，新中国从这里走来。石家庄近年兴修的河北艺术中心、河北省博物馆、裕彤国际体育中心、正定国家乒乓球训练基地等一大批文化、体育设施，满足了各界人士日益增长的精神文化需求。两年一届的国际吴桥杂技艺术节，成为荟萃中外杂技艺术精华的重要国际杂技艺术盛会。

第四，旅游资源丰富多彩。石家庄是国家级优秀旅游城市。新中国的摇篮——西柏坡是举世瞩目的旅游热点。国家重点风景名胜苍岩山以其神奇的桥楼建筑和奇特的山岳景点享誉海内外。嶂石岩则是国际上嶂石岩地貌的标志性景点，还有号称北方桂林的天桂山、历史文化名山封龙山，省会后花园驼梁、五岳寨，以及历史文化名城正定，都是别具特色的旅游观光胜地。赵州安济桥具有约1500年的历史，是世界上古老的大型敞肩式石拱桥。石家庄拥有一流的涉外饭店和星级宾馆，能够为中外宾朋提供智能化绿色环保客房和融会中华美食精华的餐饮服务。

四、河北省区域协调发展和区域增长的问题和挑战

京津冀协同发展的区域利益协调机制有提升空间。北京对津冀的辐射带动作用尚待加强，河北的经济发展和公共服务水平与京津两市尚需协调，这些问题追根溯源是区域利益协调机制不成熟造成的。区域利益是客观存在的，区域经济发展、区际经济关系的协调必须有效平衡区域利益关系。区域中各行为主体对区域利益认识的不一致或追求的利益目标的差异，使其在谋取利益的行为上难以协同并进。京津冀协同发展涉及央地协调、三地协调，但与长三角和粤港澳大湾区相比，京津冀的总体实力较弱。京津冀跨流域、跨地区的协调工作，特别是大气污染治理、水环境及渤海海洋环境保护等工作，始终没有形成有效合力，影响了京津冀协同发展的成效。

河北经济发展质量和公共服务水平需进一步与京津两地进行协调。河北省的区域经济发展和公共服务水平与京津存在差距，是当前京津冀协同发展亟待破解的难点。经济发展水平的差距是人口向大城市集聚的首要原因。大城市具有更加完善的公共服务体系和较低的使用成本，这也是造成人口向大城市集聚的主要原因。当前，京津冀三地收入差距日益扩大，北京、天津对河北的"虹吸效应"日益显著，要素资源不断向北京、天津集聚，一方面导致北京"大城市病"日益严重，另一方面也加剧了河北省经济社会平衡发展的压力。京津冀协同发展以解决北京的"大城市病"为出发点，但要从根本上解决这个问题，必须缩小京津冀三地的发展差距，重点是提升河北的综合发展水平。如何加快提升河北的发展水平，缩小河北与京津的经济发展水平和公共服务差距，是实现京津冀协同发展亟待破解的最大难点。

创新能力和创新水平有提升空间。2010—2020年，河北地区生产总值在全国位居第六至第九位，而综合科技创新水平指数为48.78，全国排名第22位，处在第三梯队。河北高新技术企业在数量、质量上与发达省份都有差距，高新技术企业数量仅为北京的1/3，中小型企业居多，"独角兽"企业仍是空白；研发经费投入强度低于全国平均水平0.8个百分点，万人发明专利拥有量不到全国平均水平的1/3，成果转化率比全国平均水平低10个百分点，科技进步贡献率比全国平均水平低9个百分点。高端创新要素缺乏，到2016年仅有两院院士15人，同期河南23人、湖南36人、山东37人、四川58人、湖北71人和江苏97人，创新载体发展不足，国家级工程技术研究中

心、重点实验室数量都明显少于周边先进省份，规模以上工业企业拥有研发机构的比重仅相当于全国的一半。创新能力不足，在相当程度上制约了经济新动能的增长。

产业结构转型升级动能有提升空间。以原材料工业为主的产业体系支撑了河北经济近 30 年的快速增长，随着经济发展进入新常态，结构性矛盾日渐凸显，河北产业结构调整已经到了不转不行、慢转也不行的地步。工业结构重、产品档次低，多数企业产品以原材料和初级加工产品为主，处于产业链、价值链的低端，利润空间较小，受市场波动影响大，即便是光伏等战略性新兴产业，产品也大多集中在价值链的低端，抵御市场风险能力较差。

区域城乡发展需更加平衡充分。河北区域分化现象、区域发展不平衡不充分、城乡融合发展遇到瓶颈等问题仍然存在。从区域差距看，发达市（县）与欠发达市（县）之间在基础设施建设、公共服务水平等领域的差距愈发扩大；从城乡差距看，城镇、农村居民收入差异依然较大，张家口、承德等欠发达地区广阔的农村区域与京津或河北经济发达城市之间的差距尤其明显。与东部发达省份及部分中部省份相比，河北在省会发展、城市新区建设、开发区培育及高开放平台打造上明显滞后，城镇规模层级偏低，大城市数量不足，辐射带动能力弱，区域次中心城市尚属空白，小城市过多、过散，城市新区建设尚多处于起步阶段，发挥支撑引领省会城市发展的作用尚需时日，国家级高新区发展水平和质量甚至落后于河南、湖南、四川等中西部省份。

主要增长极创新能力有待提升。分析表明，作为京津冀主要经济增长极之一，相较于京津两地以及其他同等水平省会城市，石家庄市在创新观念、创新思路、创新政策、创新举措等方面有待提升，主要涉及科技、管理、教育文化、社会活动等各层面。石家庄市获得的国家政策支持相对较少，常被涵盖到支持京津冀协同等宏观战略中。向国家申请支持创新发展的请示批复较少，服务创新、科技创新、管理创新类文件少，政策试点、示范区、创新基地等建设文件少，争创经验的动作和成果稍显不足。参与区域发展和周边城市协同发展的相关性较差，融入国家整体规划的政策举措稍显欠缺。对外开放支持性文件相对较少，申报和举办国内外展会、赛事的数量明显较少，参与制定国家标准的行为不多，获取支持科技产业、服务业发展的政策少，缺少发达省市的对口帮扶政策。创新机制有待完善，创新活力有待增强，创新意识和保护知识产权的社会意识、法治环境不够健全，特别是在文化创意、信息软件、电子商务等领域，对能够把技术创新、产品创新和服务创新进行有机集成的创新氛围、创新生态尚不完善。

主要增长极产业结构不完善，发展动能有提升空间。石家庄市的产业发展是决定京津冀产业结构和区域经济发展整体情况的潜在短板，须尤为重视和加强。石家庄市现代产业综合实力明显偏弱，仍处于新旧动能转换和转型升级的攻坚期。一是产业层次有待提高。从三次产业结构看，石家庄与发达省会城市相比差距较大，第三产业中现代服务业和生产性服务业滞后，第二产业中战略性新兴产业占比较低，传统产业转型升级和高质量发展任务艰巨。工业结构重、产品档次低，多数企业产品以原材料和初级加工产品为主，处于产业链、价值链的低端，利润空间较小，受市场波动影响大。产业结构调整已经到了不转不行、慢转也不行的地步。二是产业竞争力有待增强。制造业质量竞争力指数低于国家平均水平，产业链条短，多数产品处于产业链和价值链的低端。高端产业及技术支撑非常欠缺，关键软硬件"卡脖子"现象依然突出。工业设计、工业互联网等新型业态和高端业态发展不充分，"新基建"前期积淀与京津及许多省会城市存在差距。产业链和创新链的协同效应还未得到充分发挥，创新能力和创新需求之间的供需匹配效率还不高。营商环境与全国先进地区相比仍有一定差距，特别是在项目落地和要素保障等方面还有较大提升空间，流程需要进一步优化，环节需要进一步减少，服务效率需要进一步提高。三是产业集聚度有待提高。开发区产业布局碎片化问题突出，预留发展空间不足。

第二节　京津冀产业梯度分析

产业梯度分析是对一个区域内不同地区之间产业结构差异的分析。对于京津石而言，研究三市之间的产业梯度，对于石家庄市未来的实体经济发展、产业布局及产业承接具有重要价值。研究京津石三市的产业转移，首先需要对京津石三地的产业结构进行分析，从而得出三地的产业梯度差异，之后再对京津石三地分行业进行产业转移分析，从而确定京津冀各自的优势产业。

一、京津冀三次产业结构演变分析

1. 北京市三次产业结构分析

北京市是全国的政治中心，其经济发展一直处于全国领先水平。2020年北京市的 GDP 为 36 102.6 亿元，三次产业占比分别为 0.4%、15.8% 和 83.8%。1999—2020 年北京市的三次产业情况见表 5-1 和图 5-1。

表 5-1　1999—2020 年北京市三次产业增长情况

年份	第一产业		第二产业		第三产业	
	增加值（亿元）	占比（%）	增加值（亿元）	占比（%）	增加值（亿元）	占比（%）
1999	87.48	4.0	840.23	38.7	1 246.75	57.3
2000	89.97	3.6	943.51	38.1	1 445.28	58.3
2001	93.08	3.3	1 030.60	36.2	1 721.97	60.5
2002	98.05	3.0	1 116.53	34.8	1 998.13	62.2
2003	95.64	2.6	1 311.86	35.8	2 255.60	61.6
2004	102.90	2.4	1 610.37	37.6	2 570.04	60.0
2005	97.99	1.4	2 026.51	29.5	4 761.81	69.1
2006	98.04	1.3	2 191.43	27.8	5 580.81	70.9
2007	101.26	1.1	2 509.40	26.8	6 742.66	72.1
2008	112.81	1.1	2 693.15	25.7	7 682.07	73.2
2009	118.29	1.0	2 855.55	23.5	9 179.19	75.5
2010	124.36	0.9	3 388.38	24.0	10 600.84	75.1
2011	136.27	0.8	3 752.48	23.1	12 363.18	76.1
2012	150.20	0.8	4 059.27	22.7	13 669.93	76.5
2013	161.83	0.8	4 352.30	22.3	14 986.43	76.5
2014	158.99	0.8	4 544.80	21.3	16 627.04	77.9
2015	140.21	0.6	4 542.64	19.7	18 331.74	79.7
2016	129.79	0.5	4 944.44	19.3	20 594.90	80.2
2017	120.42	0.4	5 326.76	19.0	22 567.76	80.6
2018	120.60	0.4	5 477.30	18.6	27 508.10	81.0
2019	113.70	0.3	5 715.10	16.2	29 542.50	83.5
2020	107.60	0.4	5 716.40	15.8	30 278.60	83.8

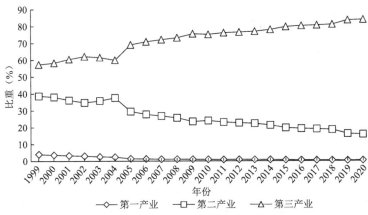

图 5-1　1999—2020 年北京市三次产业增加值比重趋势

2. 天津市三次产业结构分析

天津市的第二产业和第三产业发展并重，2013 年以来第二产业比重逐步降低。2022 年天津市 GDP 为 16 311.34 亿元，三次产业占比分别为 1.7%、37.0%、61.3%。1999—2022 年天津市的三次产业情况见表 5-2 和图 5-2。

表 5-2　1999—2022 年天津市三次产业增长情况

年份	第一产业		第二产业		第三产业	
	增加值（亿元）	占比（%）	增加值（亿元）	占比（%）	增加值（亿元）	占比（%）
1999	71.01	4.9	711.93	49.1	667.12	46.0
2000	73.54	4.5	820.17	50.0	745.65	45.5
2001	78.55	4.3	904.64	49.1	856.91	46.6
2002	84.21	4.1	1 001.90	48.9	965.26	47.0
2003	89.66	3.6	1 245.29	50.9	1 112.71	45.5
2004	102.29	3.5	1 560.16	53.2	1 269.43	43.3
2005	112.38	3.0	2 051.17	55.5	1 534.07	41.5
2006	118.23	2.7	2 488.29	57.1	1 752.63	40.2
2007	110.19	2.2	2 892.53	57.3	2 047.68	40.5
2008	122.58	1.9	3 821.07	60.1	2 410.73	38.0
2009	128.85	1.7	3 987.84	53.0	3 405.16	45.3
2010	145.58	1.5	4 840.23	52.5	4 238.65	46.0
2011	159.72	1.4	5 928.32	52.4	5 219.24	46.2
2012	171.60	1.3	6 663.82	51.7	6 058.46	47.0

续表

年份	第一产业		第二产业		第三产业	
	增加值（亿元）	占比（%）	增加值（亿元）	占比（%）	增加值（亿元）	占比（%）
2013	188.45	1.3	7 276.68	50.6	6 905.03	48.1
2014	199.84	1.3	7 731.85	49.1	7 795.18	49.6
2015	208.82	1.3	7 704.22	46.6	8 625.15	52.1
2016	220.22	1.2	7 571.35	42.3	10 093.82	56.5
2017	168.96	0.9	7 593.59	40.9	10 786.64	58.2
2018	172.71	0.9	7 609.81	40.5	11 027.12	58.6
2019	185.23	1.3	4 969.18	35.2	8 949.87	63.5
2020	210.18	1.5	4 804.08	34.1	9 069.47	64.4
2021	225.41	1.4	5 854.27	37.3	9 615.37	61.3
2022	273.15	1.7	6 038.93	37.0	9 999.26	61.3

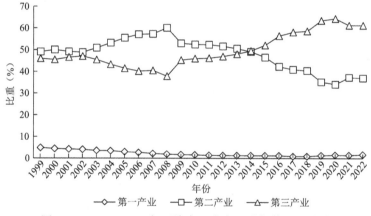

图 5-2　1999—2022 年天津市三次产业增加值比重趋势

3. 河北省三次产业结构分析

河北省的第二产业发展处于主导地位，2009 年以来第二产业增加值逐步减少，2018 年起第二产业比重开始低于第三产业，到 2019 年第二产业和第三产业比重相差 12.6%，第三产业发展后来居上且势头强劲。2021 年河北省GDP 为 40 391.3 亿元，三次产业占比分别为 10.0%、40.5% 和 49.5%。1999—2021年河北省的三次产业情况见表 5-3 和图 5-3。

表 5-3　1999—2021 年河北省三次产业增长情况

年份	第一产业		第二产业		第三产业	
	增加值（亿元）	占比（%）	增加值（亿元）	占比（%）	增加值（亿元）	占比（%）
1999	805.97	17.6	2 243.59	49.1	1 519.63	33.3
2000	824.55	16.2	2 559.96	50.3	1 704.45	33.5
2001	913.90	16.4	2 767.41	49.6	1 896.47	34.0
2002	957.01	15.6	3 046.00	49.8	2 119.52	34.6
2003	1 064.33	15.0	3 657.19	51.5	2 377.04	33.5
2004	1 370.40	15.6	4 635.23	52.9	2 763.16	31.5
2005	1 503.07	14.9	5 232.50	51.8	3 360.54	33.3
2006	1 606.48	13.8	6 115.01	52.4	3 938.94	33.8
2007	1 804.72	13.2	7 241.80	52.8	4 662.98	34.0
2008	2 034.60	12.6	8 777.42	54.2	5 376.59	33.2
2009	2 207.34	12.8	8 959.83	52.0	6 068.31	35.2
2010	2 562.81	12.6	10 707.68	52.5	7 123.77	34.9
2011	2 905.73	11.9	13 126.86	53.5	8 483.17	34.6
2012	3 186.66	12.0	14 003.57	52.7	9 384.78	35.3
2013	3 500.42	12.4	14 762.10	52.2	10 038.89	35.4
2014	3 447.46	11.7	15 012.85	51.0	10 960.84	37.3
2015	3 439.45	11.5	14 386.87	48.3	11 979.79	40.2
2016	3 492.81	10.9	15 256.93	47.6	13 320.71	41.5
2017	3 129.98	9.2	15 846.21	46.6	15 039.70	44.2
2018	3 338.60	9.3	12 904.00	44.5	16 252.00	46.2
2019	3 518.40	10.0	13 597.30	38.7	17 988.80	51.3
2020	3 880.10	10.1	13 597.20	38.3	18 729.60	51.6
2021	4 030.30	10.0	16 364.20	40.5	19 996.70	49.5

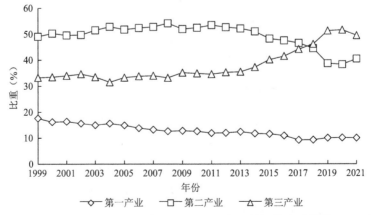

图 5-3　1999—2021 年河北省三次产业增加值比重趋势

4. 石家庄市三次产业结构分析

石家庄市作为河北省的省会，三次产业结构与全省趋势相似，但在第三产业发展方面又领先全省平均水平。早在 1996 年，市辖区第二产业增加值就开始减缓，第三产业贡献开始高于第二产业，并保持至今。2012 年，第二产业和第三产业占比发生过一次结构性调整，但仍然未改变第三产业的主导地位。2022年石家庄 GDP 为 7100.6 亿元，三次产业占比分别为 7.86%、32.87%、59.27%。2000—2022 年石家庄的三次产业情况见表 5-4 和图 5-4。

表 5-4　2000—2022 年石家庄市三次产业增长情况

年份	第一产业		第二产业		第三产业	
	增加值（万元）	占比（%）	增加值（万元）	占比（%）	增加值（万元）	占比（%）
2000	1 468 800	14.64	4 662 200	46.48	3 900 100	38.88
2001	1 536 300	14.15	5 018 700	46.24	4 299 200	39.61
2002	1 559 500	13.14	5 594 100	47.14	4 714 500	39.72
2003	1 880 700	13.65	6 647 900	48.25	5 250 800	38.11
2004	2 304 590	14.11	7 942 853	48.63	6 087 151	37.27
2005	2 477 608	13.87	8 656 600	48.45	6 733 542	37.69
2006	2 574 895	12.71	9 799 722	48.35	7 891 703	38.94
2007	2 757 361	11.68	11 644 087	49.32	9 205 782	39.00
2008	3 041 224	11.17	13 652 535	50.13	10 541 772	38.71
2009	3 083 111	10.27	14 879 145	49.58	12 050 541	40.15
2010	3 696 054	10.87	16 537 569	48.63	13 776 563	40.51
2011	4 149 966	10.16	20 318 979	49.77	16 357 888	40.07
2012	4 521 822	10.05	22 406 625	49.79	18 073 651	40.16
2013	4 739 686	9.65	23 328 099	47.48	21 068 791	42.88
2014	4 875 136	9.43	24 175 055	46.76	22 652 462	43.81
2015	4 944 377	9.09	24 523 951	45.08	24 937 660	45.84
2016	4 808 781	8.11	26 939 187	45.45	27 529 325	46.44
2017	3 946 293	6.64	24 794 702	41.73	30 681 289	51.63
2018	4 204 731	7.82	17 322 871	32.23	32 223 283	59.95
2019	4 494 951	7.74	18 002 115	30.99	35 601 897	61.28
2020	4 986 231	8.40	18 130 998	30.56	36 214 453	61.04
2021	5 048 000	7.78	21 071 000	32.47	38 784 000	59.76
2022	5 583 000	7.86	23 341 000	32.87	42 082 000	59.27

资料来源：中经网统计数据库（http://db.cei.cn）

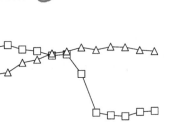

图 5-4 2000—2022 年石家庄市辖区三次产业增加值演变趋势

二、京津冀三次产业梯度分析

结合上述内容可知，石家庄市第三产业近年来稳居 GDP 贡献首位，且贡献率逐年增大。四地的三次产业比重由高到低分别呈现出不同的产业结构层次。

第一产业：河北-石家庄-天津-北京。

第二产业：河北-天津-石家庄-北京。

第三产业：北京-天津-石家庄-河北。

根据前文具体数据可以看出，北京呈现"三二一"的产业结构，且第三产业比重很大。说明北京大力发展第三产业，第三产业发展优势明显，目前正处于后工业化阶段，第一产业发展极度弱化，第二产业发展持续弱化。

天津市呈现"三二一"的产业结构，第二产业和第三产业比重存在一定的差距，说明天津第二产业、第三产业并重，以第三产业为主，处于后工业化起步发展阶段，第一产业发展极度弱化。

石家庄市呈现"三二一"的产业结构，第二产业和第三产业比重存在一定的差距，说明石家庄第二产业、第三产业并重，以第三产业为主，处于后工业化起步发展阶段，第二产业比重不断下降，第一产业发展持续减弱。

河北省自 2018 年起，产业结构由"二三一"发展为"三二一"，说明河北省正处于工业化继续发展阶段。

虽然北京、天津、石家庄同属于"三二一"的产业结构，但很明显可以看出，北京市包括金融、房地产在内的非实体经济发展层次最高，天津、石家庄及河北省的实体经济投资发展力度强劲，其中天津市可谓"虚实"同强。

关于包括实体经济和虚拟经济在内的各个产业在京津冀如何分布，需要对各地产业发展状况进行具体分析。

第三节　河北省区域协同发展和增长点谋划的战略构想

一、打造京津冀抢占全球经济竞争制高点的重要动力源

作为京津冀区域的重要组成部分，河北省对区域协同发展至关重要，需重点谋划未来的发展战略。下一步，河北省应坚持以习近平新时代中国特色社会主义思想为指导，牢固树立新发展理念，坚持高质量发展，坚持供给侧结构性改革，以高质量发展为主题，以供给侧结构性改革为主线，紧抓历史性窗口期和战略性机遇期，推动实体经济，特别是制造业振兴，培育强大消费市场，打造石家庄市产业增长极，补齐京津冀经济发展短板，突出动能转化、绿色低碳、消费升级、扩大开放、互联互通、协调发展，加快建设经济强省、美丽河北，成为京津冀抢占全球经济竞争制高点的重要动力源。

二、遵循区域协同发展原则

第一，规划协同、政策联动。以国家发展规划为依据，结合河北各区域的地理区位、资源禀赋、产业特色，充分释放国家战略叠加红利和效应，助力河北各区域在发展规划、基础设施、城市品质、产业布局和政策制度等方面高度协同，通过开放政策叠加、体制机制创新、服务体系共建等，产生"1+1>2"的示范引领效应。

第二，创新引领、集约高效。以创新驱动发展战略为引领，发挥新型举国体制和自由灵活的创新机制的强大动力活力，构建良好的创新环境，抢占发展制高点，释放人才的创新创业创造潜力，带动创新要素集聚、改革动力迸发、开放活力释放，促进技术创新、业态创新、服务创新，创造更多依靠

创新驱动、更多发挥先发优势的引领型发展模式。

第三，生态优先、固守红线。牢固树立"绿水青山就是金山银山"的生态优先理念，将生态环境保护作为区域发展的底线，严守生态保护红线、环境质量底线和资源消耗上线，坚持在保护中发展、在发展中保护，将绿色低碳发展融入经济社会发展全过程，构建上下联动、区域协同、互促共赢、和谐永续的生态环境建设新格局。

第四，开放合作、包容共进。坚持将对外开放作为推动经济发展的关键举措，用全球的视野谋划发展，用共赢的理念推进合作，用包容的方式推动工作，破除开放发展瓶颈，补齐开放发展短板，凝聚国内外资源，在更高水平上构建立体开放新格局，探索开放发展新模式，优化开放发展新环境，提升开放发展新境界。

第五，设施共建，要素融合。进一步提升和丰富陆海空网的一体化建设，在更大范围、更高层次集聚优质发展资源，推动人才、资本、技术、土地等要素的内外连通、深度融合，形成跨区域、跨行业、跨领域自由流动和高效配置，为融入世界经济大循环、迈向产业中高端夯实基础。

第四节　河北省区域协同发展的总体布局

围绕落实习近平总书记对河北工作的一系列重要指示，推动重大国家战略和国家大事在河北落地见效，根据《全国主体功能区规划》《京津冀协同发展规划纲要》《京津冀协同发展生态环境保护规划》《河北雄安新区总体规划（2018—2035 年）》《北京大兴国际机场临空经济区总体规划（2019—2035 年）》等，切实抓好京津冀协同发展深入实施、雄安新区规划建设全面推进等系列战略机遇，综合考虑河北省"三区一基地"的功能定位，以及河北省各地区的战略导向、产业布局、自然和社会经济条件、地理区位、主体生态功能等因素，制定河北省区域发展的总体布局。

下一步，河北省要紧抓京津冀协同发展、雄安新区建设等系列战略机遇，重点建设京张、京沈、京雄-雄衡高铁等一批重大交通基础设施，全面抓好以石家庄市为核心的辐射带头作用，以雄安新区、张北地区为新两翼，建设中部地区成为环京津核心功能区，整合滨海地区港口贸易优势构建开放经济引领区，加快推进南部地区"腾笼换鸟"产业转型升级建成现代化产业升级示范区，打造北部地区成为绿色生态产业功能区，构建"一核两翼四区"的区域发展新格局。

一、增强石家庄中心辐射带动作用，建设成京津冀"第三极"

石家庄是现代化省会城市，地处中国华北地区、河北省中南部、环渤海湾经济区，是河北省的政治、经济、科技、金融、文化和信息中心，也是中国铁路运输的主要枢纽之一，京广、石太、石德、朔黄四条铁路干线交会于此。2019 年经党中央、国务院正式批准，石家庄成为中国国际数字经济博览会永久举办地、跨境电子商务综合试验区。同时作为京津冀城市群的"第三极"，石家庄也是京津冀城市群中南部中心城市。

建成京津冀世界级城市群的"第三极"，全面增强国家商贸物流中心、综合交通枢纽功能，继续推进实行沿海开放政策和金融对外开放政策，优化产业布局，提升城市文化内涵，提高城市吸引力，建设成开放包容的国际大都市。

建成现代化国际化城市，发挥作为全国性经济中心城市和国家创新型城市的引领作用，提高区域的影响力，大力发展绿色、高新、数字经济，做好产业升级与产业转移，努力成为具有世界影响力的创新创意之城。

建成国家级战略性产业基地，全力培育全国重要的战略性新兴产业，打造先进制造业基地，调整产业政策，提高基础设施的建设质量，增强区域科技创新产业的承载力，以科技创新为核心，建成国家级科技创新及成果转化示范基地。

建成区域发展核心引擎，继续发挥比较优势，做优做强，增强对周边区域的辐射带头作用，形成"石定保廊"区域科技创新走廊、"石辛衡沧"特色经济走廊、"石邢邯"新型城镇化示范走廊，打造京津冀协同发展战略腹地和城乡统筹发展重要示范区，做大做强省会城市圈。

二、打造"雄安质量"，建成国际创新发展引领区

雄安新区位于保定市境内，地处北京、天津、保定腹地，包括容城县、雄县、安新县全部，以及高阳县、任丘县部分区域。雄安新区承担着集中疏解北京非首都功能、探索人口经济密集地区优化开发新模式、调整优化京津冀城市布局和空间结构、培育创新驱动发展新引擎的重要功能。

建设万亿级国际化中心城市，依托国家重点战略规划、北京大兴国际机场和临空经济区建设，综合利用中央、地方等多方资源对河北产生极大经济拉动、投资建设力度，重点建设世界级开放发展先行区。

建成京津冀世界级城市群的重要一极，加强基础设施建设，增强京津功能平台承接能力，有序承接北京非首都功能，与北京中心城区、通州城市副中心在功能上错位发展，形成国家级协调发展示范区。

培育国家级创新驱动发展引领区，瞄准产业链高端和世界科技前沿，积极吸纳和集聚创新资源，构建国际一流的科技创新平台和创新服务体系，建成贯彻落实新发展理念的创新发展示范区。

打造"雄安质量"，建成全国高质量发展样板，着力在绿色低碳、信息智能、宜居宜业、创新发展、城市治理等方面先试先行，建设"廉洁雄安"，建设国家级绿色生态宜居新城区。

三、发挥冬奥会优势，培育张北地区成为区域新增长极

张北地区位于河北省北部，包括张家口主城区、崇礼区、张北县，也位于北京的北部，是2022年北京冬奥会主要举办地、京津冀优化区域城市布局和空间结构的"一翼"，以及京津冀城市群同城化发展示范区。

建成京津冀区域新的增长极，重点发展绿色产业、冰雪经济，促进产业协作发展，加快首都"两区"建设，补齐区域发展短板，积极探索生态建设和环境保护区域联动机制、生态产品价值实现机制，打造国家绿色现代化发展样板和国际冰雪运动与休闲旅游胜地。

建成京津冀城市群和城化发展示范区，依托京津冀综合交通运输结构，通过疏解北京非首都功能和产业转移，结合相关的优惠政策制度，建成京津冀城市群的重要"一翼"。

四、绿色生态产业功能区——构建绿色能源体系、建设京津生态安全屏障

绿色生态产业功能区位于河北省西北部，包括张家口市、承德市全境，其中包含2022年北京冬奥会主要举办地张北地区，是京津冀协同发展生态环境保护支撑区。该区域地势西北高、东南低，阴山山脉贯穿中部，以高原、山地为主。该地区森林覆盖率达到45%以上，草原植被覆盖率达到50%以上，

是京津冀区域重要的水源涵养区和防风固沙前沿阵地。根据该地区的地理位置、生态服务的功能定位，以及《京津冀协同发展生态环境保护规划》《河北省张承地区生态保护和修复实施方案》等相关政策，设定该区域的功能定位如下。

构建绿色可再生能源体系，发展绿色产业，以建设国家可再生能源示范区为契机，不断提升新能源规模化开发利用能力，打造京津冀绿电供应基地。

建成京津冀生态安全屏障，加快推进京津各项生态工程建设，建成以水源涵养、水源地保护、水土保持为中心的京津冀生态安全屏障，形成绿水青山连绵、文化绚丽多彩、产城融合互动的太行山绿色发展廊道，为建设绿色生态京津冀世界级城市群提供保障。

建成城乡融合发展平台载体，提高居民收入，重点做好"空心村"整治等重要工作，确保生态安全，努力建成农村新型社会，成为城乡融合发展示范园。

五、滨海地区——发挥桥头堡作用，建设开放经济引领区

滨海地区主要位于河北省东北部和东南部，包括唐山、秦皇岛、沧州全境。该区域内聚集了河北省全部的港口资源，是河北省在东北亚地区经济合作的窗口、国家重要的能源与化工保障基地、国家历史文化名城所在地之一、首都经济圈重要支点、河北省连接内陆城市与对外开放的中心节点。该区域是河北省主要的经济中心、对外开放中心。根据该地区的地理区位优势、产业结构基础、工业基础，设定该区域的功能定位如下。

共建北方国际航运核心区，加强港口资源整合，充分发挥港口贸易优势，加快推进由单一港口向多功能现代化大港转变，形成秦皇岛港、唐山港、黄骅港与天津港协同发展的环渤海世界级港口群。

建成国家级产业集群基地，加快沿海开放步伐，优化唐山、秦皇岛、沧州三大港口功能布局，引进一批重大临港产业项目，壮大海洋经济，努力形成在国内外有影响力、竞争力的产业集群。

打造全省开放型经济引领区，发挥"东出西连"桥头堡作用，完善滨海港口职能，融入"一带一路"倡议和环渤海湾合作大格局，依托铁路、航空、高速公路为主要联系通道，加大与内陆地区的联系，推动产业转移，打造河北省开放型经济引领区和战略性增长极。

六、中部地区——承接非首都功能，建成环京津核心功能区

中部地区主要包括保定、廊坊全境，该区域位于北京、天津、石家庄的中心位置，是环京津核心功能区所在地、疏解非首都功能和京津产业转移重要承接地、北京大兴国际机场临空经济区重点功能区、京津冀协同发展的直接受益区。根据该地区的重要战略定位、功能划分、地理区位，设定该区域的功能定位如下。

建成环京津核心功能区域，加强京津功能平台建设，改善承接环境，利用区域要素资源聚集、产业层次高、创新能力强的优势，建设成京津冀协同发展、承接非首都功能的核心区域。

打造国家级开放发展先行试验区，推动"网络-节点"空间组织模式建设，以铁路、高速公路为网络，在京津地区率先实现联动发展。以雄安自贸试验片区和大兴国际机场自贸试验片区为节点，打造开放发展先行试验区。

打造国家生态文明先行示范区，积极推进新型城镇化建设，建设形成符合协同发展功能定位的开发格局，资源循环利用体系初步建立，节能减排，打造京津冀生态安全屏障和国家生态文明先行示范区。

七、南部地区——加快产业升级，建成现代化产业升级示范区

南部地区主要包括邢台、衡水、邯郸，位于环渤海经济圈、首都经济圈、中原城市群的核心交错地带，是河北省重要的农业、文化旅游核心区域。由于该区域地处平原地区，以及多个经济圈和城市群的交叉地带，根据该地区重要的地理区位、产业结构，设定该地区的功能定位如下。

建成现代化工业城市，邯郸市提升工业园区的新旧产能转化力度，充分发挥工业优势，积极推动工业化和信息化融合，用现代信息手段改造传统工业，提高数字化、智能化水平。

建成现代化可持续发展农业示范区，邢台市、邯郸市要建成以依托现代科学技术和先进装备制造为支撑，采用现代化经营方式，具有合理的产业布局，资源利用高效，以及综合效益显著的可持续发展的现代农业示范区域。

建成全国新型城镇化和城乡统筹示范区，以"空心村"治理为突破打造城乡融合发展平台载体，培育特色小镇，帮助农民脱贫致富，率先全面建成高质量小康社会。

第五节　注重培育壮大区域增长点

一、加快雄安国家创新中心建设，打造具有国际影响力的高端 高新产业发展新高地

坚持把创新作为引领雄安新区高质量发展的第一动力，以供给侧结构性改革为主线，系统推进有利于承接北京非首都功能、集聚创新要素资源的体制机制改革，着力建设具有核心竞争力的产业集群，培育新增长点，形成新动能，努力构建市场机制高效、主体活力强劲的经济体系。推动京津冀产业深度对接协作、协同创新，打造具有国际影响力的高端高新产业发展新高地。

支持雄安新区吸引北京创新型、高成长型科技企业疏解转移。吸引驻京跨国公司总部和区域功能中心入驻，大力引进高端高新产业和"独角兽"企业、"瞪羚"企业，聚集国际优质资本、核心技术、高端人才，为打造"雄安质量"提供有力支撑。加强创新能力建设和科技成果转化。引导现有在京科研机构和创新平台有序向雄安新区疏解，新设立的国家实验室、国家技术创新中心等国家级科技创新平台优先在雄安新区布局，支持建设雄安新区中关村科技园。支持雄安新区企业联合金融机构、高校、科研院所和行业上下游共建产业协同创新共同体，建设产业创新中心，联合承担重大科研任务。建设服务于雄安新区创新发展的专业化高水平科技创新智库，鼓励社会力量创办新型研发机构。创新国际科技合作模式，鼓励科技创新领域国际组织落户雄安新区。

明确产业发展重点。瞄准世界科技前沿，面向国家重大战略需求，通过承接符合新区定位的北京非首都功能疏解，积极吸纳和集聚创新要素资源，高起点布局高端高新产业，推进军民深度融合发展，加快改造传统产业，建设实体经济、科技创新、现代金融、人力资源协同发展的现代化产业体系。围绕建设数字城市，重点发展下一代通信网络、物联网、大数据、云计算、人工智能、工业互联网、网络安全等信息技术产业。在现代生命科学和生物技术产业方面，率先发展脑科学、细胞治疗、基因工程、分子育种、组织工程等前沿技术，培育生物医药和高性能医疗器械产业，加强重大疾病新药创

制。在新材料产业方面，聚焦人工智能、宽带通信、新型显示、高端医疗、高效储能等产业发展对新材料的重大需求，在新型能源材料、高技术信息材料、生物医学材料、生物基材料等领域开展应用基础研究和产业化，突破产业化制备瓶颈，培育新区产业发展新增长点。在高端现代服务业方面，接轨国际，发展金融服务、科创服务、商务服务、智慧物流、现代供应链、数字规划、数字创意、智慧教育、智慧医疗等现代服务业，促进制造业和服务业深度融合。在绿色生态农业方面，建设国家农业科技创新中心，发展以生物育种为主体的现代生物科技农业，推动苗木、花卉的育种和栽培研发，建设现代农业设施园区。融入科技、人文等元素，发展创意农业、认养农业、观光农业、都市农业等新业态，建设一二三产业融合发展示范区。

二、与北京共建大兴国际机场临空经济区，加快临空经济发展

北京大兴国际机场临空经济区的总体定位为国际交往中心功能承载区、国家航空科技创新引领区、京津冀协同发展示范区。到 2025 年，建成直接为大兴国际机场服务的生产生活配套设施，初步形成京冀共建共管、经济社会稳定、产业高端、交通便捷、生态优美的现代化绿色临空经济区。

与北京共建大兴国际机场临空经济区，建立河北与北京合理的税费分享机制，推动临空产业及相关高端产业的发展。目前，临空经济区总面积约 150 平方公里（其中北京部分约 50 平方公里，河北部分约 100 平方公里），包括服务保障区、航空物流和科技创新区共三个功能片区。服务保障区重点承载航空科教、特色金融、休闲娱乐、科技创新服务等功能；航空物流区重点承载航空物流、电子商务、综合保税、国际会展、航企服务等功能；科技创新区重点承载航空导向的研发创新、科技孵化、高端制造、科技金融等功能。

在产业发展方面，临空经济区应与雄安新区、首都国际机场临空经济区、中关村国家自主创新示范区、天津滨海新区等区域经济增长点形成合理分工、互补错位、联动协同发展的态势，构建面向全球市场的临空指向性强、航空关联度高的高端高新产业集群，重点发展航空物流、航空科技创新、综合服务保障业，着力推动空港型综合保税区、跨境电商综合试验区、中国（河北）自由贸易试验区和自由贸易港建设，打造高水平开放基础平台。

三、加快发展正定自贸试验片区，打造引领冀中南地区开放发展先行区

近年来，正定县积极推动战略性新兴产业发展，已经形成具有一定规模和实力的现代化产业体系。

2019 年 8 月，随着河北自贸试验区正定片区的设立，正定区域经济发展驶入快车道。未来正定自贸试验片区将成为河北区域经济发展的新增长点之一，应充分发挥自身优势，不断优化营商环境，积极引进培育优质项目，推动高端高新产业快速发展，打造对外开放新平台和对外合作新高地。

在产业发展方面，正定自贸试验片区应重点发展临空产业、生物医药、国际物流、高端装备制造等产业，建设航空产业开放发展集聚区、生物医药产业开放创新引领区、综合物流枢纽。为了加快产业转型升级，正定须进一步转变政府职能，降低制度性交易成本，激发创新创业活力，以一流的营商环境吸引高端经济要素聚集；加快提升对国际国内高端战略资源的集聚能力，增强对冀南地区、石保廊地区的引领辐射带动能力；构建具有全球竞争力的人才制度，形成创新创业的战略高地；全面提升开放型经济水平，把正定片区打造成开放型经济增长的新窗口，促进外贸市场多元化发展。

四、推动曹妃甸自贸试验片区发展，建设东北亚经济合作引领区和临港经济创新示范区

曹妃甸自贸试验片区在全国沿海港口中占据重要位置。未来曹妃甸自贸试验片区将重点发展国际大宗商品贸易、港航服务、能源储配、高端装备制造等产业，连接辽宁、天津，形成统一对外开放窗口，打造抢占科技发展制高点的新兴产业集群，形成新的区域经济增长极，成为京津冀地区重要的能源供应保障基地，促进环渤海地区的加速崛起。

曹妃甸自贸试验片区应重点发展高端装备制造，建设国家进口高端装备再制造产业示范园区，试点数控机床、石油钻采产品等高附加值大型成套设备及关键零部件进口及再制造，大力发展海洋装备、重型装备、智能装备和新能源汽车等装备制造产业，成为中国北方新型临港装备制造基地。加强与北京中关村、天津滨海新区的深度合作创新发展，积极承接北京非首都功能疏解和京津产业转移，引进北京优质教育、医疗资源，深化京曹在人才、社

会保障等领域的协同，建设发展共同体。

五、促进北三县"飞地"经济发展，加快融入京津都市圈

支持北京市通州区与廊坊北三县协同发展，是近年来促进京津冀协同发展的重大课题之一。北三县由于其特殊的地理位置，成为承接北京产业转移的最佳"飞地"。在此方面，近年来北京通过制定通州区与北三县的协同发展规划，以政府引导、市场运作和合作共建等方式，推动产业、基础设施、公共服务等向北三县延伸布局。

北三县应充分发挥毗邻京津的区位优势，面对京津产业转移的重大机遇，大力发展高新技术产业，加快京津科技成果转化落地和产业化，形成"飞地经济"增长点。按照京津冀协同发展要求，优化区域城市布局和空间结构，推动"北三县"与北京通州区在统一规划、统一管控的基础上，尽快统一政策、统一标准，实现"四个统一"。推动京津冀同城化发展，积极打造"轨道上的京津冀"，努力优化京津冀综合交通运输结构，促进北京非首都功能疏解和产业转移，促进京津冀经济社会高质量发展。

六、加快主要港口转型升级，大力发展港口经济

港口是综合交通运输体系中的重要枢纽，通过独特的基础资源推进区域内产业结构的升级与优化，对于区域经济发展具有重要的战略意义。河北省是沿海大省，目前沿海地区的经济发展特别是港口经济发展仍有提升空间，对全省经济的发展带动作用有待进一步加强。推动河北经济高质量发展，亟待大力发展港口经济，加快沿海经济带建设，打造港口经济增长极。多年来，由于受区域经济类型、市场需求形势等多重因素的影响，河北省的港口主要以煤炭流通为主，结构单一、作用有限。因此，亟须打造集流通、贸易、开放、合作、引领、创新等功能于一体的国内一流港口群，加快推进港口结构布局战略调整。

河北省应加快河北港口转型升级，推动京津冀打造布局合理、功能完善、错位发展、高效协同的世界级港口群。优化调整港口功能，推进港口资源整合和优化配置，稳妥有序推进煤炭运输调整，深化环渤海特别是津冀港口协同发展，促进津冀港口群成为具有市场竞争力和国际影响力的世界级港口群。加强河北港口的功能定位，将唐山港、黄骅港上升为国家主要港口，在巩固

国家能源原材料运输的同时，发展集装箱运输，加快向综合性港口转变。充分发挥唐山港在区位、集疏运、岸线等方面的优势，进一步提升煤炭等大宗散货的运输规模与能力，将唐山港打造成服务重大国家战略的能源原材料主枢纽港。

七、加快特色海洋经济发展，建设沿海率先发展区

近年来，河北省加快发展海洋经济，推进沿海经济带高质量发展。2019年初，《中共河北省委、河北省人民政府关于大力推进沿海经济带高质量发展的意见》明确提出，加快发展特色海洋经济和临港产业，着力推进产业结构优化。

河北省应把发展特色海洋经济、建设沿海率先发展区作为重要的区域经济增长点之一，重点是优化唐山、秦皇岛、沧州三大港口的功能布局，谋划实施和引进一批重大临港产业项目，壮大海洋经济，形成在国内外有影响力、竞争力的特色海洋产业集群，打造沿海率先发展区。具体措施包括：依托秦皇岛、唐山、沧州三市的港口型国家物流枢纽承载城市建设，做强现代港口商贸物流产业。积极发展港口起重装卸、海洋化工、海水淡化、循环冷却及海水脱硫、海洋生态与环境监测等海洋工程装备制造。打造世界一流的精品钢铁基地，坚定不移去产能，推进钢铁企业兼并重组、提质上档。推进石化产业向沿海转移，向园区集聚，以园区化、精细化、链条化、循环化为主攻方向，延伸产业链条，打造国家级大型石化产业基地。大力发展新一代信息技术，创新发展机器人及智能制造装备，支持高端金属材料、储能材料、高性能复合材料、石墨烯材料、3D打印材料等的研发和产业化，延伸壮大特色新材料产业链条。支持秦皇岛港以城定港，立足一流国际旅游城市定位，稳步调整港口运输货类结构，大力发展邮轮游艇、旅游客运和港口旅游。高水平建设滨海特色城镇，着力提升科技创新能力，构建高水平开放型经济发展新高地。加快秦皇岛经济技术开发区、北戴河新区等重点园区发展，重点发展生物医药、军民融合等新兴产业，推动形成若干新的沿海经济增长点。

八、加快冀中南地区现代农业产业发展，推动城乡一体化进程

河北是我国农业大省，发展现代农业产业对推动河北经济高质量发展意义重大。近年来，河北省一直致力于做大做强农业优势特色产业，明确提出

以七大类优势特色产业引领现代农业发展。

河北省应进一步加快冀中南地区现代农业产业发展，推动城乡一体化进程。具体措施包括：重点发展特色粮油、特色蔬菜、特色水果、特色中药材、优势畜禽等产业；实施科技创新，提升特色农业科技含量；着眼创新驱动和科技进步，围绕高质量发展需求，开展科技创新与服务；研发推广优质高效、绿色健康、循环利用的种养适用技术，推广绿色高产高效优质新品种，研发应用新型农机装备，打造创新性龙头企业；建设绿色基地，促进特色农业绿色发展；建设生产基地，落实生态防控措施，推进清洁生产；培育特色品牌，打造特色农业亮丽名片；以特优区创建为依托，积极培育区域公用品牌，打造"冀"字号农业特色产业；提高产品质量，培育特色高端农产品；普遍采用国家标准和行业标准，致力构建突出地域特征的特色产业标准体系；延伸产业链条，推动特色农业融合发展；统筹各类农业园区建设，推动特色农产品全产业链打造、全产业链提升；培育新型主体，增强产业发展带动能力，培育壮大特色产业经济实体，发展一批特色产业类龙头企业，培育重点行业领军企业。同时，加快建设"石邢邯"新型城镇化示范走廊，重点推进石家庄、邢台、邯郸等地城乡统筹一体化进程，以城带乡，推动农村三次产业融合和乡村振兴战略实施。

第六节　着力提升石家庄市实体经济
助力京津冀区域协调发展

石家庄提振本地实体经济发展和产业升级，对助力京津冀区域协调发展和产业升级意义重大。石家庄应不断明确城市的区域发展定位，结合三次产业实际，在扩大内需、积蓄内力、补链强链、创新引领的总基调上，围绕"做稳做实基础产业，引领打造先锋产业，突出做强优势产业"的原则，以继续锚定区域内城市农业消费品供给需求、持续加速重点工业产业转型升级和国际影响力提升、迅速形成数字经济国际发展势能、全力推动落实 2.0 版 "4+4" 产业布局升级、力促政银企携手保障实体经济和企业持续发展为重点，以创新为最大突破口，以数字经济发展为主要切入点，引领各型企业固基础、活思路、强筋骨，推动实体经济逐步形成新动能，产生新增长，激发新活力，实现新发展，为京津冀区域产业高质量发展发挥更大力量。

一、做稳做实基础产业

对于石家庄市，基础产业就是农业和传统工业。农业产业发展的总基调应是确保粮食和农产品的有效供给和质量安全，主要增长点可定为专心服务环首都一小时生活圈的市场供给，重要抓手应为集约、绿色、高品质生产。传统工业产业及其企业发展的指导思想仍然为转型升级，主要着力点应为智能化技术与工业产业全方位融合发展。

1. 农业产业

石家庄市的农业产业应在确保粮食和农产品有效供给和质量安全的基础上，以科技进步为先导，以市场需求为导向，以服务环首都一小时生活圈的市场供给为主要着力点，突出特色，提高质量，坚持绿色生产，加强标准化生产基地建设，大力发展农产品加工，创新流通方式，不断延伸产业链条，推动龙头企业集群集聚，完善扶持政策，强化指导服务，增强龙头企业辐射带动能力，全面提高农业产业化经营水平，推动农业产业持续绿色发展。

加强标准化基础建设，保障有效供给和质量安全。一是强化基础设施建设。切实加大资金投入，强化龙头企业原料生产基地基础设施建设。支持符合条件的龙头企业开展中低产田改造、基本农田提高标准、土地整治、粮食生产基地、标准化规模养殖基地等项目建设，切实改善生产设施条件。二是推动规模化、集约化发展。支持龙头企业带动农户发展设施农业和规模养殖，开展多种形式的适度规模经营，充分发挥龙头企业的示范引领作用。深入实施"一村一品"强村富民工程，支持专业示范村镇建设，为龙头企业提供优质、专用原料。支持符合条件的龙头企业申请"菜篮子"产品生产扶持资金。龙头企业直接用于或者服务于农业生产的设施用地，按农用地管理。鼓励龙头企业使用先进适用的农机具，提升农业机械化水平。三是实施标准化生产。大力推进龙头企业标准化生产，建立健全投入品登记使用管理制度和生产操作规程，完善农产品质量安全全程控制和可追溯制度，提高农产品质量安全水平。鼓励龙头企业开展粮棉油糖示范基地、园艺作物标准园、畜禽养殖标准化示范场、水产健康养殖示范场等标准化生产基地建设。支持龙头企业开展质量管理体系和无公害农产品、绿色食品、有机农产品认证。有关部门要建立健全农产品标准体系，鼓励龙头企业参与相关标准的制定，推动行业健康有序发展。

大力发展现代农业，不断改善农业生态基础。石家庄市农业大市的现实仍将持续较长时期，应全面加强农业生态经济基础，优化种植养殖结构，拓展农业发展空间和领域，提高农业产业化经营水平，实现第一产业结构的现代化转型升级。提高农业产业化水平，加大对农业龙头企业的投资力度，建立完善社会化服务体系。加快国家现代农业示范区及石家庄国家农业科技园区建设，推进农业农村现代化。稳定粮食生产，确保粮食安全，做精做强蔬菜、林果和畜牧产业。深化农业产业化，推进农业标准化生产、信息化管理、品牌化运营，发展农业适度规模经营，规范引导土地流转，培育发展新型经营主体，扶持发展产业化龙头企业带动的产业集群。以生物技术和信息技术为主，与农业常规技术相结合，发展绿色农业、特色农业。推进山区综合开发工程，抓好沟域经济，打造一批现代农业示范区。大力发展现代农业园区，引进先进农业产业化项目，延长现代农业产业链条。推动三次产业深度融合，发展休闲观光农业、农产品加工业和食品深加工业。加强农业社会化服务体系建设，大力发展"互联网+农业"，构建农业生产、交易、服务一体化的农村电子商务平台。深化供销社综合改革，构建组织服务、农资服务、农产品购销、农村合作金融、农业合作保险、农业科技、农村产权交易等综合体系。

着力发展农产品加工，促进产业绿色升级。一是改善加工设施装备条件。鼓励龙头企业引进先进适用的生产加工设备，改造升级贮藏、保鲜、烘干、清选分级、包装等设施装备。对龙头企业符合条件的固定资产，按照法律法规，缩短折旧年限或者采取加速折旧的方法进行折旧。龙头企业购置符合条件的环境保护、节能节水等专用设备，依法享受相关税收优惠政策。对龙头企业带动农户与农民专业合作社进行产地农产品初加工的设施建设和设备购置给予扶持。二是统筹协调发展农产品加工。鼓励龙头企业合理发展农产品精深加工，延长产业链条，提高产品附加值。在确保口粮、饲料用粮和种子用粮的前提下，适度发展粮食深加工。认真落实国家有关农产品初加工企业所得税优惠政策。保障龙头企业开展农产品加工的合理用地需求。三是发展农业循环经济。支持龙头企业以农林剩余物为原料的综合利用和开展农林废弃物资源化利用、节能、节水等项目建设，积极发展循环经济。研发和应用餐厨废弃物安全资源化利用技术。加大畜禽粪便集中资源化力度，发挥龙头企业在构建循环经济产业链中的作用。

创新流通方式，完善农产品市场体系。一是强化市场营销。支持大型农产品批发市场改造升级,鼓励和引导龙头企业参与农产品交易公共信息平台、现代物流中心建设,支持龙头企业建立健全农产品营销网络,促进高效畅通安全的现代流通体系建设。大力发展农超对接,积极开展直营直供。支持龙头企业参加各种形式的展示展销活动,促进产销有效对接。规范和降低超市和集贸市场收费标准,落实鲜活农产品运输"绿色通道"政策,结合实际完善适用品种范围,降低农产品物流成本。交通运输部门要优先安排龙头企业大宗农产品和种子等农业生产资料运输。二是发展新型流通业态。鼓励龙头企业大力发展连锁店、直营店、配送中心和电子商务,研发和应用农产品物联网,推广流通标准化,提高流通效率。支持龙头企业改善农产品贮藏、加工、运输和配送等冷链设施与设备。支持符合条件的国家级和省级重点龙头企业承担重要农产品收储业务。探索发展生猪等大宗农产品期货市场。鼓励龙头企业利用农产品期货市场开展套期保值,进行风险管理。三是推动龙头企业集群发展。积极创建农业产业化示范基地,支持农业产业化示范基地开展物流信息、质量检验检测等公共服务平台建设。引导龙头企业向优势产区集中,推动企业集群集聚,培育壮大区域主导产业,增强区域经济发展实力。

加快农业技术创新,增强农业产业整体竞争力。一是提高技术创新能力。鼓励龙头企业加大科技投入,建立研发机构,加强与科研院所和大专院校合作,培育一批市场竞争力强的科技型龙头企业。通过国家科技计划和专项等支持龙头企业开展农产品加工关键技术和共性技术研发。鼓励龙头企业开展新品种、新技术、新工艺研发,落实自主创新的各项税收优惠政策。鼓励龙头企业引进国外先进技术和设备,消化吸收关键技术和核心工艺,开展集成创新。发挥龙头企业在现代农业产业技术体系、国家农产品加工技术研发体系中的主体作用,承担相应创新和推广项目。二是加强技术推广应用。健全农业技术市场,建立多元化的农业科技成果转化机制,为龙头企业搭建技术转让和推广应用平台。农业技术推广机构要积极为龙头企业开展技术服务,引导龙头企业为农民开展技术指导、技术培训等服务。各类农业技术推广项目要将龙头企业作为重要的实施主体。三是强化人才培养。培养一大批具有世界眼光、经营管理水平高、熟悉农业产业政策、热心服务"三农"的新型龙头企业家。加强对龙头企业经营管理和生产基地服务人员的培训,组织业务骨干到科研院所学习进修。鼓励和引导高校毕业生到农业产业龙头企业就业。

完善利益联结机制,带动农户增收致富。一是大力发展订单农业。龙头企业要在平等互利的基础上，与农户、农民专业合作社签订农产品购销合同，协商合理的收购价格，确定合同收购底价，形成稳定的购销关系。规范合同文本，明确双方权责关系。要加强对订单农业的监管与服务，强化企业与农户的诚信意识，使其切实履行合同约定。鼓励龙头企业采取承贷承还、信贷担保等方式，缓解生产基地农户的资金困难。鼓励龙头企业资助订单农户参加农业保险。支持龙头企业与农户建立风险保障机制，龙头企业提取的风险保障金在实际发生支出时，可在计算企业所得税前依法扣除。二是引导龙头企业与合作组织有效对接。引导龙头企业创办或领办各类专业合作组织，支持农民专业合作社和农户入股龙头企业，支持农民专业合作社兴办龙头企业，实现龙头企业与农民专业合作社深度融合。鼓励龙头企业采取股份分红、利润返还等形式，将加工、销售环节的部分收益让利给农户，使其共享农业产业化发展成果。三是开展社会化服务。充分发挥龙头企业在构建新型农业社会化服务体系中的重要作用，支持龙头企业围绕产前、产中、产后各环节，为基地农户积极开展农资供应、农机作业、技术指导、疫病防治、市场信息、产品营销等各类服务。四是强化社会责任意识。逐步建立龙头企业社会责任报告制度。龙头企业要依法经营，诚实守信，自觉维护市场秩序，保障农产品供应。强化生产全过程管理，确保产品质量安全。积极稳定农民工就业，大力开展农民工培训，引导企业建立人性化企业文化和营造良好的工作生活环境，保障农民工合法权益。加强节能减排，保护资源环境。积极参与农村教育、文化、卫生、基础设施等公益事业建设。对于龙头企业用于公益事业的捐赠支出中符合法律法规规定的部分，在计算企业所得税前予以扣除。

开拓国际市场，提高农业对外开放水平。一是扩大农产品出口。积极引导和帮助龙头企业利用普惠制和区域性优惠贸易政策，增强出口农产品的竞争力。加强农产品外贸转型升级示范基地建设，扩大优势农产品出口。在有效控制风险的前提下，鼓励利用出口信用保险为农产品出口提供风险保障。提高通关效率，为农产品出口提供便利。支持龙头企业申请商标国际注册，积极培育出口产品品牌。二是开展境外投资合作。引导龙头企业充分利用国际和国内两个市场、两种资源，拓宽发展空间。扩大农业对外合作，创新合作方式。完善农产品进出口税收政策，积极对外谈判签署避免双重征税协议。为龙头企业境外投资项目所需的国内生产物资和设备，提供通关便利。三是完善国际贸易投资服务。切实做好龙头企业开拓国际市场的指导和服务工作，加强国际农产品贸易投资的法律政策研究，及时发布市场预警信息和投资指南。完善农产品贸易摩擦应诉机制，积极应对各类贸易投资纠纷。进一步完善农产品出口检验检疫制度，继续对出口活畜、活禽、水生动物及免检农产品全额免收出入境检验检疫费，对其他出口农产品减半收取检验检疫费。

2. 传统工业产业

石家庄市工业发展应坚持新发展理念，坚持以供给侧结构性改革为主线，坚持以科技创新为根本动力，在进一步深化"结构调整、创新驱动、企业管理、两化融合、园区建设、招商引资"六大任务的同时，加快实现产品技术创新、产业绿色升级，推动智能化技术与传统工业产业融合发展，提升企业智能化水平，促进工业产业高质量发展。

深化工业结构调整，加速传统产业转型升级。积极化解过剩产能，全面落实钢铁、水泥、平板玻璃、建筑陶瓷、钙镁、石材加工、焦化、铸造等八个行业调整提升退出规划，实行一企一策、分类处置，通过兼并重组、改造转产、清产合资、破产重整等方式，引导企业主动压减、淘汰产能，以及转型、转产发展。采取"强制、倒逼、引导"等方式和机制，有效化解过剩产能，为产业发展进一步提供空间和市场。引导石化、纺织服装、轻工食品、建材等传统优势产业加快技术升级改造步伐，推动产业向高端化、智能化和绿色化发展。支持有条件的企业进行改造升级、达标高效。市级设立技改项目引导基金，支持工业企业改造提升。积极推进两化融合，提升企业智能化制造水平。对于有规模、有效益、有潜力、能形成龙头产业的企业，政府可实施有限贴息，也可投资入股，带动企业向"高、大、新、专"方向提升。加大"个转企、小升规"培育力度，制定规划，量化目标，延续《河北省万家中小工业企业转型升级行动实施方案（2016—2020年）》和《河北省"专精特新"中小企业提升实施方案》的有效做法，完善落实石家庄市支持和培育中小企业发展的相关政策，推动中小企业加快成长和提升。结合消费品工业"增品种、提品质、创品牌"的"三品"专项行动，引导企业形成自己独有的比较优势，提高产品附加值。

大力发展数字工业技术，开创性提升工业产业号召力。建设1000家以上无人工厂、无人生产线、无人车间，加快高端装备、汽车、航空航天、生物医药、电子信息、钢铁化工等行业的智能化转型。聚焦柔性制造、云制造、共享制造等新制造模式，强化柔性化生产能力和数字化基础支撑，提高应急生产能力。研制具有自感知、自控制、自决策、自执行功能的智能制造单元、工业机器人和仓储机器人,加大自主机器人推广应用力度,创新发展智能多层穿梭车系统。加快发展工业互联网,打造面向重点产业、重点环节的行业级和通用型工业互联网平台,鼓励企业利用能源、原材料、轻纺等产业电商平台优化供应链采购、分销体系。支持大型龙头企业建设企业专网,建设 10 个具有全国影响力的工业互联网平台。引导工业互联网平台与专业软件设计厂商合作,加快打造云端仿真开发环境。培育集成服务供应商,支持行业领军企业、互联网平台企业向系统解决方案供应商转型,推进智能交互技术、行业平台、软硬件产品的集成应用。探索建立传统工业信息大数据分析与共享交换平台,同步推进网络安全和传统工业智能化发展,促进传统工业企业数据的接入与管理,推进传统工业生产企业建立安全、共享、高效的智能化大数据应用平台,构建实时及透明的采、掘、机、运、通、洗选等数据链条,实现传统工业生产智能化和大数据的深度融合与应用。以数据为核心资源,推动传统工业智能化技术开发和应用模式创新,提高传统工业企业的核心竞争力。延伸智能传统工业制造产业链,从主要提供产品向提供产品与服务转变,向提供整体解决方案转变,向提供系统集成总承包转变,推动制造与服务的协同发展。开展大型传统工业企业、大数据专业服务商等数据平台之间的应用与交易,培育传统工业大数据开发、融资租赁、数据征信等服务新模式。打造传统工业智能装备和传统工业机器人研发制造新产业,建设具有影响力的智能装备和机器人产业基地。

推进传统工业科技创新,提高智能化技术与装备水平。加强传统工业智能化基础理论研究,推进建设国家级重点实验室和工程(研究)中心,支持建设传统工业智能化技术创新研发平台,加强对核心基础零部件、先进基础工艺、关键基础材料等共性关键技术的研发。加快智能工厂和数字化车间建设,推进大型传统工业装备、机器人研发及产业化应用,实施机械化换人、自动化减人专项行动,提高智能装备的成套化和国产化水平。加快传统工业企业智能化改造,提升新建传统工业企业智能化水平,加快对具备条件的传统工业企业的智能化改造,在采掘、供电、供排水、通风、主辅运输、安全监测等生产经营管理环节,进行智能优化提升,推进固定岗位的无人值守和危险岗位的机器人作业,实现传统工业企业的智能化转型升级。推行新建传统工业企业智能化设计,创新智能化作业新模式,建设智能化生产、安全保障、经营管理等多系统及多功能融合的一体化平台,实现产运销业务协同、决策管控、一体化运营等智能化应用。鼓励具有严重灾害威胁的传统工业企业和作业领域加快智能化建设，率先提升智能化水平。坚持生态优先，开展作业区生态环境智能在线监测，推广地表环境治理与修复、煤层气（煤矿瓦斯）智能抽采利用等新技术，推进能源资源清洁生产和利用。融合智能技术与绿色开采技术，积极推进绿色产业建设，新建产能要按照绿色产业建设标准进行规划、设计、建设和运营管理，生产加工要逐步升级改造，达到绿色产业建设标准，努力构建清洁低碳、安全高效的传统工业体系，形成人与自然和谐共生的传统工业发展格局。

二、引领打造先锋产业

新冠疫情在为经济运行和社会运转按下了暂停键的同时，也为数字经济按下了快进键。无论是消费者端的健康码、线上购物、线上娱乐、网络课堂、远程医疗，还是商业端的远程办公、线上会议、数字营销，以及政府端的电子政务，都呈现爆发式增长，传统行业也都在向数字化转型。随着以5G、物联网、云计算、数据中心和人工智能为主的新基建大规模上马，中国数字产业、数字经济、数字城市乃至数字国家的进程将大大提速。当前，全球数字经济的产业分工远未形成，产业格局尚在调整之中。对于地方政府而言，谁能抢抓历史性窗口期和战略性机遇期的先机，谁就将抢占发展制高点。下一步，在全面落实《石家庄市数字经济发展规划（2020—2025）》的基础上，石家庄市应借京津冀协同发展等国家区域发展战略优势，充分用好用足、主动扩大延伸中国数字经济博览会的影响号召力，抢占数字经济发展先机，迅速形成该类产业、企业的国际和国内引导能力。

启动五年四个"1000+"工程。聚焦当前，着眼未来，集聚优势资源，借助人工智能、5G、互联网、大数据、区块链等智能交互技术，与现代生产制造、商务金融、文娱消费、教育健康和流通出行等深度融合，打造具有在线、智能、交互特征的数字经济新业态和新模式，围绕重点领域打造四个"1000+"，利用五年左右时间，将石家庄市打造成具有国际影响力、国内领先的数字经济发展高地。一是集聚"1000+"创新型企业。加快培育1000家以上掌握核心技术、拥有自主知识产权、具有国际竞争力的高成长性创新企业，聚焦支持100家左右创新型数字经济头部企业和领军企业发展。二是推出"1000+"应用场景。推出示范效应好、带动作用强、市场影响优的数字经济应用场景，进一步集聚用户流量，带动新产业发展。三是打造"1000+"

品牌产品。打造美誉度高、创新性强的数字新经济品牌产品和服务，推动一批新产品先行先试，加快创新产品市场化和产业化，不断推陈出新、迭代升级，同时大力协助鼓励传统品牌数字化转型升级。四是突破"1000+"关键技术。创建一批研发与转化功能型平台，全力推动人工智能、5G、互联网、大数据、区块链等领域的技术创新成果不断涌现，在筑牢各类产业基础的同时不断提升核心竞争力。

全面夯实数字经济发展基础。加快建设智能物流、生鲜冷链、新能源车充电桩、智能交通地图系统公共底座、大数据中心、工业互联网等城市基础体系，支撑产业链发展。加快建设 5G 引领的智能网络基础设施，重点支持5G、新型城域物联专网等信息基础设施的示范应用和模式创新。加快推动新型网络基础设施规划布局，建设新型互联网交换中心，提高通信连接速度、国际出口带宽和计算存储能力。统筹完善"城市大脑"架构，依托城市大数据中心，优化公共数据采集质量，实现公共数据集中汇聚，推动医疗、教育等重点领域的数据开放应用，加强数据治理和共享流通，建立向社会企业开放的应用程序市场和开发者社区。深化系统集成共用，推动各部门、各区专用网络和信息系统整合融合，实现跨部门、跨层级工作机制协调顺畅。优化政务云资源配置，重构优化各类政务系统。加强网络空间安全保障，完善公共数据和个人信息保护机制。建立模式场景动态发布制度，搭建供需对接平台，以应用带动集成，推动科技成果转化、重大产品集成创新和示范应用。围绕基础理论和算法、算力、数据，支持实时定位与地图构建、环境感知、语言交互、自主学习、人机协作、无人驾驶等关键技术研发，建设产学研用结合的高水平开放式协同创新平台。加快区块链和大数据技术突破，扩大区块链技术在供应链管理、移动支付、电子存证等领域的应用，推动建设大数据联合创新实验室，建立行业大数据标签体系。鼓励智能交互技术跨界融合创新，加强集成电路、人工智能、生物医药等先导产业硬核技术攻关，提升智能家居、智能穿戴、在线消费、健康服务等领域的集成应用水平。大力推进红外、医用、无人制造、智慧社区等重点领域的智能传感器研发和产业化。

加快落实数字经济园区建设，促进数字经济与实体经济迅速融合。建立大数据跨部门联席会议机制，国家发展改革委、中央网络安全和信息化委员会办公室会同有关部门，加强对试验区的建设指导，推进一批政策试点、设施试点、应用试点、专项工程等优先在试验区域落地。以产业互联网平台、公共性服务平台等作为产业数字化的主要载体，以数字产业园和集聚区作为数字产业化载体，以数字政府和智慧城市建设作为协同治理和新业态发展载体，强化政府引导，促进产业融合，推动多元共治。依托现有发展示范区、大学科研单位、重点企业和科技商务区等重点区域，迅速建设数字经济产业园区，设立数字经济应用场景实践区，聚焦重点项目和场景落地，建设集研发设计、数据训练、中试应用、科技金融于一体的综合服务载体。结合人工智能、数字经济、工业互联网等国家级创新载体创建工作，按照全市产业地图布局，通过老厂房、老仓库、工业标准厂房和商务楼宇等存量资源的改造提升，打造一批特色鲜明、功能错位、相对集聚的数字经济生态园，构建以数字经济产业为核心，集平台、技术、应用于一体的创新创业生态体系，营造数字经济发展良好生态。不断强化数字经济发展基础建设，针对部分传统产业和农村地区网络化程度低、数据中心等设施资源共享程度低等问题，系统性布局宽带、移动互联网、数据中心，以及电子证照、电子档案等平台设施建设，打造服务人民群众的普惠泛在数字经济新型基础设施。围绕传统产业数字化转型慢、质量不高，特别是制造业中小企业"不愿转型、不敢转型、不会转型"等问题，探索产业数字化和数字产业化共性支撑平台，促进大数据、区块链、人工智能等新一代信息技术集成应用，降低企业转型门槛，缩短转型周期，形成数字经济条件下的新型实体经济形态，培育发展新动能。着力解决传统治理、监管模式无法满足数字经济发展新形势和新要求的问题，加快政府数字化转型，探索多元参与的协同治理体系，包容审慎发展平台经济、共享经济新业态。积极参与国际规则和标准制定，服务一批数字经济企业"走出去"。

　　鼓励企业借助数字化技术升级发展。鼓励支持骨干企业与网络平台、行业组织加强联动，通过信息消费节、云上购物节、创意设计周等系列活动，促进产品和服务的市场推广，做到线上和线下融合发展，打造独具特色的知名品牌。用好中国国际大数据产业博览会等对外开放窗口平台，加大数字经济龙头企业和产品的全球推介力度。采取奖励、资助、贷款贴息、购买服务等方式，精准、连续、滚动支持一批拥有核心技术、用户流量、商业模式的数字经济领域创新型头部企业和领军企业。通过"云招商、云洽谈、云签约"等方式，积极开展招商引资和投资服务，建立常态化模式。引导支持风险投资、创业投资、股权投资等机构重点投向数字经济领域。充分发挥"科创板"功能，支持鼓励数字经济领域的高成长性创新企业优先在科创板上市。数字经济新业态和新模式可融入各型产业、企业，具体措施会在下文各节中具体体现。

三、突出做强优势产业

石家庄市提出的"4+4"现代产业发展决策部署为推动石家庄市经济社会高质量发展和产业转型升级做出了重要贡献，成效显著。下一步，石家庄市要继续做强做优八大现代产业，奋力打造全市乃至全省经济建设排头兵产业，为实现石家庄市产业迭代升级、跨越式发展贡献引领作用。在扎实推进落实《石家庄市"4+4"现代产业发展总体规划》的基础上，生物医药健康产业、先进装备制造业（尤其是代工业）、现代物流业、科技服务与文化创意产业、节能环保产业还可实施一些重点措施。

1. 生物医药健康产业

石家庄市生物医药健康产业的发展突破点应聚焦产业数字智能化升级、中医药优势能力提升、公共卫生体系健全和医养结合为主的养老产业发展等方面。

一是产业数字智能化升级。提升发展在线医疗，推进互联网医院发展，完善互联网诊疗服务管理制度，在线开展就医复诊、健康咨询、健康管理、家庭医生等各类服务。加快跨区域、跨层级的医疗数据共享应用，实现医学检查结果的互联、互通、互认。推进各级医疗机构线上支付，试点推广医保移动支付。推广"云存储、云应用"模式，提升医疗机构信息化能级，鼓励互联网企业积极参与全市各级医疗机构信息化建设。积极推广基于 5G 技术的远程会诊、远程手术、远程超声、远程监护、远程流行病学调查等远程医疗应用。加快发展智能医学影像设备、手术机器人、康复机器人、消杀机器人、大型医疗设备、应急救援医疗设备、生物三维打印技术和可穿戴设备等智能医疗设备。推动人工智能技术在疾病诊断、药物研发、海量数据处理等领域的应用，为患者提供精准化健康管理方案。开展智能医学影像识别、病理分型和多学科会诊，以及多种医疗健康场景下的智能语音技术应用，支持中医辨证论治智能辅助系统应用。开展基于人工智能技术、医疗健康智能设备的移动医疗示范，实现个人健康实时监测与评估、疾病预警、慢性病筛查、主动干预。加强医疗卫生机构、健康信息平台、智能医疗设备等数据应用服务的信息安全防护，按照信息安全等级保护制度，落实定级备案、等级测评和安全建设整改等工作，定期开展信息安全隐患排查、监测和预警。

二是中医药优势能力提升。围绕创建"全国基层中医药工作先进单位"目标，健全基层中医药服务体系，完善基层中医药医疗机构，实现中医药特色乡镇卫生院和社区卫生服务中心、中医药特色村卫生室和社区卫生服务站全覆盖。所有社区卫生服务站和村卫生室至少能够开展 10 项中医药适宜技术。加强中医护理人员配备，提高中医辨证施护和中医特色护理水平，市、县每个医院至少创建一个"中医优质护理病区"。每个县在建设一家三级医院的基础上，引导一批社会办中医医疗机构达到二级中医院标准，每个县（区）至少有一家二级及以上中医院。推动中药工业转型升级提速，加大对神威药业、以岭药业等中医药企业的支持力度，推进全市中药工业数字化、网络化、高端化、智能化建设。开发具有自主知识产权的中药创新药物和中药新剂型，加快推动中药注射剂、中药软胶囊、中药颗粒等中药制剂发展，培育一批治疗常见病、重大疾病的现代中药创新品种和复方制剂。加强中药新品种、现代中药、组分组方中药制剂、天然药物的研发和产业化。鼓励通过产权制度改革和企业兼并、重组、联合等多种形式做大做强一批中医药龙头企业。加快推进我市现代中药产业聚集区建设。支持以岭药业的通心络、连花清瘟、参松养心胶囊，以及神威药业的清开灵、参麦、舒血宁注射液等大品种的二次开发，研制一批疗效确切、安全性高、有效成分明确、作用机理清晰的中药产品，形成一批具有国际竞争力的名方大药。鼓励有条件的中药企业开展对外交流合作，支持企业申请国际认证、国际专利及海外上市，推动中药走向国际市场。加快中药材规范化、规模化种植养殖基地建设，加快西部山区大宗优质中药材基地建设。建设中药材良种繁育基地，推广使用优良品种，在适宜产区开展标准化、规模化、产业化的种子种苗繁育，从源头保证优质中药材生产。开展中药材示范园创建活动，提升中药材种植规模化、标准化和产业化水平。加快建设集中药材种植、加工、销售、观光、药膳为一体的现代农业园区，提高中药材资源的综合利用水平，发展中药材绿色循环经济。强化中医思维培养，调整优化医学院学科专业结构，强化中医药专业主体地位，提高中医类专业经典课程比重，开展中医药经典能力等级考试，建立"早跟师、早临床"学习制度。加大省部局共建中医药院校投入力度。将中医课程列入临床医学类专业必修课，提高临床类别医师的中医药知识和技能水平。完善中医医师规范化培训模式。改革完善中西医结合教育，培养高层次中西医结合人才。鼓励西医学习中医，允许临床类别医师通过考核后提供中医服务，参加中西医结合职称评聘。允许中西医结合专业人员参加临床类别全科医生规范化培训。建立高年资中医医师带徒制度，与职称评审、评优评先等挂钩。

三是公共卫生体系健全。新冠疫情的发生使建设更加完善的公共卫生体系显得尤为迫切。从医疗卫生资源投入、队伍培养、协同机制等各方面加强公共卫生软硬件建设，改革完善疾病预防控制体系，全面增强社会的防护意识和能力，避免小病酿大疫。着力完善重大疫情防控救治体系、医疗保险和救助制度。全面提升应急管理能力，增强应急救援的协同性、整体性、专业性。健全重大疾病医疗保险和救助制度，完善应急医疗救助机制。按照《中华人民共和国传染病防治法》《突发公共卫生事件应急条例》《中华人民共和国野生动物保护法》等，及时修订完善相关法律法规的实施细则和各项规章，对随地吐痰、乱丢垃圾、宠物粪便清理、公共场所吸烟等行为进行彻底控制。提高公众健康素养，加大公众应对疫情的科普宣传力度，培养居民的健康素养和良好生活方式，让公众学习掌握传染病防疫的基本知识和理念，具备应对突发传染病的基本技能。加强和完善公共卫生法治建设。依法科学有序防控至关重要，对出台的传染病防治相关法律要加大普法宣传。落实推进《国务院办公厅关于改革完善医疗卫生行业综合监管制度的指导意见》，在加强执法、队伍建设、执法范围、经费保障等方面围绕新冠疫情发生时出现的新问题进行细化，并尽快组织实施。建立公共卫生突发事件应对和重大疫情防控相对独立的应急体系，重视演练和预警机制建设，包括制订预案、培训、演练、应急队伍管理、疫情监测、报告分析、预警预测等。加快公共卫生一流人才队伍建设，加强公共卫生人才队伍专业化建设，提高人才的专业化水平。严格落实"专业事情专业做"的要求，提升专业人员占比，卫生行政部门和疾控机构主要负责人必须有公共卫生或医学相关的专业背景。建立"首席公共卫生医官"制度，赋予其重大疫情防控、突发公共卫生事件处置的决策权、资源调配权。探索赋予公共卫生医师传染病预防控制、常见慢性病管理、健康体检与指导等处方权，打通疾病预防控制机构与医疗机构的人员柔性双向流动通道。加快公共卫生大数据及信息系统建设，健全覆盖全市的疫情报告监测预警和突发公共卫生事件信息网络体系。依托公共卫生服务体系的改革和完善，构建"疾病监测与流行规律人工智能深度学习体系""大数据云计算智能预警预测体系""应急保障统一资源管理与调配体系"，在常态化监测、疫情预警处置、趋势预测研判、传染源追本溯源、资源调配和防控救治方面发挥重要支撑作用。打造政府、社会和公众三位一体防控力量。在政府层面，强化领导干部及相关管理主体的职责，解决公共卫生体系存在的薄弱环节和共性问题，提高突发公共卫生事件应急管理的综合能力；在社会层面，发挥社会组织的作用，向疫区群众提供急需援助，增强对捐赠物资的有效管理，完善社会信任体系；在公众层面，号召公众广泛参与疫情防控，发扬志愿者精神，利用线上平台及线下社区力量，形成抗击疫情的合力。加快建立健全农村公共卫生三级网络机制。依托县级疾控中心，完善县域重大疫情防控救治体系，健全农村公共卫生重大风险研判、评估、决策、防控协同机制，实现上下级信息贯通、同级信息共享。加快推进乡镇卫生院标准化建设，规范统一乡镇卫生院的工作流程、考评机制、监管办法等，引导形成有据可依、有规可循的规范化、制度化良性竞争机制。强化村卫生室在乡村公共卫生体系中的基础作用，全面铺开纵向业务合作，充分发挥上级机构对村卫生室的帮带作用，构建村卫生室可发展、可造血的内生动力机制。稳步推进紧密型县域医疗卫生共同体建设，提高县域医疗卫生资源配置和使用效率，提升基层医疗卫生服务能力，推动构建分级诊疗、合理诊治和有序就医新秩序。允许各地盘活用好基层卫生机构现有编制资源，乡镇卫生院可优先聘用符合条件的村医。不断提高乡村医生待遇水平，制定常态化乡村医生优惠政策，鼓励县区内乡村医生合理流动，进一步加大对偏远地区乡村医生的补助力度。

四是医养结合为主的养老产业发展。推动传统房地产行业企业向医养行业转型，扶持私营三级医院建设审批，对基础设施、周边配套、医养服配比、文娱常态化等进行规范和考核。推进每个县区 2—5 个省级以上医养结合试点地区创新医养结合管理机制和服务模式，形成一批创新成果和可持续、可复制的经验。促进健康医疗旅游，建设国家级健康医疗旅游示范基地，推动落实医疗旅游先行区支持政策。抓紧落实全面放开养老服务市场、提升养老服务质量的政策性文件，全面清理、取消申办养老服务机构过程中不合理的前置审批事项，进一步降低养老服务机构的准入门槛，增加适合老年人吃住行等日常需要的优质产品和服务供给。支持整合改造闲置社会资源发展养老服务机构，将城镇中的废弃工厂、事业单位改制后腾出的办公用房、转型中的公办培训中心和疗养院等，整合改造成养老服务设施。探索建立适合市情的长期护理保险制度政策框架，重点解决重度失能人员的基本生活照料和与基本生活密切相关的医疗护理等所需费用。

2. 先进装备制造业

在代工行业企业发展上做文章，可以成为打造先进装备制造业的重要路径。

提升代工行业企业能力，提升技术含量和研发投入。鼓励先进制造业代工生产产业不断更新发展理念，积极学习国外先进技术和营销理念，加大研发创新投入，成立专门的研发和设计部门，重视创立自主知识产权，以技术带动发展，努力争取市场主导权，提高产品竞争力。建立健全代工业经济发展模式，规范经营者对产业资金链的管理，使代工业产业在生产经营的过程中能够有序协调投入资金与盈利资金之间的平衡，优化产业资金链运行，为先进制造业产业改革升级提供充足资金保障。助力先进制造业代工业产业与外部先进企业进行交流，获取第一手产业信息，及时调整代工业产业的发展方针战略，探讨行业发展机遇，学习先进科技，汲取外部企业优秀管理文化，优化代工业产业的整体资源配置，推动产业在市场经济中的全面发展。强化先进制造业的产业风险意识，通过监督机制与管理机制，落实好产业常规工作，制定风险防范方案，培养员工的市场风险意识，从上至下加强代工业产业的风险意识建设。制定相应优惠政策，鼓励企业进行具有自主知识产权的技术创新，对进行科技创新的代工生产企业予以鼓励。代工市场竞争激烈时，对于急剧外迁的制造业，通过研发补贴等方式帮助企业提高研发水平，以取得代工设计订单，促使代工模式升级，向价值链的高端攀升。对于产品生产成本变化不大、代工产品在世界市场仍具低成本竞争优势的制造业，需考虑不予发放研发补贴。

开展"研发代工"试点，设立新型研发机构。推广"研发代工"模式，借助其利益机制明确而灵活、适用于诸多技术和产业领域、示范与辐射作用强的特点，由高校或科研院所研究人员与企业共同设立新型研发机构，根据市场需求开展定制化技术研发。选择若干典型的高新技术领域，如新材料、人工智能、新能源汽车等，成立由高校、科研院所、企业或行业组织共同组建的新型研发机构，开展"研发代工"模式试点，有针对性地制定配套政策，按"特区"模式先行先试。建立容错纠错机制和成果转化过程中的风险防范机制，消除高校科研院所和科研人员的顾虑，推动成果转化切实落实。为重点研发成果提供政企研一对一服务。建立集中的科研成果转化服务中心，提供政策对接、知识产权、投融资、手续办理等针对性便利化服务。

3. 现代物流业

拓展生鲜电商零售业态。围绕生鲜、餐饮、农产品、日用品等领域，推动传统零售和渠道电商整合资源，线上建设网上超市、智慧微菜场，线下发展无人超市、智能售货机、无人回收站等智慧零售终端。鼓励开展直播电商、社交电商、社群电商、"小程序"电商等智能营销新业态。支持企业提升生鲜产品周转数字化管理能力，发展制冷预冷、保温保鲜等技术，规模化布局冷链仓储设施，建立产品流动和可溯源性信息平台，推进生鲜、农产品标准化建设，进一步提升食品安全。

加速发展"无接触"配送。推动无人配送在零售、医疗、餐饮、酒店、制造等行业的应用，支持冷链物流、限时速送、夜间配送等物流配送模式。鼓励物业与快递企业建立市场化协作机制，加快社区、园区、楼宇等区域布局智能储物柜、保温外卖柜、末端配送服务站和配送自提点，推进社区储物设施共享，保障"最后一公里"送达。重点发展无人机、无人车等无人驾驶运载工具，满足城市间、城市内、社区内流通配送需求。推广全时空响应物流，提供特殊时期和行业定制化物流配送方案，发展网络货运平台和供应链综合服务平台，高效整合线下运力资源，提高智能化运营和调配能力，实现物流服务全天候、广覆盖。

4. 科技服务与文化创意产业

推广远程办公模式。顺应在家办公、异地办公、移动办公等需求，鼓励发展无边界协同、全场景协作的远程办公新模式。围绕员工信息上报、视频会议、协同办公、协同开发等场景，打造远程办公平台和管理体系，持续优化产品用户体验，增强用户黏性。注重运用新兴技术，开发全场景远程办公软件及系统解决方案，强化远程办公信息和数据安全。加快 5G 技术应用，提高远程办公效率。

优化在线金融服务。推动线上申贷续贷还贷、线上投资理财理赔、线上便民缴费等金融服务，丰富智慧银行、网上银行、手机银行等线上渠道，支持金融机构基于新技术开展金融服务创新。大力发展智慧财富管理，开发推广智能投顾、智能投研、智能风控、智能监管等，深入推进保险服务创新，建设"互联网+医疗健康+保险"的一体化健康保险服务平台。鼓励开展生物识别支付、智能穿戴设备支付等在线支付服务创新，提供安全便捷的支付业务。探索人工智能、大数据、知识图谱、区块链等技术在授信融资、承保理赔、资产管理等领域的应用。

深化发展在线文娱。加速发展网络视听，依托音频、短视频、直播和影视类载体，推进新兴技术成果服务应用于内容生产。推动音视频大数据处理、全媒体智能播控、超高清视频制播等平台建设。顺应娱乐消费趋势，重视用户体验，进一步推动网游手游、网络文学、动漫电竞等互动娱乐产业的发展，支持线上比赛、交易、直播、培训、健身。

创新发展在线展览展示。推动各类专业化会展线上线下融合发展，推进智能化会展场馆建设。推动大型展览展示企业和知名云服务企业共建云展服务实体，打造云会议、云展览、云走秀、云体验等系列活动。结合 5G 互动直播，加快虚拟现实技术/增强现实技术应用，拓展网上"云游"博物馆、美术馆、文创园区等，建设数字孪生景区，打造沉浸式全景在线产品。

大力发展新型移动出行。推进智能网联汽车商业化场景应用，拓展汽车后市场服务，鼓励发展分时租赁共享汽车，探索自动驾驶出租车等出行新方式，加快"人-车-路-云"协同的基础设施建设，打造智慧出行服务链。推动加油站等发展"一键加油""一键到车"等非接触式销售新模式。加快北斗导航等空间位置服务技术与交通出行相融合，结合管控信息、交通状况等优化出行路线，提高匹配效率和车辆利用率。

优化发展在线教育。推广线上与线下深度融合、分散教学与集中教学结合的学习模式，打造"石家庄微校""空中课堂"等线上教育品牌，推动重点平台企业和学校建设适合大规模在线学习的信息化基础应用平台。加强教育专网、教育云等基础设施建设，支持互联网教育服务和内容创新，推动"学分银行"建设，实现优质教育资源共享。推广在线职业教育和职业能力提升，围绕职业英语、行业技能、职业技能等领域，构建完善市民终身教育体系和数字化技能培养体系。规范发展"互联网+教育"，引导企业健康发展。

加快发展在线研发设计。发展在线定制化设计，建立数字化设计与虚拟仿真系统，创新个性化设计、用户参与设计、交互设计，丰富产品和服务供给。鼓励企业开展网络协同研发设计，推进人工智能、大数据、虚拟现实和增强现实等新技术在研发设计中的应用。支持开展各类众创、众智、众包、众设的线上创作活动，鼓励发展各种形态的开发者社区。推动在线技术服务平台建设，促进知识共享、成果转化、技术和知识产权交易。

5. 节能环保产业

全球气候含碳浓度的不断提高也带动了"低碳技术"的推广和应用，石家庄市也不例外。要实现经济可持续发展，在努力发展工农业生产、实现经济快速增长的同时，还必须高度重视资源环境因素，高度重视环保产业的发展，利用创新手段，不断推陈出新，促进环保型产业的快速发展。重点是要加大环保产业产品与其他产业的结合与渗透，提高其他产业的生态技术含量，尤其是建筑节能技术、工业废物资源化利用技术、环境自动应急检测技术、环境重建和修复技术、高效农业接轨灌溉技术的推广和应用，大力发展以低能耗和低污染为基础的"低碳经济"和"吸碳经济"，努力使石家庄市的经济发展与生态环境保持一种和谐共进的良好关系，加快其经济可持续发展的进程。

6 第六章
环首都一小时生活圈交通策略研究

第一节 环首都一小时生活圈的内涵与意义

生活圈是都市圈的重要组成部分。2019年，国家发展改革委在《关于培育发展现代化都市圈的指导意见》中指出，都市圈是城市群内部以超大特大城市或辐射带动功能强的大城市为中心、以一小时通勤圈为基本范围的城镇化空间形态。都市圈一般由中心城区、周边郊区和边缘腹地组成。在中国背景下，都市圈也被称为都市区，由中心市和外围非农化水平较高、与中心市存在密切社会经济联系的邻接地区两部分组成。这里的"社会经济联系"主要体现在生活出行联系上。例如，1995年，日本总务厅在国势调查中提出"大都市圈"空间范围的基准定义为：作为核心城市的都市，以及其周围15岁以上常住人口中有1.5%以上到该都市通勤（上下班）或通学（上下学）并且与该都市在地域上相连的市町村区域，该区域距离核心城市中心区的直径距离为200—300公里。由此可见，都市圈的关键是中心城市（区）

人口的生活出行圈。

本章研究中的"环首都一小时生活圈"范围是以天安门为圆心，以北京中心城区（包括东城区、西城区、朝阳区、海淀区、丰台区、石景山区）为核心区，以距离核心区平均一小时交通直线里程（高速公路自由流速下）为半径（120公里）的区域，该区域内的区县行政单元均属于"环首都一小时生活圈"范围。该区域的最外围边界距离天安门的距离为100—226公里，平均距离为180公里。

构筑"环首都一小时生活圈"体现了经济、社会与环境相协调的可持续发展理念，将居民生活品质置于区域发展的核心位置，对于打造品质宜居的城市区域具有示范意义。"城乡规划，交通先行"，打造绿色、高效、以人为本的交通运输系统是居民享有安全健康的生态环境、低碳可持续经济发展、舒适优美的城乡景观和完善便利的公共服务的必然要求。

一、运输便捷化，加快形成生活圈格局

积极统筹生活圈内综合交通，推动区域交通运输快捷化发展，是促进生活圈格局形成的重要基础。"十三五"期间，首都地区道路基础建设取得了长足的发展，但交通需求的大幅增长对道路基础建设提出了更高的要求，衔接协调、便捷高效仍是交通发展的重要目标。北京及周边地区应充分发挥各种运输方式的比较优势和组合效率，提升网络效应和规模效益，加强城乡交通运输一体化发展，增强公共交通服务能力，积极引导新生产消费流通方式和新业态、新模式发展，扩大交通多样化有效供给，全面提升服务质量效率，实现人畅其行、货畅其流。

二、城市发展与交通协同化，促进供需合理匹配

城市功能和交通网络的高度协同，是交通运输供给和居民出行需求合理匹配的必要前提。交通路网配置在数量上表现为路网中各等级道路在长度和面积上的比例关系，实质是道路等级结构和城市功能结构搭配呈现出的综合效果。人们日益增长的交通出行需求具有时间和空间的不均匀性、需求目的的差异性、实现需求方式的可变性等特征，复杂的交通需求对交通网络设施提出了新的要求。不同模式的路网配置应当根据各自的功能特点，在所服务交通量的出行距离、出行方式和行车速度方面分担适当比例，与城市功能区

的规划设计相符合。

三、网络均等化，全方位覆盖生活功能资源

交通服务网络均等化，是保障人们有效参与社会公共活动、享有生活功能资源的基础内容。交通基础设施的均等化是指全体公民都能公平可及地获得大致均等的交通运输服务，其核心是促进机会均等，重点是保障人民群众得到基本公共服务的机会，而不是简单的平均化。对于基本公共交通服务，标准化是手段，只有设置一定的标准，均等化的实现才有可能；均等化是目的，只有达到相应的均等，标准化的操作才有意义。应当通过明确交通网络的设施建设、管理服务、评估考核的标准，确保居民享有基础网络设施的权利均等、机会均等和结果均等，确保生活功能资源的全方位覆盖。

四、服务高效化，提升生活圈服务质量

高效能的交通服务驱动，是提升生活圈公共服务质量的必由之路。京津冀地区的都市圈范围在各个城市中的尺度分异较大，北京的都市圈范围远超过了其行政区范围。在稳步建设"环首都一小时生活圈"的同时，应加快提升北京及周边地区的交通服务水平，提高区域交通的服务效能，增强对周边地区发展的带动能力，促进生活圈向高效服务型转变。结合京津冀地区协同一体化发展，整合既有交通资源，完善交通服务功能，提高城乡交通体系能级和服务效率，进一步提升以轨道交通为主体的公共交通服务能力。同时，以民生需求为导向，改善市民交通出行环境，着力缓解道路交通拥堵，加快绿色低碳运输系统发展，打造高品质、高效能的综合交通服务，带动生活圈范围内居民生活服务品质的快速提升。

五、管理现代化，发展区域交通体系

应用现代信息技术，以智能化带动交通运输管理现代化，是区域交通体系发展的有效保障。科学化的政府决策、精准化的社会治理均是以现代化的政府管理为重要前提。借助京津冀协同发展改革契机，以交通信息化带动交通管理水平现代化，建成区域综合交通运行体系，实现道路、公交等各类交通运输系统的协调运行。通过深化体制机制改革，完善市场监管体系，提高

区域交通运输的综合管理能力。牢固树立安全第一的管理理念，全面提高交通运输的安全性和可靠性。同时，将生态保护红线意识贯穿交通发展各环节，建立绿色发展长效机制，建设美丽交通走廊，构建品质化的区域交通发展体系。

第二节　环首都一小时生活圈的交通现状与问题

在京津冀协同发展的国家战略背景下，北京及周边地区的社会经济现代化、城市化及机动化已同步进入高速发展期，"十三五"期间，交通设施供给持续提升，交通运输能力迅速增长，交通管理水平不断提高，交通环境质量明显改善。京津冀三地在交通设施建设与运行管理上不断增加投入，但由于交通需求总量的急剧增长及需求构成的多样性和复杂性，区域交通总体形势仍有提升空间，在品质交通打造过程中仍存在一些问题。

一、主干设施建设完成，区域交通网络可进一步完善

1. 交通网络均衡程度有待提升

在交通网络的空间格局上，北京市呈现出交通运输功能高度集聚的特征。长期以来形成的以首都为中心的国家枢纽体系和交通格局，使区域铁路、公路、航空设施与组织功能网络在北京大量集中。铁路、公路等均呈现出围绕北京中心城区形成单中心、放射状、高密度、非均衡交通体系的特点。北京市六环内路网密度高达 9.97 公里/公里^2，贯通市区的城市南北向主干道不足，同时也反映出主干道系统空间布局不均衡的问题。干道结构的不均衡一方面导致了不相关的客货物流经过北京枢纽，增加了北京过境交通的压力；另一方面，河北、天津的交通枢纽能力没有得到充分发挥，也影响了区域交通运输的协同发展。

2. 轨道交通功能层次有待完善

在交通运输的功能层次上，区域快速轨道需加快发展，并建设立体化的综合轨道交通体系，一是服务于生活圈通勤出行的市郊轨道系统，二是联系城市群主要城市之间的城际轨道系统。目前，北京与周边地区的市郊铁路分

布不足，城际轨道仅北京和天津之间建有城际铁路，长约 120 公里，其他城际客运需求集中的运输通道大多为干线铁路，较难满足城际客运需求。同时，都市圈范围内居民的出行方式结构不均衡。2020 年北京市六环内的轨道交通出行的占比仅为 14.7%。

3. 二级和三级路网衔接有待加强

在交通路网的等级结构上，不同等级的道路配置尚需协调，空间衔接程度有待加强。

在北京市域范围内，2020 年底全市公路总里程达到 22 264 公里，其中高速公路里程达到 1173.3 公里，一级公路里程达到 1368.7 公里，二级公路里程达到 3995.8 公里，三级公路里程达到 4118.7 公里，四级公路里程达到 11 607.5 公里。2020 年底公路密度达到 135.7 公里/公里 ^{2}。从总量上看，北京市的道路密度并不低，高于东部地区的 118 公里/公里 ^{2}，也高于中部地区的 116 公里/公里 ^{2}，对比同时期美国的道路密度（71 公里/公里 ^{2}）也具有较大的优势。但北京市区域内的人口密度较大，道路荷载高，并且二级公路与三级公路的比重相当，承接作用尚可进一步增强，在普通区县和乡镇之间的联系上存在一定的提升空间。

在城区范围内，截至 2020 年底，北京市城区道路里程共计 6147 公里，其中城市快速路 390 公里，城市主干道 1020 公里，城市次干道 682 公里，支路及以下 4055 公里；道路总面积达 10 654 平方公里。因为当前次干道、支路分布不足，路网"微循环"系统尚待完善；道路交叉口通行能力较低，路网的整体效能还存在较大提升空间。同时，北京市中心城区存在封闭独立"大院"分割城市路网的现象，对路网系统的整体性造成一定影响，给交通组织带来挑战。

二、交通结构多样化，区域公共交通可达性存在提升空间

1. 公共交通服务水平有待提升

在环首都一小时生活圈范围内，居民的出行结构趋于多元化，但公共交通整体服务水平仍可提升。从城市范围看，生活圈区域大城市中心区的公共交通出行分担率普遍偏低。2020 年，北京市六环内工作日出行总量为 2491 万人次（不含步行），其中，出行方式趋于多样化，轨道交通占出行

总量的 21.3%，公交车占出行总量的 17.0%，与国外相比仍有较大的提升空间（图 6-1）。

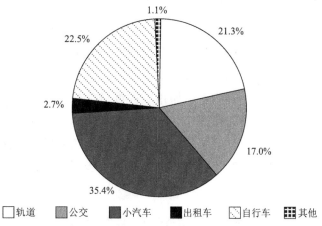

图 6-1 2020 年北京中心城区通勤交通出行方式结构占比

资料来源：笔者根据《2021 北京市交通发展年度报告》整理绘制

对比轨道交通较发达的国外城市，轨道交通往往占公交运量的 50% 以上，有些甚至达到 70% 以上。例如，巴黎年客运量达 12 亿人次，轨道交通承担了约 70% 的公交运量；伦敦共有 9 条地铁线，总长 500 公里，日运 300 万人次，能满足 40% 出行人员的需要；东京大都市圈现有 280 多公里地铁线，轨道交通系统每天运送旅客 3000 多万人次，占全部客运量的 86%。

因城市体量庞大、功能复杂，城市居民的出行需求和目的地具有高度不确定性，但是当前的公共交通供给存在不足，导致小汽车交通在整个城市中的占比较大且可达性较低。

2. 集约化铁路运输有待强化发展

从交通结构上看，既有的发展方式仍较为粗放。货物运输是物流的重要环节，市场化程度较高。近年来，北京市货运量稳中略降，由 2014 年的 2.9 亿吨回落到 2020 年的 2.4 亿吨，其中公路为绝对主体，占比为 91.4%，铁路仅占 8%。2016 年，公路营业性货运量为 21 789 万吨，而铁路货物到发量仅为 1912 万吨，因此，存在货物运输结构不完善、铁路运输占比较低的问题。同时，轨道交通站点综合交通枢纽各类配套交通设施在建设进度、无缝衔接、高效接驳换乘等方面有待进一步提升。

三、交通枢纽建设完善，多模式联运水平可进一步提升

1. 交通枢纽的设施网络支撑有待提升

交通运输业是我国的国民经济基础性产业，公共设施保障能力是城市经济整体运行的重要前提。环首都一小时生活圈所在的京津冀地区已具有一定数量的交通枢纽（表 6-1）。目前有待提升的方面包括：北京核心城区土地空间资源紧缺，仓储等基础物流、城市共同配送、快递分拨中心及末端服务场所等民生物流土地供给存在缺口，导致交通集运枢纽与交通网络之间的联系不够紧密；同时，部分物流园区由于功能变更，需要转型升级以适应现代交通运输业发展的要求；物流通道能力需要进一步提升，以满足交通运输日益增长的设施需求。

表 6-1　京津冀各等级交通枢纽现状

枢纽等级	枢纽城市
国际性综合交通枢纽	北京
	天津
全国性综合交通枢纽	石家庄
	廊坊
	唐山
	秦皇岛
	邯郸

资料来源：笔者根据《"十三五"现代综合交通运输体系发展规划》整理绘制

2. 交通枢纽之间的多模式联运有待加强

从运输效率来看，随着区域交通一体化进程的加快，城市对外交通不断加速，但北京周边一些城市新建的高铁车站与城市既有的普速车站之间仍需建立便捷的交通联系，与城市内部公共交通的衔接也有待加强，导致换乘效率不高，影响旅客联程联运的效率。同时，"航空+高铁+地铁+公交"等多模式仍存在通而不畅的问题。其中，"高铁+地铁"模式仅应用于北京、天津等中心城市，暴露出公交接驳网络存在薄弱之处。另外，货运多式联运发展有待加强，甩挂运输等先进运输组织模式有待推进，这些说明一体化运输效率尚存在较大提升空间。城市综合交通枢纽是综合交通系统的重要组成部

分，它是汇集多种交通方式实现转运和换乘功能的综合体。交通运输系统的各部分、各要素之间相互配合、相互补充与相互协作，是降低换乘、联运成本，以及协调综合交通枢纽的关键。

四、区域交通一体化显著，深度协同管理存在发展空间

1. 区域统筹协调的常态化决策机制有待完善

推动京津冀协同发展交通一体化是京津冀协同发展的骨骼系统和先行领域，对于优化区域空间格局、有序疏解北京非首都功能具有重要的推动作用。京津冀协同发展战略提出后，"交通先行"被大力推崇，三地积极表态，但对于交通一体化在区域协同发展进程中的作用尚需统一认识，生活圈区域事务的协商均采用"一事一议"的形式，尚未形成常态化、制度化、可持续的议事和决策机制。同时，在区域连接部分，跨省政府之间的配合不够紧密，"断头路""交通服务白区"等问题仍需解决。

2. 交通投融资动力有待提升，跨区域交通基础设施投融资模式有待建立

在京津冀协同发展期间，北京及周边地区仍会集中建设交通运输基础设施，加快交通运输设施成网，建设任务依然繁重，投资巨大。传统的交通运输部门贷款融资模式的支撑作用减弱，以公共财政、政府债券为主的投融资模式尚不能满足交通运输行业新常态下的转型发展需求，资金供需平衡面临挑战。同时，由于交通基础设施投资中的非生产性资金支出比例较大、投资回报率降低、社会资本投入成效不明显等客观因素，虽然目前由三地政府及中国铁路总公司组建的京津冀城际铁路投资公司已经成立，但是并未涉及高速公路、市郊轨道交通等领域，而且在具体的实操层面还需进一步落实。

3. 交通一体化框架日渐明晰，配套政策保障措施仍有改进空间

随着《京津冀协同发展规划纲要》《京津冀协同发展交通一体化规划》等战略、规划文件的出台，京津冀交通一体化发展的目标、框架已经逐渐明朗，但是相配套的政策保障措施（如土地、资金的落实政策等）仍需落实，以加快项目推进。同时，跨区域行政壁垒有待进一步打破，生活圈区域范围内的公共交通服务一体化有待进一步提升。需要通过转变观念、科学规划、完善交通结构及加强配套政策保障等诸多手段，来促进交通一体化框架的完

善，在区域协同发展过程中走出一条内涵式、集约式发展的新路子。

第三节 环首都一小时生活圈的交通策略目标

一、交通供给与组团功能匹配分析

1. 强化交通网络对接功能廊道

以现状问题为导向，聚焦改善廊道分布不均衡、公共交通廊道通达性不足、铁路廊道利用率较低等问题，致力于构建公平、高效、智慧的多层次交通网络，实现环首都一小时生活圈组团功能的紧密联系。

（1）构建便捷的生活交通服务网络，助力环首都一小时生活圈内的公共服务设施均等化。

（2）构建高效的物流运输交通网络，保障环首都一小时生活圈内的生产生活物资供应及时顺畅。

（3）构建智慧的交通运营网络，升级环首都一小时生活圈内的交通服务管理效率与水平。

2. 完善交通设施驱动功能组团

以问题为导向，聚焦于交通枢纽设施支撑较弱、生活功能资源联系不足等问题，致力于完善多层次、多功能的交通设施，激发各个功能组团互动联系，孕育环首都一小时生活圈功能组团新动能。

（1）以点为基，优化基础设施的枢纽功能。强化北京、天津的国际化中心枢纽功能，扶持环首都一小时生活圈范围内的次级枢纽的功能升级。

（2）连点为线，强化交通廊道的联系功能。打造北京中心城区到周边地区的交通大通廊，优化环首都一小时生活圈内的组团联系。

（3）以线串面，驱动功能组团发展新动能。基于交通大通廊进行产业资源布局的优化，京东、京西、京西北等不同组团互动联系并承担差异化的新职能。

二、交通供给目标情形

1. 便捷高效，打造环首都一小时生活圈生活服务交通支撑网络

突出"机会公平"原则，构建区域衔接网络完善、客货运能力强大、运

输体系高效的环首都一小时生活圈支撑体系。

（1）以轨道交通和高速公路为骨干，以普通公路为基础，有效衔接大中小城市和小城镇的多层次快速交通运输网络。

（2）以城际铁路、高速公路为主体，形成快速客运和大能力货运网。

（3）以国际一流标准为准则，打造便捷高效的陆空运输体系，完善便捷通畅的公路交通网。

2. 区链协调，打造"全天候"区域物流运输体系

突出"智慧高效"原则，构建物流基础设施规范、区域物流基础平台完善、物流供应链体系有机衔接、物流信息化程度高、物流配给调度高效的"全天候"物流运输体系。

（1）完善交通设施建设，优化相关交通配套政策，分配相关部门落实。

（2）优化物流园区布局，将物流园区迁移到北京周边县市。

（3）完善供应链体系和功能，提高北京与周边县市的运输衔接能力。

（4）提高物流智能化程度，加快北京周边县市尤其是农村的电子商务发展进程。

（5）提高配给调度效率，提升物流公司的管理调度能力，降低物流成本。

3. 互通互达，打造"无缝隙"集疏运立体交通枢纽

突出"通达便利"原则，建设以铁路、公路客运站和机场等为主的综合客货运枢纽，优化环首都一小时生活圈内的交通枢纽布局，提升交通运输及接驳能力。

（1）增加铁路客运枢纽的密度，京沈高铁增设怀柔站、密云站。

（2）优化公路客运站布局，客货运量与公路客运站的建设等级相匹配。

（3）提升北京航空枢纽的国际竞争力，加快北京大兴国际机场建设。

4. 品质服务，打造"全覆盖"城镇村全民宜居宜业出行圈

突出"品质引领"原则，打造基础设施均等化、技术手段智慧化、交通系统高效化、规划实施人本化的全民宜居宜业生活圈。

（1）打通北京延伸到周边县市的重要通道，消除城镇断头路，确保水泥路村村通。

（2）以大数据、互联网、云计算等新技术为创新手段，加快提升交通信息化水平。

（3）着力提高交通系统的效率和效益，着力解决群众关心的交通民生热点、难点问题，提供更丰富、更优质、更安全的交通服务。

（4）在交通规划、设计、建设、运营和管理等各个阶段全面落实绿色低碳理念和人文关怀理念，全面提升交通生态、环境品质。

第四节 环首都一小时生活圈的交通策略内容

一、交通与城市互动，优化区域生活圈空间格局

1. 建设以公共交通为导向的综合运输体系

以城际高铁枢纽和城市内快速轨道交通站点为增长极，加快交通与城市开发的协调和融合，在站点周边形成产业和生活功能齐全的新型城市功能区，优化人口和住房布局，提高交通设施的使用效率，鼓励公共交通出行，降低交通能耗和污染排放。

（1）形成多层生活圈。突出公共交通与土地利用规划紧密结合，主张集约化、高效率的土地利用模式，以大型交通枢纽和区域公共服务集聚区为中心打造区域休闲娱乐交通圈，以产业园区和就业集中地为中心形成通勤交通圈，以城乡居民生活服务基地为中心形成日常生活圈。

（2）点轴结合，形成以快速轨道交通廊道为纽带、以公共交通为导向的城市开发布局方式，加强生产生活廊道、休闲娱乐服务廊道等主要廊道功能区的建设。

（3）加强步行和自行车友好社区建设。通过在公共交通站点周围和人流集中地域进行高强度、综合性的土地利用以及步行友好的设计，使人们减少对小汽车交通的依赖，改善居民的出行环境，打造步行城市。

2. 推进城市空间集约利用发展新模式

城市交通系统与土地利用的一体化规划是解决城市交通问题、实现城市可持续发展的关键。

（1）从生活圈的空间尺度，形成合理的城市结构、高密度的土地利用和"职住娱"布局协调一致的用地形态，保留适当的绿地和公共空间至关重要。

（2）从交通供给的角度提供与交通需求特性相一致、支撑城市空间发展战略实现的综合交通系统，使其对城市结构和用地形态进行反馈和引导，从而保证北京及周边城市的健康发展。

3. 促进城市交通格局与城市布局的协调发展

以区域快速交通廊道建设为先导，以城际交通网络为骨架，以交通节点为增长基点，实施新的区域城市空间发展战略。加强枢纽格局与空间结构协同发展，引导都市区空间拓展，适应北京市通勤交通圈扩展到津冀等相邻区域带来的交通需求压力。

（1）实施城市建设重点战略转移，严格控制中心城建设规模。中心城建成区重点进行环境整治和基础设施改善，旧城区实施"整体保护，有机更新"策略，有效支持非首都功能产业和人口的疏解、转移和承接。

（2）集中力量建设新城，优化调整城市功能布局，完善新城功能结构，引导中心城的就业岗位和人口向新城转移，提升综合统筹能力，促进交通与产业、空间、环境协调发展。

（3）重点建设贯通东部、南部发展带以及连接新城与中心城的多种交通方式兼容的复合型快速交通走廊，按规划抓紧构建新城内部交通网络体系，为新城建设提供交通支持。

二、设施布局完善，全方位覆盖关键资源

面向超大城市发展挑战，要求适度超前加强交通设施布局，以适应交通需求的快速增长。确立以轨道交通为主体的出行结构，缓解重点发展片区和关键走廊的交通压力，评估和提升更新项目周边的交通设施承载能力，实现生活圈的重要节点全覆盖。

1. 以民航、高铁、高速为主体，构建品质高、速度快的综合交通快速网络

（1）推进运输机场功能建设。推进北京大兴国际机场建设，通过与北京首都国际机场的联动配合，优化完善航线网络，推进国内国际、客运货运、干线支线、运输通用协调发展。

（2）强化高铁、城际铁路互联互通。加快高铁网建设，拓展区域连接线，扩大高铁覆盖范围，实现生活圈范围内客货运输的高效可达。

（3）完善高速公路及配套设施网络。加快推进地区环线、并行线、联络线等组成的国家高速公路网建设，有序发展地方高速公路，加强高速公路与地方各等级公路的衔接。

2. 以普速铁路、普通国道、油气管道等为主体，构建效率高、能力强的综合交通干线网络

（1）完善普速铁路网络布局。增强区际铁路运输能力，扩大路网覆盖面。同时，实施既有铁路复线和电气化改造，提升路网质量。

（2）引导普通国道提质改造。加快普通国道提质改造，基本消除无铺装路面，全面提升北京及周边地区的交通保障能力和服务水平。

（3）推进油气管网建设。大力推动天然气主干管网、区域管网和互联互通管网建设，在生活圈范围内实现清洁能源的全面推广。

3. 以普通省道、农村公路、支线铁路等为主体，构建通达深、惠及广的综合交通基础网络

（1）加强普通省道提质改造。积极推进普通省道提级、城镇过境段改造和城市群城际路段扩容等工程，加强与城市干道的衔接，提高拥挤路段的通行能力。

（2）推进农村公路建设。加强县乡村公路改造，进一步完善农村公路网络。加强农村公路养护，完善安全防护设施，保障农村地区的基本出行条件。

（3）加快支线铁路发展。强化与产业园区、物流园区、口岸等的有效衔接，增强对干线铁路网的支撑作用。

三、网络建设协同，满足多层级出行需求

北京及周边区域的城区、镇区、乡村是一个有机整体，通过生活圈规划，加强圈内各空间之间的紧密联系，突出区域、局域交通网络对于功能和功能中心的支撑作用。

1. 宏观层次：打造铁路空网络一体化的综合交通枢纽

围绕全球城市功能与国家战略，强化北京作为京津冀区域门户和国家枢纽的地位，结合生活圈规划，形成凝聚城市群核心功能的空间布局。通过建设航空港、铁路枢纽、干线公路等立体化交通网络，满足多模式换乘与便捷

联运，实现多级交通网络的匹配与无缝衔接，以优质高效的立体化运输网络满足居民通勤出行和物流配给的需要，寻求资源利用和环境效益的最大化。

2. 中观层次：建设以城际铁路和高速公路为骨干的开放型区域交通网络

探索与高密度超大城市可持续发展相适应的空间结构，强化以大运量公共交通对大都市空间的引导和支撑能力，优化城镇村体系和多级别、多中心体系。基于城际铁路和高速公路的区域城际交通网络，实现与天津、雄安等中心城市之间半小时内可达的目标。加强跨区域高等级道路的对接，形成大容量、高效率并重的城市客运走廊。依托区域轨道网络、市域轨道快线，强化蓟州、廊坊等区域的节点功能。

3. 微观层次：建设慢行交通引导的社区服务网络

依托轨道交通站点、公交枢纽等空间，综合设置社区行政管理、文体教育、康体医疗、福利关怀、商业服务网点等各类公共服务设施。同时，做好"最初/最后一公里"慢行接驳通道的建设，有序高效地将共享单车融入"B+R"（自行车+换乘）服务体系，高质量地满足居民的短途交通需求。对镇、村、社区内的次干路、支路的规划设计遵循慢行优先的路权分配原则，采取分隔、保护和引导措施，保障慢行交通的安全性。突出以人为本的价值取向，营造宜居环境，切实提升交通服务、空间品质和文化内涵。

四、物流体系顺畅，保障生活生产物资供应

1. 结合现代物流发展政策创新，构建交通物流融合发展新体系

根据国家发展改革委《营造良好市场环境推动交通物流融合发展实施方案》的要求，以提质、降本、增效为导向，以融合联动为核心，充分发挥企业的市场主体作用，打通物流运输发展链条上的关键环节，加强现代信息技术应用，推动交通物流一体化、集装化、网络化、社会化、智能化发展，保障生活圈范围内居民生活生产物资充沛、高效供应。

2. 推动现代物流服务模式创新，加强物流基础平台建设

规划"外集内配"的绿色物流仓配模式，增强物流枢纽的辐射带动能力，打造适应生活圈范围内中转、采购、配送等贸易业务需求的区域物流体系。

构建覆盖北京及周边、服务京津冀、辐射全国的物流服务网络。

3. 鼓励现代物流产业技术创新，提升物流信息化和物流技术应用水平

与全球发达物流枢纽城市相比，北京及周边地区的物流信息平台建设及运用水平仍然不高，开展物流信息平台建设的企业数量不多，现有信息平台间的数据互联互通暂未实现。传统物流仓储和运输类企业的自动化、智能化水平仍有较大提升空间，对物流追踪与货物管理、智能调度与高效储运等技术的运用有待进一步普及。

五、服务管理高效，形成现代化交通运输体系

1. 紧抓"互联网+"时代机遇，打造现代化综合运输服务模式

移动互联网、物联网、云计算等"互联网+"时代下的新市场业态将带来客货运组织需求的新变化，从而要求加快互联网与交通运输领域的深度融合。利用互联网新技术，推进交通运输资源在线集成，变革现有客货运输模式，鼓励多元信息服务和整合，加快研究配套政策和监管保障，增强交通运输科学治理能力。同时，借力新业态、新模式促进综合交通提质增效，坚持绿色低碳发展，优化交通出行结构，增强公共交通竞争力，为市民提供安全、便捷、舒适的出行环境。

2. 坚持"以人为本"核心理念，打造面向行业的高效服务

以信息化促进传统行业转型的思维，提供高水平交通服务，以实现交通系统的有机整合、高效运行。基于"平台即服务"（Platform as a Service，PaaS）理念，完善出租汽车信息服务平台，实现跨平台的信息互通，强化对出租车、网约车、租赁车等各类车辆和驾驶员等要素的集约化管理。同时，以公交一体化智能车载信息系统的完善升级为基础，实现运营管理所需数据的采集精准化、常态化和动态化，为科学调度、安全监管和应急处置提供支撑。

3. 完善"服务型政府"建设，打造面向政府的智慧管理

以科技创新为手段，以信息化建设为平台，以整合集聚和开放共享为重点，着力打造交通智能化示范区。首先，要提升交通智能化管理能力，通过信息化促进业务受理审批的流程整合和简化，创新行政服务模式，规范权力运行；其次，加强综合交通大数据管理和应用，汇聚整合行业基础数据、监

管数据、营运数据,加强源头采集质量管控,确保数据的完整性、准确性和更新的及时性;最后,要完善交通信息采集和平台建设,建立公共交通信息平台,实现公交车辆运行信息全覆盖。

第五节 环首都一小时生活圈的交通策略实施任务

一、促进"城网互动",打造环首都一小时生活圈的七大交通通道

在北京周边的空间结构战略中,天津、唐山、承德、张家口、保定、雄安新区均为重要功能和交通节点城市,其产业、功能、人口、环境均能够对北京的非首都功能进行疏解和承接。因此,应当重点疏通北京与周边城市的联系通道,在放射形的空间骨架下,强化北京与周边新城、卫星城的便捷联系,为京东、京南、京西北生活组团的建设提供关键性支撑,建设环首都一小时生活圈内的七大交通通道,包含从北京出发呈放射状的六条通道与围绕北京的环京通道(表6-2)。

表6-2 七大交通通道规划

通道名称	连接节点	主要线路
京津通道	北京:亦庄 河北:安次区、广阳区	G2 京沪高速(已建) G3 京台高速(已建) S15 京津高速(已建)
京雄通道	北京:大兴、北京大兴国际机场 河北:固安县、霸州市	G45 大广高速(已建) 新机场高速(已建)
京唐通道	北京:通州 天津:蓟州区 河北:三河、大厂、香河	G1 京哈高速(已建) G102 通燕高速(已建) $G1_N$ 京秦高速(已建)
京保通道	北京:房山 河北:涿州市、高碑店市、涞水县	G4 京港澳高速(已建) G5 京昆高速(已建)
京张通道	北京:昌平、延庆 河北:怀来县	G6 京藏高速(已建) G7 京新高速(已建) S26 昌谷高速(已建)
京承通道	北京:顺义、怀柔、密云、平谷、首都国际机场 河北:滦平县	G45 大广高速(已建) G101 京密高速(已建) S32 京平高速(已建) S12 机场高速(已建) S51 机场第二高速(已建)

续表

通道名称	连接节点	主要线路
环京通道	天津：蓟州区、和平区 河北：张家口、丰宁、承德、雄安新区、保定	G95 首都环线高速（已建） 蓟承高速（规划） 津蓟高速（已建） 荣乌高速（已建） 京昆高速（已建）

1. 京津通道

在北京市和天津市之间打造京津通道，可以疏通北京、廊坊、天津的空间与产业联系，并且推动市民通勤圈的扩张，形成区域一体化的核心支撑。可以依托现有京沪高速、京津唐高速、京津高速、京津高速东疆联络线等高速路网，强化京津城际铁路的轨道动脉，共同整合加强，形成新动脉。

天津具有良好的自然和人文风貌，工业基础雄厚，廊坊市具有农业生产的历史底蕴，休闲观光资源丰富，因此京津方向的双核通道将会形成观光休闲、度假养生、文化旅游等一系列生活空间，也会强化金融贸易、物流集散、科技制造等一系列生产空间，形成空间和功能上共兴的双核结构。

因此京津两地具有客货运综合的交通需求，需要综合配套完善高速公路、高铁、货运铁路、公共交通系统等多尺度的交通联系，形成全方位对接。

2. 京雄通道

雄安新区当前保持着良好的生态环境本底，白洋淀景区、京南花谷小镇等旅游业态较为成熟，未来也将是疏解北京非首都功能的重要地区，因此需要有便捷高效的公共交通系统和综合交通枢纽，为北京南部生活组团提供支撑作用。

为实现北京与河北雄安新区之间的产业转移和快捷联系，政府依托和优化既有高速公路通道（京开高速、京港澳高速），新增京雄高速、新机场高速，通过"1+4+1"模式（京雄城际、4 条高速公路、国道 230）建立区域便捷高效的交通廊道。

3. 京唐通道

唐山的工业基础雄厚，具有良好的产业氛围，秦皇岛是著名的休闲旅游目的地，京唐通道需要兼顾个性化公路交通的需求，也要重视物流集散的通达能力。北京市要与东北地区进行空间联系与通勤互动，首先需要疏通京唐方向的交通脉络。强化京哈高速、京秦高速，形成联系唐山、秦皇岛的主要通道。

4. 京保通道

保定是历史重镇，具有丰富的文化休闲资源，当前依托华北平原的农耕条件，发展出农业休闲产业、休闲食品产业、体育休闲产业等多类型的生活空间，可以丰富北京周边的休闲旅游目的地。需要加强以公路和高铁为主导的通道建设。依托京港澳高速、京昆高速联系保定、石家庄、邢台、邯郸等河北城市，形成北京联系华中、华南、西南广大地区的重要通道，为京津冀范围内的通勤和客货运联系起到重大推动作用。

5. 京张通道

促进体育产业与旅游产业、教育产业、创意产业互动发展，发展冰雪体育产业，延伸滑雪运动产业链，引导发展滑雪文化创意、专业训练、滑雪用具和设备制造等关联产业。打通京张通道，可以联系北京、张家口的高速公路及京张高铁，打通北京向河北和内蒙古的辐射轴线，疏通天津港的货运通道。

6. 京承通道

承德保有世界文化遗产，以及良好的自然环境，形成了京北第一草原景区、兴隆山旅游景区、雾灵山养生谷项目、农夫山泉生产基地等旅游目的地，可以对接城市运动休闲、农业观光休闲、文化旅游休闲的区域。需要完善公路网络进行交通对接。基于大广高速、京平高速及成平高速等动脉，形成北京联系承德、蒙东地区和香河县东北地区的重要通道。

7. 环京通道

以首都环线高速为依托，把张家口市、承德市、天津市、雄安新区、保定市等一一串联起来，完善环首都一小时生活圈周边区域的高速公路网，改善区域交通条件。

二、公交优先，建设"一环、一线、六射"的区域轨道交通网络

当前时期，不仅北京市面临着大都市交通拥堵的问题，北京市周边区

域也面临着交通成本较高、负载较大的问题。城市的公共交通系统尚未触及周边区域节点，因此需要在大运力、综合性的交通枢纽方面进行强化和提升。

城市轨道交通是都市圈的骨干交通方式。在北京与天津、雄安、保定、张家口及承德等周边区域次中心城市相互联系的通道中，需要将高铁网络、城市轨道交通网络、公交网络等硬件和软件设施进行互通，形成"一环、一线、六射"的多层级轨道交通体系（表 6-3）。在建设中，需要重点考虑以下几个要素：缓解高强度开发、高密度建设的城市中心区的交通压力，支持新城发展提前布局次中心的设施网络，优先覆盖大客流、活力强的区域交通节点，关注城市轨道对城市尺度的影响等。

表 6-3　区域轨道交通规划

层级	交通节点	主要线路
一环	涿州、大兴国际机场、廊坊、香河、平谷、密云、怀来	—
一线	承德、天津、雄安、保定	—
六射	天津	京津城际、京滨城际
	雄安	京雄城际
	唐山	京唐城际
	保定	京保城际
	张家口	京张高铁
	承德	京承高铁
市郊线	通州	城市副中心线（S1 线）
	延庆	S2 线
	怀柔-密云	怀柔-密云线（S5 线）
	蓟州	京蓟城际

1. 一环：北京城际轨道大一环

由于北京中心城区的就业、住房、交通压力较大，大量人口与产业有外迁需求，因此公共交通将显现出环城布局的需求，建设北京城际铁路环线具有重要意义。

城际轨道大一环，即"涿州—大兴国际机场—廊坊—香河—平谷—密云—怀来—涿州"的铁路环线，可以有效整合北京市域范围及河北省域范围内的众多人口和产业密布的节点城市。

2. 一线：承德—天津—雄安—保定

"承德—天津—雄安—保定"一线为北京东部、南部门户，主要由津承高铁和津保高铁沿线连接而成。

津承高铁从津蓟铁路接入，可以通往北部的赤峰，也可通往张唐铁路，从而绕过比较繁忙的北京铁路线。该铁路起自天津市，途经宝坻、蓟州、遵化至承德市，线路全长约 293 公里，其中新建线约 170 公里。

津保高铁连接天津市至河北省保定市，由津霸客运专线和霸徐铁路两段组成，线路自天津西站高速车场引出，经河北霸州、雄安、徐水区至保定站。该铁路总长 157.8 公里，其中新建线路 132.9 公里，利用既有京广铁路 24.9 公里，全线桥梁比约为 44%。

依托这一条高铁线路，将会建成连接天津、河北及中西部地区的便捷通道，还横向连通了京广、京九、京沪铁路这三大繁忙干线，有利于加快京津冀一体化，并且加强内陆与口岸的联系。

3. 六射：京津、京雄、京唐、京保、京张、京承高铁

沿北京向外延伸，形成京津、京雄、京唐、京保、京张、京承六条射线高铁，并且每一条高铁的两端点均需配备无缝对接的城市轨道交通体系，每一个站点均为次级公共交通枢纽，从而形成以轨道交通为主导的便捷化公共交通网络。

1）依托京津城际铁路的一体化互通动脉

京津城际铁路是一条连接北京市与天津市的城际铁路，是环渤海地区城际轨道交通网的重要组成部分，是中国第一条高标准的、设计时速为 350 公里的高铁，也是《中长期铁路网规划》中第一个开通运营的城际客运系统。京津城际铁路拉近了北京、天津两个特大型城市的距离，放大了各类生产要素、资源配置的空间，对两大城市的经济社会发展产生了重要影响，也深刻改变了两地人民的工作和生活观念，方便了居民的沟通交流。

当前为提升京津之间的交通能力，政府继续规划开建了京津第二城际铁路，即京滨城际铁路，这是服务于环渤海及京津冀地区的一条具有重要意义的城际快速铁路。该铁路起点位于北京站，终点位于天津市滨海新区滨海站。京滨城际铁路建成通车后，北京直达天津滨海新区只需大约 1 小时。同时，京滨城际铁路也将作为区域铁路网的组成部分，通过向承德方向延伸，实现与京沈客运专线的衔接，形成天津与东北方向联系的一条新通道。

在双高铁线的影响和带动下，需要对新老高铁枢纽进行串联互通，既要强化城际的通勤时效，也要强化自身的通达能力，将区域与内部的公共交通网络进行串联，以便从多尺度上带动城市的发展。

2）京雄城际

京雄城际铁路是北京与雄安新区之间新建的一条城际铁路，该铁路起自京九铁路李营站，经北京大兴区、北京大兴国际机场、霸州市，终至雄安新区，正线全长 92.4 公里，全线设五座车站，总投资额约 335.3 亿元。

京雄城际铁路是承载千年大计运输任务、支撑国家战略的重要干线，对于促进京津冀协同发展和支撑雄安国家级新区建设具有重要意义。线路建成后，雄安站成为雄安新区路网性主客站、地面综合交通枢纽，主要服务于新区中的长途客流，以实现新区与全国高铁网的紧密联系。通车后，北京城区与雄安新区可实现半小时通达。

在现代化建设城区的理念下，雄安新区的基础设施需要高标准、精细化推进，因此在公共交通体系方面，需要无缝对接高铁轨道网络，从而满足通勤需求。

3）京唐城际

唐山具有较好的工业基础与海洋经济潜力，均为北京所需的互补支撑产业，但在人流往来方面还需进一步加强，因此京唐方向的城际铁路线就成为两座城市发展联动的契机。

京唐城际铁路是一条服务于环渤海及京津冀地区的具有重要意义的城际高铁。该铁路起点位于北京站，终点位于河北省唐山市唐山站，线路长 148.74公里，最高设计时速为 350 公里。其中桥梁长度约为 130.7 公里，占线路总长的 87.87%。

在北京城市副中心的范围内，强化自身城市结构公共交通网络，唐山站则需要对自身的辐射带动能力进行提升。在一条高铁线的影响下，两端城市各自完成了功能和交通的整合，将会形成组合效益。

4）京保城际

京保城际，即京石客运专线北京-保定段，是中国"四纵四横"客运专线网络中京广客运专线的组成部分，正线全长 293 公里，设计时速为 350 公里，初期运营最高时速为 310 公里，投资估算总额为 438.7 亿元。

保定市北承北京，南接石家庄，东向雄安和天津，具有得天独厚的区位优势。保定东站是北京铁路局管辖下的一等站，在京广高铁、津保高铁的基础上引入京雄城际和京石城际铁路，成为环首都一小时生活圈的重要交通节点，对于北京交通流的承接、雄安新区的支撑、京石交通廊道的贯通和京南生活组团的打造具有重要的意义。

5）京张高铁

京张高铁，又名京兰客运专线京张段、京昆客运专线京张段。京张高铁是世界上第一条设计时速达 350 公里的高寒、大风沙高铁，全线长约 174 公里。该铁路建成后，乘动车组列车从张家口到北京的时间缩短到一个小时，这标志着我国的轨道交通建设能力迈向更高的层次。

京张高铁起自北京北站，对接城市轨道交通枢纽和公共交通系统。张家口形成以南站为中心的公共交通新枢纽，以枢纽带动城市形态和功能的演化。

京张高铁是联系北京、延庆、张家口三个地区的便捷交通方式，不仅有力保障了 2022 年冬奥会的顺利举办，更将带动北京的科技、金融和人才优势与张家口市优良的环境资源和旅游资源优势深入互补，以高速度、高效益促进京张两地的联动发展。

6）京承高铁

京承高铁，即京沈铁路客运专线京承段，是《中长期铁路网规划》"四纵四横"客运专线主骨架京哈高铁的重要组成部分。在整个京沈高铁线路中，京承段是连通北京的第一门户，其他城市可以作为区域交通级别的联系层次，但承德需要按照公交化、通勤化进行打造，将自身的高铁站与城市公共交通体系、地面轨道交通网络进行疏通对接，形成快速发散城市区域的公共交通网络，只有这样才能真正被纳入北京市的通勤范围。

承德将被列入北京的通勤范围，等于通过京沈铁路客运专线把承德与华北、华东、西南、东北快速连接起来，从而拉近了承德与北京、天津、上海、沈阳等城市的空间距离，使城市的经济文化活动真正融入京津冀辽都市圈中。京承高铁开通后，便捷、舒适、安全、准时的交通不仅吸引了更多的旅客进入承德，还吸引了更多的高端人群来承德居住、度假、开展政务和商务活动，并且依托高铁客运站建立区域旅游集散中心，提供便利的换乘运输条件，推动区域旅游业跨越式发展。

三、形成"两核、两副、多节点"的交通枢纽网络

枢纽是都市圈交通网络的衔接关键，也是多方式交通换乘的前提。为了

服务环首都一小时生活圈，支撑交通网络，相关部门将打造"两核、两副、多节点"交通枢纽体系（表 6-4）。

表 6-4　交通枢纽网络规划

等级	枢纽名称	现状
国家级	北京首都国际机场	已建
	北京大兴国际机场	已建
区域级	北京南站	已建
	北京东站	已建
省级	雄安站	已建
	张家口站	已建
	承德站	已建
	蓟州站	已建

1. 将北京首都国际机场和大兴国际机场打造为两大核心交通枢纽

构建国际一流的航空枢纽。从区域整体效应出发，以市场需求为导向，以功能定位为突破口，夯实首都国际机场的枢纽地位，敦促大兴国际机场建设，形成"两核"的运营格局，显著提升北京航空枢纽的国际竞争力。同时，充分发挥大兴国际机场处于京津冀区域核心位置的区位优势，充分提升区域对外开放度。

联动周边机场，打造国际一流机场群。优化机场资源配置，形成分工互补、市场腹地互补、网络结构互补的区域机场群，增强天津滨海国际机场的区域枢纽作用，建设我国北方国际物流中心；充分发挥石家庄正定国际机场的低成本和货运优势，增强对周边的集聚辐射能力，建设华北地区航空货运及快件集散中心，从而提高京津冀机场群的整体运营管理水平，提升北京两个机场的国际竞争力，同时有利于提高枢纽航线网络结构的完善和航班衔接。

着手航空枢纽配套集疏运设施的建设。加强机场与轨道交通、高速公路等集疏运网络的衔接，建设集中统一的终端管制区，优化区域空域资源，统筹机场配套运输设施的运行。充分利用北京大兴国际机场的战略优势，建立区域内主要节点城市与北京大兴国际机场高效、便捷的快速轨道交通联系，构建这些城市对外开放的国际门户，使大兴国际机场成为京津冀的机场，加速区域的国际化进程。

2. 将北京南站、北京东站打造为次级交通枢纽

轨道交通对城市的发展具有基础性和先导性作用，中心城市作为全国的综合运输枢纽，对于加快形成便捷、通畅、高效、安全的综合运输体系至关重要。

打造都市圈轨道交通复合走廊。轨道交通时效性高、运力强并且运行稳定，因此可以担当区域交通的核心力量，在各个轨道交通站点以及尽端设置公共交通枢纽，配置城市地铁、公交等次级公共交通设施，形成多尺度的衔接。建议在京津冀既有规划的城际铁路通道内增加市郊铁路的功能，在客流密集地区预留车站和越线条件，打造都市圈轨道交通复合走廊。注重轨道交通的互联互通和融合发展。按照建设"轨道上的京津冀"的要求，加强不同层次轨道交通网络的融合。

打造枢纽型城市交通土地一体化规划。在进行轨道交通枢纽车站选址时，尽量将城际铁路车站设置在城市中心区，并与城市重要功能区相结合，使乘客到达车站之后通过公共汽车、步行等绿色交通方式能够到达目的地，从源头上减轻道路交通压力，同时也提高土地的集约使用效率。加强轨道站点与周边用地的衔接，发挥轨道交通对周边用地的引导作用，适当提高轨道站点和枢纽周边用地的容积率。出台相关鼓励政策，保障轨道站点换乘设施用地，促进站点出入口、通道与周边建筑形成便捷有效的连接。在功能和产业配置方面，需要尽可能配置为区域提供服务能力的生产性服务业态，吸引城际职住的高技能人才服务当地的特色产业，促进区域协同发展。

3. 将雄安新区、张家口、承德、蓟州等多个周边地区的高铁站打造为节点型交通枢纽

强化北京向南发展联系华中的交通动脉，强化向东北发展带动传统工业区转型的功能轴带，强化京津一体化发展轴，这些都需要在轴线上发展节点城市，因此雄安新区、张家口市、承德市、天津市蓟州区等不同层次的城市可以作为功能节点进行重点打造，形成节点型交通枢纽。

推动旅客联程联运发展，有效提升一体化客运服务水平。联程联运是提升综合运输效率的关键，可通过打造一体化综合交通枢纽、构建区域综合交通信息平台、构建全环节的出行规划信息服务平台等实现，以提高不同交通方式之间的一体化衔接效率，为旅客提供从出发地到目的地的全过程、全环节、门到门的出行服务。

四、打造"区场链"立体化环首都物流供应保障带

1. 打造"两环、多节点、多层次"的环首都物流带

1）两环：近首都物流保障环、环首都区域物流环

在廊坊、涿州等地区，建设物流园区和配送中心，以确保首都地区的物资保障，建设近首都物流保障环（表 6-5）。在北京向外交通辐射重要轴线上，选择承德、张家口、天津、保定等城市，建设若干物流枢纽，形成服务生活圈及周边的区域物流带，首先建设各自交通物流的基础设施，进而带动提升物流产业层次，形成能够服务各自周边城市区域的集散能力。依托环北京的铁路和高速网络，打造高效便捷的物流环线，可以以最低成本、最快速度在华北平原的广泛腹地提供物流服务，因此可以承担为北京提供强有力物流支撑的空间支点。

表 6-5　物流保障带规划

结构	保障带	服务范围
两环	近首都物流保障环	保障首都物流供给
	环首都区域物流环	协调区域物流服务
多节点	天津	辐射海外市场
	保定	辐射山西、河北
	张家口	辐射内蒙古
	承德	辐射辽宁、内蒙古
多层次	怀来	
	涞源	服务周边区县
	唐山	

2）多节点

在整体空间结构下，天津、保定等可以依托自身区位与空间要素着眼培育地区级流通节点城市，分别制订流通节点城市发展规划，以服务于北京市的物流保障。下辖区县可以根据自身功能基础，合理布局大宗商品交易市场、重要商品和物资储备中心、物流（快递）园区、多式联运中心、公路港、区域配送中心、快件分拨中心和其他物流场站等设施，促进区域分工协作和错位发展，汇聚商流、物流、资金流和信息流。

3）多层次

立足京津冀协同发展、服务首都城市的战略视角，推动环首都一小时生活圈范围内物流一体化。在打通承接津冀企业多式联运物流通道的同时，引导物流设施优化布局调整，着力打造"物流园区+物流中转场地+末端配送网点/链条"的多层次生活圈物流网络，形成全覆盖、高品质的"区场链"立体化环首都物流供应保障带。

2. 推动区域物流一体化

1）落实供应链一体化服务

依托北京市发展良好的供应链管理基础，强化与环首都一小时生活圈区域的经济联系，融入供应链各个环节，大力发展供应链各个功能中心（结算、信息、创新、控制和组织中心）。

第一，发挥物流业对高端创新资源配置的支撑作用，推动物流业与科技创新产业联动发展，增强对中关村国家自主创新示范区的供应链一体化服务能力。

第二，提升物流业对高端制造业转型升级的服务能力，鼓励具有供应链设计、咨询管理能力的专业物流企业，助力高精尖产品实现从"在北京制造"到"由北京创造"转型。

第三，搭建供应链管理信息平台，鼓励传统运输、仓储企业向供应链上下游延伸服务，完善与上下游企业紧密配套、有效衔接的仓储配送设施，提供物流、金融及信息等的综合化集成服务。

2）加强物流标准化推广

物流标准化是物流管理现代化的必要前提，是整个物流系统功能发挥和各环节有效衔接及运作质量的根本保证，是降低物流成本、提高经济效益和消除国际贸易技术壁垒的重要手段。

第一，支持物流标准化托盘管理公共信息服务平台建设，探索开展物流服务标准化的认证试点。

第二，采用多种模式实现物流各环节设施设备的标准化升级改造，实现标准化物流装备的普及应用。

第三，提升标准化物流装备运营管理与服务水平，鼓励集成利用移动互联网、物联网等现代信息技术，实现对标准化托盘、周转箱等物流集装单元的跟踪管理，逐步实现上下游交接货现场免验收。

3）优化物流基地功能差异化布局

进一步明确功能定位，优化物流基地的规划布局，可以有效提高基地资源利用效率和管理水平。

第一，将顺义空港物流基地打造为北京内外贸及国际电子商务中心，加快完善国际物流及快递类包裹集散功能。

第二，将通州马驹桥物流基地打造为口岸合作中心，与天津口岸经营主体通过项目资金互投，突出承接朝阳口岸功能。

第三，将大兴京南物流基地打造成为京津冀一体化的重要物流枢纽，着力发挥生活圈的区域联动功能。

第四，将平谷马坊物流基地打造为国内贸易与跨境电子商务融合发展的创新示范区，以"口岸+冷链+交易"为核心，建设保障首都、协同津冀的"特色口岸"型商贸流通节点。

3. 物流创新发展，提升服务品质

1）鼓励"互联网+"物流创新

随着"互联网+"高效物流的兴起，大数据、信息技术和供应链管理不断在物流业中得到广泛运用，要发挥新技术引领的经营管理创新在物流业转型升级中的关键作用，为物流业发展注入新活力。

第一，鼓励物流信息服务平台建设，促进车、货、仓储服务等信息的高效匹配，重点推进生活圈区域内物流公共平台的应用建设。

第二，鼓励物流业态创新，满足"互联网+"应用创新的物流需求。

第三，鼓励电子商务和快递末端网点建设，推广末端共同配送模式，提高末端网点综合服务水平。

2）提升城市冷链配送水平

加强冷链基础设施建设，加快冷链物流装备与技术升级，鼓励冷链配送模式多元化和创新发展，支持上下游高效衔接的全程冷链物流服务。

第一，强化冷链行业的信息化应用，鼓励建设食品冷链物流全程可追溯的公共服务平台。

第二，加快冷链宅配的推广，开展城市冷链共配应用试点，推进一站式冷链物流服务。

第三，加快培育第三方冷链物流企业，打造一批高起点、高效率、具有国际竞争力的核心冷链物流企业。

3）完善一小时鲜活农产品物流圈

伴随着居民生活水平的不断提高,消费者对鲜活农产品的需求日益增长,迫切需要建立更加完善、便捷、高效、安全的消费品物流配送体系。

第一,建立环首都一小时生活圈协调联动机制,支持企业在北京周边地区建设蔬菜、肉蛋等农副产品的生产、加工和分拨基地。

第二,鼓励京津冀三地企业共建、共享农产品生产基地和冷链物流设施。

第三,加强农产品产销对接体系建设,重点推进农超对接、农产品基地直销。

五、创新服务管理模式

1. 推进交通市场一体化改革

持续深化交通运输供给侧结构性改革。加强中央在土地、资金方面的专项政策支持。在土地方面,建立耕地占补平衡指标统一交易平台,在京津冀全域范围探索试行跨省域、数量和质量并重的耕地异地占补平衡政策;在资金方面,设立生活圈的区域交通一体化发展基金,对区域交通基础设施建设予以资金支持,尤其是轨道交通,可设立生活圈轨道交通发展专项基金,促进区域轨道交通大力发展。

主动服务生活圈交通一体化先行发展。充分认识交通促进区域一体化的龙头作用,完善"四纵四横一环"综合交通骨架网络布局,加快推进石衡沧港城际铁路、首都地区环线高速公路、北京大兴国际机场等重大项目;深入推进京津冀城乡客运一体化和津冀港口协同发展;高起点、高标准、高质量谋划雄安新区交通运输发展蓝图,优先保障对外骨干通道重点项目建设;加快打通区域间的"断头路",接通已具备条件的跨区域轨道交通线路,弥补区域间交通联系薄弱的"交通服务白区",加快交通设施的区域服务均等化进程。

深化区域交通管理体制改革,加快一体化进程。以规划为先导,完善区域综合交通规划,加快编制专项规划和主题规划,制定地方实施规划,统筹安排区域交通设施与服务体系;加快推广普及环首都一小时生活圈的交通"一卡通",实现异地充值、异地通用的区域交通深度联合;提升机场、港口、高铁枢纽等关键交通设施的区域一体化服务能力,进一步完善区域间接驳交通系统;成立生活圈区域的交通协调机构,加快形成统筹、议事决策及行业一体化管理的新机制；加快构建生活圈区域交通运输行业的统一标准与管理体系，为交通管理一体化提供法规保障。

2. 加快交通投融资模式改革

创新投融资体制，探索建立多元化、可持续的交通投融资模式。以"轨道交通+土地"共同开发的模式作为重点，促进轨道交通与土地综合开发相结合，在综合开发用地供应模式、用地指标支持、土地开发强度、土地综合开发的监管和协调等方面出台相应的实施细则。通过放开市场，"引进增量，盘活存量"，搭建交通基础设施投融资平台。采取建设-运营-转让（build-operate-transfer，BOT）、转让-运营-转让（transfer-operate-transfer，TOT）、公共-私人合作（public-private partnership，PPP）、建设-转让（build-transfer，BT）等多种投融资方式，建立投资回报机制，鼓励国内外企业和财团投资，充分利用资本市场筹措交通发展资金。

改革经营管理体制，推行交通设施建设和运营服务特许经营制度。在政府的扶持与监管下，积极推进收费道路、停车设施、交通枢纽、城市客运及货物运输经营的市场化运作，实施特许经营，打破行业垄断，形成有效竞争格局。政府投资的建设项目实行代建制，通过公开招标选择项目法人，将市场机制引入投资、融资、建设、运营、管理等环节，优化区域内产业资源的市场化配置。

深化交通建设和运营企业改革，剥离企业承担的政府职能。企业按市场规律自主经营，以契约形式维系投资、建设与经营主体之间的关系，建立有效的信用约束和风险分担机制，完善市场准入及退出机制，加快机构及人才队伍建设，开拓多元化的交通投融资渠道。同时，政府对以公益性服务为主的交通经营企业给予政策扶持，并对服务价格与服务质量严格管理。

3. 推动智能化运输服务管理升级

建立大数据监测系统进行实时反馈。完善道路流量、车辆运行、路口监测等的传感和传输体系，建立基于城市数字化地图的流量监测、信号诱导、车牌识别等交通感知系统，实现交通信息感知的网络化、数字化和可视化。建设覆盖生活圈范围内重点交通基础设施的骨干通信网络，实施数据接入工程，汇聚陆、空、铁各类交通数据，打造交通云数据资源中心。

强化交通大数据开放共享与应用。建设交通大数据技术支撑平台，汇聚整合行业数据资源，强化综合交通大数据管理，深化交通大数据融合、挖掘和应用。同时，强化交通运输行政主管部门各层级（纵向）和辖区范围内的各相关部门（横向）的信息交换与共享，推进交通信息资源分级分类向社会开放。

拓展交通智慧化服务功能。建设基于互联网的交通信息系统，依托交通感知网络、移动互联网终端，提供道路实况信息，构建一体化、多模式、覆盖全出行链的出行信息服务体系。同时，以"数据融合、车路协同"为核心技术，推进智慧路口建设。对车联网等智能化技术应用进行推广，提高基础设施、运输工具、运行信息等要素资源的在线化水平，全面支撑故障预警、运行维护、交通协调控制及运营调度等工作的智能化。

打造精细化交通管理体系。以"精、准、细、严"为基本原则，运用程序化、标准化、数据化和信息化手段，最大限度降低交通运行成本，保证交通运行质量效率，提高生活圈范围内的交通管理水平。针对周末、节假日等出行高峰时段，推行精细化运营。在交通供给上，在"热门"进出京方向增开旅游专线以满足人们的出行需求；在交通需求上，提倡公共交通出行，缓解道路拥堵压力；在交通运营上，推广 ETC、智能泊车系统以提升交通设施的使用效能。

7 第七章
京津冀生态休闲空间优化与发展策略

第一节　都市生活圈中生态休闲空间的
概念和作用

一、生态休闲空间概述

1. 概念

生态系统是指在自然界的一定空间内，生物与环境构成一个整体，在这个整体中，生物与环境之间相互影响、相互制约，并在一定时期内处于相对稳定的动态平衡状态。城乡生态空间具有社会生态空间、经济生态空间与自然生态空间的三层含义，是城乡互动的直接作用空间、城乡各种生态流向互动场所的总体概念表述，是以人类活动为主导、以自然生态系统为依托、由生态过程所驱动的城镇生态空间、农业生态空间、设施生态空间、自然生态空间的复合生态系统。这四种空间系统在城乡地域空间上共生融合，共同组成城乡生态空间。

　　休闲是指人们在劳动和生理必需时间之外的自由支配时间里的行为或活动。休闲空间就是指适合人们从事休闲活动的各种场所。城市休闲空间则是指为人们提供可供休息、观赏、娱乐、运动、游玩及交往等活动的城市公共空间，这类休闲空间的主要功能是为人们在自由时间里自足自发的休闲活动提供舞台，并能使人产生愉悦感、安全感和归属感。

　　生态休闲是指人们在闲暇时间内，以轻松自由的精神状态和生态责任感，在森林、湿地、草原、农田、海滩等自然环境中，从事各种不破坏生态环境同时有利于身心恢复和精神愉悦的活动。与其他休闲活动不同的是，生态休闲强调与自然的接触，崇尚自然生态环境，是一种绿色健康、品位较高的休闲方式。生态休闲活动是人们亲近自然与保护环境的意识相结合的产物，在生态休闲活动中，自然生态环境既发挥了本身的生态功能，又被赋予了满足人们休闲需求的服务功能。

　　城市生态休闲空间是指城市内部和外围具有专类植物或绿地景观特色，并有一定人文景观元素的各种开放空间或公共区域，是城市生态景观功能、休闲观光功能和社会经济效益相结合的城市绿色生态功能区（图 7-1），包括城市森林公园、风景名胜区、城市游憩绿地、滨水区、花果观赏园等，主要以绿色植被和水域为主要存在形态。

生态空间　休闲空间

图 7-1　生态休闲空间概念界定图

　　2. 特点

　　一般认为，城市生态休闲空间仍属于城市生态绿地景观系统的子系统，其既有城市绿地系统的一般特征，又有其独特的特点，主要包括以下方面。

　　1）地域分布以城市外围为主

　　城市生态休闲空间是城市绿地系统的扩展，与单一的城市绿地相比，城市生态休闲空间在地域上具有向城市外围空间扩展，与区域生态系统相结合的趋势，逐渐靠近城市拓展的弹性地带。

2）功能多元

城市生态休闲空间不仅仅有基本的绿化、美化和防护等城市绿地服务功能，同时还兼具了休闲、观光、度假等功能，是城市绿地生态系统中重要的多功能生态区域。

3）景观元素多样

从城市绿地景观格局的角度出发，城市生态休闲空间包含了以城市边缘各类绿地斑块为主，兼有部分绿地廊道的多种景观元素，这些景观元素与城市中心的绿地斑块、城市绿地廊道及城市景观基质共同构成了完整的城市生态景观体系。

3. 类型

根据生态休闲空间所承载的主要功能差异，可以将其分为休闲放松型、观光游览型、疗养度假型、科普艺术型、运动健身型和宗教信仰型六种类型。

1）休闲放松型

休闲放松型空间与城市绿地公园所承载的功能类似，主要供居民在其中散步、小憩、玩耍、棋牌、垂钓等。一般来说，这类空间地形平缓、景观良好、可达性强，往往有景观水岸及配有休息座椅的林憩区。这类空间一般集中在城市内部，如玉渊潭公园、紫竹院公园等城市公园，以及各种街边、社区绿地等。

2）观光游览型

观光游览型空间主要供居民欣赏自然景色、寻访名胜古迹、观赏野生动植物、采摘野花野果等休闲活动使用，一般有其特有的旅游吸引物，或是优美的自然风光，或是深厚的历史积淀，或是植被集中分布的园林、作物庄园等。这类空间主要为市郊的郊野公园或郊区的景点，如玉泉郊野公园、树村郊野公园等。

3）疗养度假型

疗养度假型空间主要承载居民温泉疗养、度假养生等活动，主要特点包括静谧的环境、茂密的森林、清新的空气和清洁的水体等，适于居民在其中疗养，同时有较好的交通通达性，方便行动不便的人群到达，如北京松山的森林疗养基地、北宫森林公园等。

4）科普艺术型

科普艺术型空间的主要功能是让居民了解人文历史、生物常识，或供居民进行摄影、写生等艺术活动，一般多以人工化景观为主，具有依托当地特色资源的生态科研教育基地、生物资源中心或植物博物馆等，如蟹岛绿色生态教育基地、北京植物园等。

5）运动健身型

运动健身型空间主要承载居民晨练、跑步、打球、登高、游泳、划船等运动活动，一般视野开阔，有密集的树林或湖泊水域，道路开阔平缓，具备人工运动设施、广场和其他服务设施，如以山地车赛道为核心的老山郊野公园、以休闲运动为特色的半塔郊野公园、高碑店市攀岩主题的京南体育小镇和张家口崇礼的滑雪场等。

6）宗教信仰型

宗教信仰型空间主要提供宗教活动、宗教考察和观礼的场所，一般有保护良好的宗教文物场所，并有配套的服务设施，如红螺寺、卧佛寺等。

二、生态休闲空间在都市生活圈中的地位和作用

1. 生态休闲空间是都市生活圈发展的客观需要

都市生活圈是以人的需求理论为出发点，随着收入水平的提高，人民对高品质生活的需求也会随之变化，相对于基础需求，拓展性需求不断提高。都市圈包括就业圈、休闲圈、生活保障圈、居住圈、交通圈、生态圈、公共服务圈等。其中休闲圈和生态圈分别是都市功能圈和支撑圈的重要组成部分。《第三次联合国住房和城市可持续发展大会（"人居三"）中国国家报告》指出，提高城市生活品质、建设包容性城市是未来城市发展的重要目标之一。生活圈作为城市与区域协同发展的高级阶段，是自然物质环境与社会人文环境协调发展高度统一，经济与社会、环境等高度包容性发展的结果。生活圈旨在让人民享受区域社会经济发展的益处，其中良好的生态休闲空间是生活圈建设的应有之义。

2. 生态休闲空间是维持生活圈良好运转的基础支撑

生活圈涉及城市生态环境文明建设、城市公共基础服务设施完善、城市经济产业稳定发展、城市社会文化繁荣进步、城市生活品质化及城市公共管

理科学化等多方面内容。其中，生态休闲空间是生活圈的重要组成部分，结构完善、功能良好的生态休闲空间是维持区域生态环境稳定、促进宜居宜业生活圈建设的重要基础支撑。

自 20 世纪 80 年代，城市不断蔓延而绿色空间被不断侵占，生态休闲空间的构建变成伦敦、东京、巴黎等国际化大城市的城乡建设中的重点议题。在不同的历史阶段，这些城市通过建设不同形式的绿带以达到防止城市蔓延、美化城市环境、为城市居民提供休憩空间等目的。当前，我国城市居民持续的经济增收带来休闲消费需求的激增，休闲旅游发展和生态保护水平有待提高。

3. 生态休闲空间是城乡生态系统的重要组成部分

广义的城乡生态系统包括自然生态系统、经济生态系统和社会生态系统三个子系统，而生态休闲空间无论是在地域上还是在生态功能上都是自然生态系统的重要组成部分，同时生态休闲空间对经济生态系统和社会生态系统的有效运转也发挥着重要的作用。有学者提出，狭义的城乡生态系统应当包括生命系统和环境系统，其中生命系统包括城市人群和自然生物，环境系统包括次生自然环境、人工环境和广域环境。生态休闲空间在各环境系统的子系统中都有重要地位，同时也承载着城市人群和自然生物的活动。

4. 生态休闲空间是促进生活圈协调发展的重要抓手

生活圈的空间范围往往突破了行政区划边界的限制，因而其社会经济协调统一发展往往面临着行政权限的壁垒。生态环境保护和生态休闲需求是各级政府和人民的一致诉求，通过污染联防联治、环境补偿、跨区域公园建设等举措，可以促进区域协调合作，打破行政壁垒，促进生活圈协调发展。

5. 生态休闲空间是满足生活圈人民生活改善需求的关键举措

生活圈各区域间的发展水平往往高低不一，差异较大。广大农村地区的经济发展水平较低，基础设施和公共服务设施建设尚不完善。保护好绿水青山，利用好优质生态资源，将其变为"金山银山"，是促进欠发达地区居民增收和改善居民生活的重要举措之一。同时经济发达的大城市地区的居民随着收入的增长，对生态休闲的需求也与日俱增，建设环境优美、设施完备、可达性强的优质生态休闲空间也是满足城市居民生活改善需求的重要环节。

第二节　首都地区居民的生态休闲需求增长趋势

一、首都居民持续增长的经济收入带来消费观念的改变

第七次全国人口普查显示，2020 年末，北京市常住人口中，居住在城镇的人口为 19 166 433 人，人口城镇化率达到 87.5%，城市休闲活动已经成为公众生活的共同需求。同年北京生产总值达到了 36 102.6 亿元，人均 GDP 达到 15 万元以上（图 7-2）。

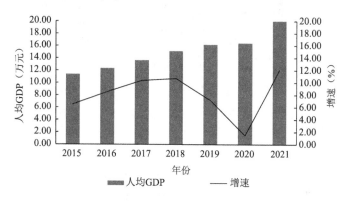

图 7-2　北京市人均 GDP 及增速统计

资料来源：笔者根据国家统计局（http://www.stats.gov.cn）数据整理

随着经济的快速发展，北京城乡居民的可支配收入也在快速增长（图 7-3）。2015—2021 年，北京市城镇居民人均可支配收入从 52 859 元增长到了 81 518 元，农村居民人均可支配收入也从 20 569 元增长到了 33 303 元。每年增幅均在 8% 以上。与此同时，城乡居民的人均消费支出同样经历了快速的增长（图 7-4），城镇居民人均消费支出从 36 642 元增长到了 46 776 元，而农村居民人均消费支出从 15 811 元增长到了 23 574 元。尽管 2020 年与 2021 年城镇居民的人均消费支出增速有所放缓，但仍在 5% 左右。

居民的收入与消费能力的增长也促进了消费观念的变化，这使得居民的休闲旅游需求日益增长，带动了北京旅游业的发展。2016—2019 年，北京全年接待国内游客和入境游客的数量均有增长；受新冠疫情影响，2019 年后游

客数量有所下降，但在新冠疫情恢复之后又继续呈增长态势。抽样调查显示，北京居民中每周到郊区游玩的人数占比达到了 5.2%，经常去的人数占比达到了 27.4%，偶尔去的人数占比达到了 59.3%，而基本不去的人只占 8.2%。这表明经济的快速发展、城市规模的拓展、居民生活水平的提升，都为发展生态休闲旅游提供了巨大的客源市场。

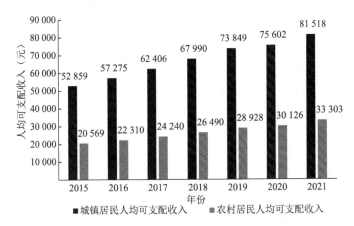

图 7-3　北京市城乡居民人均可支配收入统计

资料来源：笔者根据国家统计局（http://www.stats.gov.cn）数据整理

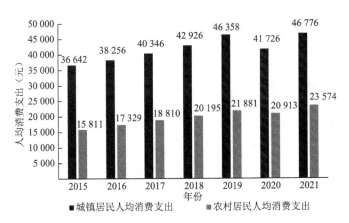

图 7-4　北京市城乡居民人均消费支出统计

资料来源：笔者根据国家统计局（http://www.stats.gov.cn）数据整理

相较于首都居民现阶段的休闲消费需求，目前北京生态休闲空间的供给尚有提升空间，生态休闲潜力还有待释放。1979—2021 年，北京市城镇居民的恩格尔系数有了显著的下降，从 60.1%缓慢下降至 21.3%。可见，居民在餐饮、教育、文化、娱乐等休闲生活方面的需求未能得到充分满足，即城市休闲水平尚未满足人们基本的休闲生活需求。由此可知，北京市居民休闲消费能力尚未实现有效释放，公众具有较旺盛的休闲需求。

二、首都居民的生态休闲空间急需建设

根据国家统计局北京调查总队发布的《2018 年北京市居民时间利用情况调查报告》，北京市居民人均常规工作日可以自由支配时间只有 3 小时 29 分钟，约占一天时间的 14.5%，其中休闲娱乐时间为 3 小时 18 分钟（表 7-1）。在常规休息日，北京市居民可以自由支配时间为 5 小时 45 分钟，约占一天时间的 24%，其中休闲娱乐时间为 5 小时 13 分钟（表 7-2）。可以自由支配时间的多少是反映人们生活品质高低的重要指标。从可自由支配时间的具体利用情况来看，居民休闲主要还是以看电视为主，而健身锻炼、外出参观等休闲行为的占比较低，未来还有很大发展潜力。

表 7-1　北京市人均常规工作日时间利用情况一览表（单位：分钟/天）

时间	全市	城镇	农村
工作时间	455	457	452
个人生活必需时间	670	663	681
家务劳动时间	106	104	108
可以自由支配时间	209	215	200
其中：休闲娱乐时间	198	203	193

资料来源：笔者根据《北京市居民时间利用情况调查报告》整理

表 7-2　北京市人均常规休息日时间利用情况一览表（单位：分钟/天）

时间	全市	城镇	农村
工作时间	163	100	275
个人生活必需时间	733	744	715
家务劳动时间	199	223	158
可以自由支配时间	345	373	292
其中：休闲娱乐时间	313	332	276

资料来源：笔者根据《北京市居民时间利用情况调查报告》整理

第三节 环首都一小时生活圈的生态休闲空间现状

一、环首都一小时生活圈生态休闲空间的本底条件评价

1. 山地：自然生态基底条件良好，生态保护和旅游发展水平有待提高

生活圈中的山地主要分布在以北京中心城区为核心的外围地带，尤其是西部、北部和东北部地区。其中西部山地属太行山脉，其中在北京境内的部分被统称为西山，而北部、东北部属燕山山脉，在北京境内的部分统称为军都山。两条山脉在关沟附近交会。东北部平谷区境内的造山为燕山的西缘，与军都山交会于潮白河谷。西部、北部、东北部延绵不断的山岭形成一个向东南展开的半圆形大山湾。

1）生态意义重大

生活圈内的山地位于我国第二级阶梯与第三级阶梯的交界地带，是整个华北地区西北部的重要生态屏障，也是华北地区众多河湖水系的上游地区。该地区的生态环境质量、生物多样性和水土保持对于环首都、京津冀乃至整个华北地区的生态安全发挥着重要的作用。山区内有各级自然保护区 32 个，主要集中分布在以北京中心城区为核心的西南部和北部地带（表 7-3），其中涉及森林生态、野生动植物的自然保护区有 28 个，国家级的就有百花山、松山、八仙山、小五台山、大海坨山、河北雾灵山 6 个。

表 7-3 生活圈山区内森林生态、野生动植物自然保护区一览表

名称	省市	行政区	类型	级别
百花山	北京市	门头沟区	森林生态	国家级
拒马河	北京市	房山区	野生动物	省级
蒲洼	北京市	房山区	森林生态	省级
汉石桥湿地	北京市	顺义区	内陆湿地、野生动植物	省级
怀沙河、怀九河	北京市	怀柔区	野生动物	省级
喇叭沟门	北京市	怀柔区	森林生态	省级

续表

名称	省市	行政区	类型	级别
四座楼	北京市	平谷区	森林生态	省级
密云雾灵山	北京市	密云区	森林生态、野生动植物	省级
云峰山	北京市	密云区	森林生态	省级
云蒙山	北京市	密云区	森林生态	省级
白河堡	北京市	延庆区	森林生态、内陆湿地	县级
松山	北京市	延庆区	森林生态、野生动植物	国家级
大滩	北京市	延庆区	森林生态、野生动植物	县级
金牛湖	北京市	延庆区	内陆湿地、野生动植物	县级
太安山	北京市	延庆区	森林生态、野生动植物	县级
延庆莲花山	北京市	延庆区	森林生态、人文景观	县级
野鸭湖	北京市	延庆区	内陆湿地、野生动植物	省级
玉渡山	北京市	延庆区	森林生态、野生动植物	县级
八仙山	天津市	蓟州区	森林生态	国家级
盘山	天津市	蓟州区	森林生态、人文景观	省级
金华山-横岭子褐马鸡	河北省	涞源县、涞水县	野生动物	省级
摩天岭	河北省	易县	森林生态、野生动植物	省级
黄羊滩	河北省	宣化区	内陆湿地、野生动植物	省级
小五台山	河北省	蔚县、涿鹿县	森林生态、野生动植物	国家级
大海坨山	河北省	赤城县	森林生态	国家级
河北雾灵山	河北省	兴隆县	森林生态、野生动植物	国家级
六里坪猕猴	河北省	兴隆县	森林生态、野生动植物	省级
蒋福山	河北省	三河市	森林生态、野生动植物	县级

2）自然基底优良

区域山区山势险峻，坡陡谷深，植被覆盖茂密，自然条件优越，有着珍贵的生态资源，植物种类繁多。区域内的森林主要分布在山区内，以阔叶林和灌木林为主，针叶林和经济林面积较小。山区内有国家森林公园 23 个（表 7-4），北京市境内还有省级、县级森林公园 15 个（表 7-5）。

表 7-4　生活圈山区内国家森林公园一览表

名称	省市	行政区
西山国家森林公园	北京市	海淀区
上方山国家森林公园	北京市	房山区
蟒山国家森林公园	北京市	昌平区
云蒙山国家森林公园	北京市	密云区
小龙门国家森林公园	北京市	门头沟区
鹫峰国家森林公园	北京市	海淀区
古桑国家森林公园	北京市	大兴区
大杨山国家森林公园	北京市	昌平区
八达岭国家森林公园	北京市	延庆区
北宫国家森林公园	北京市	丰台区
霞云岭国家森林公园	北京市	房山区
黄松峪国家森林公园	北京市	平谷区
崎峰山国家森林公园	北京市	怀柔区
天门山国家森林公园	北京市	门头沟区
喇叭沟门国家森林公园	北京市	怀柔区
九龙山国家森林公园	天津市	蓟州区
白草洼国家森林公园	河北省	滦平县
黄羊山国家森林公园	河北省	涿鹿县
野三坡国家森林公园	河北省	涞水县
六里坪国家森林公园	河北省	兴隆县
易州国家森林公园	河北省	易县
丰宁国家森林公园	河北省	丰宁县
黑龙山国家森林公园	河北省	赤城县

表 7-5　北京市省级、县级森林公园一览表

名称	行政区
古北口森林公园	密云区
五座楼森林公园	密云区
丫髻山森林公园	平谷区
白虎涧森林公园	昌平区

续表

名称	行政区
森鑫森林公园	顺义区
龙山森林公园	房山区
百望山森林公园	海淀区
西峰寺森林公园	门头沟区
二帝山森林公园	门头沟区
静之湖森林公园	昌平区
莲花山森林公园	延庆区
银河谷森林公园	怀柔区
龙门店森林公园	门头沟区
双龙峡东山森林公园	门头沟区
妙峰山森林公园	门头沟区

3）景色优美

山区内山势俊美、植被茂盛、风景秀丽。山区的地质构造十分复杂，各种地貌、地质过程使得山体成为地质活化石，山区内共有 8 个国家地质公园（表 7-6）。同时，在悠久的历史积淀下，山区内还有着长城等丰富的历史人文景观要素，自然与人文交融，构成了生活圈山区具有特色和吸引力的综合景观。山区内有国家级、省级风景名胜区 15 个，其中国家级风景名胜区 4 个，分别是八达岭-十三陵风景名胜区、石花洞风景名胜区、盘山风景名胜区和野三坡风景名胜区（表 7-7）。

表 7-6　生活圈山区国家地质公园一览表

名称	省市	行政区
石花洞国家地质公园	北京市	房山区
硅化木国家地质公园	北京市	延庆区
十渡国家地质公园	北京市	房山区
云蒙山国家地质公园	北京市	密云区
黄松峪国家地质公园	北京市	平谷区
蓟县国家地质公园	天津市	蓟州区
野三坡国家地质公园	河北省	涞水县
兴隆国家地质公园	河北省	兴隆县

表 7-7　生活圈山区风景名胜区一览表

名称	省市	行政区	级别
八达岭-十三陵风景名胜区	北京市	延庆区	国家级
石花洞风景名胜区	北京市	房山区	国家级
盘山风景名胜区	天津市	蓟州区	国家级
野三坡风景名胜区	河北省	涞水县	国家级
慕田峪长城风景名胜区	北京市	怀柔区	省级
十渡风景名胜区	北京市	房山区	省级
东灵山-百花山风景名胜区	北京市	门头沟区	省级
潭柘-戒台风景名胜区	北京市	门头沟区	省级
龙庆峡-松山-古崖居风景名胜区	北京市	延庆区	省级
金海湖-大峡谷-大溶洞风景名胜区	北京市	平谷区	省级
云蒙山风景名胜区	北京市	密云区	省级
云居寺风景名胜区	北京市	房山区	省级
黄崖关长城风景名胜区	天津市	蓟州区	省级
青松岭大峡谷风景名胜区	河北省	兴隆县	省级
鸡鸣山风景名胜区	河北省	怀来县	省级

4）生态保护面临挑战

山区地形复杂，地势较高，地质活动较为频繁，同时生态系统较为敏感，水土保持工作有待加强，生态环境保护工作面临挑战。山区内的居民活动，特别是山区旅游中的农家乐会给山区生态环境带来一定压力。同时，浅山地带的石材、矿产开采对山区的生态环境不利，山体恢复工程有待开展。

旅游发展档次有待升级。一方面，大多数地区旅游开发的理念还停留在传统的小景区模式，在整合区域优势旅游资源、形成一体化的旅游综合体系和完整的旅游产业链方面亟待加强。整体而言，目前山区旅游留住游客、留下游客消费的能力有待加强，尚未完全利用旅游带来的人流。另一方面，旅游产品的品质有较大提升空间，特别是在民宿方面，品质较低的农家乐建设对区域旅游形象不利，经济效益不理想，同时对环境产生了一定的负面影响。

2. 河湖水系：生态与景观环境条件良好，保护与开发矛盾有待解决

研究区域基本坐落于海河流域内，若干条河流纵横交错穿越其间。其中，

大清河、拒马河、永定河、潮白河、蓟运河、北运河等主要是该区域的水源主脉，它们既独立又互相联系，与诸多支流紧密相连。这些河流基本都发源于太行山脉或燕山山脉的崇山峻岭中，流经区域后单独入海或汇入海河干流入海。

1）生态景观基底良好

发源于崇山峻岭中的数条河流从区域中蜿蜒而过，自然河流与人工运河共同滋养了环首都区域的人民生活与聚落发展，孕育了深厚的人文底蕴，使得这些河流兼具自然与人文景观价值。区域内拥有官厅水库、密云水库、于桥水库、怀柔水库、十三陵水库、海子水库（金海湖）等区域重要水库，以及众多湖泊。这些水域面积宽广，风光旖旎，兼具高度的生态与景观价值。区域内共有 7 个湿地类自然保护区和 11 个国家湿地公园，主要集中在以北京中心城区为中心的东南和西北地带，少数零散分布在其他地方（表 7-8 及表 7-9）。

表 7-8 生活圈湿地类自然保护区一览表

名称	省市	行政区	类型	级别
汉石桥湿地	北京市	顺义区	内陆湿地、野生动植物	省级
白河堡	北京市	延庆区	森林生态、内陆湿地	县级
金牛湖	北京市	延庆区	内陆湿地、野生动植物	县级
野鸭湖	北京市	延庆区	内陆湿地、野生动植物	省级
大黄堡	天津市	武清区	内陆湿地、野生动植物	省级
黄羊滩	河北省	宣化区	内陆湿地、野生动植物	省级
白洋淀湿地	河北省	雄安新区	内陆湿地、野生动植物	省级

表 7-9 生活圈国家湿地公园一览表

名称	省市	行政区
野鸭湖国家湿地公园	北京市	延庆区
长沟泉水国家湿地公园	北京市	房山区
永定河故道国家湿地公园	天津市	武清区
潮白河国家湿地公园	天津市	宝坻区
州河国家湿地公园	天津市	蓟州区
环秀湖国家湿地公园	天津市	蓟州区

续表

名称	省市	行政区
海留图国家湿地公园	河北省	丰宁县
清水河源国家湿地公园	河北省	崇礼区
潮白河大运河国家湿地公园	河北省	香河县
官厅水库国家湿地公园	河北省	怀来县
潮河国家湿地公园	河北省	滦平县

2）生态敏感性强

由于区域河流和水库是整个华北地区的上游地带，对整个流域的生态环境有着重大影响，同时也是北京、天津等城市的重要水源地，特别是于桥水库是天津最重要的大型水库，因此区域水系的生态敏感性较强。

3）水环境现状有待提升

区域降水分布不均，主要集中在7、8月份，同时降雨量不大，水资源相对匮乏。由于区域经济快速发展，城市化迅速推进，给区域水资源带来了一定压力，目前区域地表水与地下水资源利用均接近承载力极限。同时，工业生产的废水也对区域水质产生了一定的负面影响，亟待整治。

4）保护与开发建设矛盾大

由于该区域是华北地区的上游地带，生态敏感性强，同时又是北京、天津的重要水源地，因此这些地带的经济发展建设往往受到生态环境保护的制约。例如，怀来县为保护官厅水库，将整个县城搬离至距离水库较远的地带，同时对水库周边的发展建设进行制约。蓟州区的于桥水库是天津市最大的水库和最重要的水源地，水库周边的开发建设受到限制：一级保护区内严禁任何建设，现有居民点、农家乐和工业厂房需拆迁，二级保护区内也对污染物排放有着严格的控制。这些生态保护措施一定程度上限制了地方经济发展，而生态保护的主要受益者北京市区和天津市区对其进行生态补偿的力度尚待加强。

5）景观营造水平有待提升

尽管区域内许多湖泊水库水域宽广，烟波渺茫，有着优良的自然景色基底，但目前大多数地区景观营造手段单一，生态休闲吸引力不足。

3. 公园绿地：总量充足，空间布局有待改善

1）绿地总量充足，公园数量可进一步增加

2021 年，北京市人均绿地面积达到了 16.5 平方米，这一数字远高于东京的人均绿地面积 5.1 平方米。然而，这在很大程度上得益于不同的统计标准，北京人均绿地面积的计算包括了所有种类的绿地，而不仅仅是公园。但实际上，与市民日常生活最息息相关的公园，北京仅有 304 个，相比之下东京都则拥有高达 7684 个公园。值得注意的是，这些公园大多数集中分布在北京中心城区内，少部分则分布在西南和东北地带。尽管这种数量上的差异部分原因在于中日两国公园体制的区别，但是这也确实反映了居民能够方便快捷地使用公园的难易程度。

2）公园绿地分布均衡性有待改善

从北京市范围来看，朝阳区、海淀区、东城区、西城区的城市公园数量与其人口数量较为匹配，这可能意味着这些区域的居民在休闲时有更多的公园选择。然而，昌平区尽管近年来人口数量快速增长，但城市公园的数量却不多，这意味着与居民日益增长的休闲需求存在一定的差距。相反，人口相对较少的密云区的城市公园数量高达 40 个，这可能导致其中的一些城市公园使用率不高（图 7-5）。

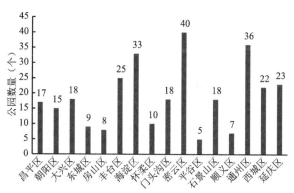

图 7-5 北京市各区城市公园数量统计

从更宏观的生活圈尺度来看，除了上述提及的区域外，其他区县的城市公园绿地数量和质量都有较大的提升空间，加之一些老城区内居住环境较差、各类设施不足，这些地区的人居环境亟待改善。

3）公园绿地体系尚需完善

在《北京城市总体规划（2016 年—2035 年）》的框架下，北京提议建设

"三环"绿地系统，即城市公园环、郊野公园环、环首都森林湿地公园环。然而，这一绿地体系的完整性仍有待加强。以郊野公园环为例，目前北京市的郊野公园主要分布在昌平、朝阳、大兴、丰台、海淀、石景山这六大区域，其中近半的郊野公园集中在朝阳区，而其他近远郊区县的郊野公园建设尚处于起步阶段，郊野公园环尚需完善（图 7-6）。此外，尽管环首都森林湿地公园拥有大量的森林湿地公园，但是目前并未将各个部分整合成一个有机体系，仍需深入研究和规划。

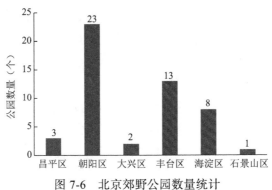

图 7-6　北京郊野公园数量统计

4. 乡村农田：农业文化遗产丰富，生态环境保护有待加强

农田主要集中在区域的南部平原及西侧的河谷地区。这些农田大多是旱田，主要覆盖河北省的东南部、北京市与天津市的周边郊区，以及张家口的某些片区。

1）乡村类型多样，农业传统厚重

区域内有多种类型的乡村。在西部、北部山区中有许多山村依山势而建，与山区环境和谐相处，有些坐落于平原之中，在农田风光和阡陌纵横中星罗棋布。区域内有一大批负有盛名的传统村落，如古北水镇、爨底下村等，乡村风貌保存完整，乡土建筑风格保护较好，有着深厚的历史文化底蕴。同时区域内也有许多具有文化传承价值的传统，如宣化的城市传统葡萄种植、宽城传统板栗栽培等，已被列为全国重要农业文化遗产，为进一步发挥农业的生态和文化功能，以及发展生态农业奠定了基础。

2）传统村落保护有待加强，人居环境存在提升空间

一方面，由于城镇化的快速推进，农村人口大量涌入城市，许多传统村落正逐渐没落，传统建筑和传统村落的空间肌理保护工作有待加强；另一方

面，乡村文化旅游开发质量还有待提升，哪怕是在许多有名的历史文化古镇，其旅游形式也多停留在观光游览上，深度体验开发具有较大潜力。同时，许多村落的乡村基础设施建设有待加强，乡村环境治理有待改善，如农村的垃圾回收处理、生活污水的排放、乡镇企业污染物处理等。

3）农业生态功能尚需完善

目前区域内的农业现代化、专业化、机械化水平，对水资源的利用效率，以及景观建设有较大提升空间，在农田参与形成农田林网、河湖湿地的生态体系和区域优良生态基质方面还需进一步努力。

4）乡村产业结构亟待升级

目前区域内大部分农村的产业结构以第一产业为主，农工、农旅的结合开发存在较大发展潜力，已有的综合开发水平也还有很大提升空间，特别是乡村旅游、生态旅游，需努力使其成为区域内农村的重要增长动力。

二、生态休闲空间格局现状

环首都一小时生活圈的生态休闲空间格局主要由三大片区、数条廊道和众多重要节点组成，具体的分布情况如下所述。

1. 片区：存在自然条件鲜明的三大片区

该区域根据基底条件，主要划分为三大片区：西部及北部的山地区、大城市建成区（如北京、天津城区），以及其他平原城乡综合发展区。山地区主要延伸至北京中心城区之外的西部、西北部、北部和东北部。作为京津两地主要河流的发源地和上游区域，该区因地形、气候及人为活动的影响，正面临着严重的水土流失问题。降雨不均和过度的人类活动导致了土质贫瘠、植被覆盖不足和水蚀敏感度高等问题，进而损害了其水源的保护与涵养功能。大城市建成区，如北京中心和雄安新区，虽然面积在整个区域中所占比重不大，但集中了大部分的人口、生产和建设活动。这里是人口密集地、自然资源和生态服务的主要消费地，同时也是主要的污染排放地，给生态环境带来了巨大压力。平原城乡综合发展区位于北京中心城区以南至东南部，以及与张家口市毗邻的地方。这一片区包含了区域内的其他城镇和平原乡村农田，既是城市功能的扩展区，也是首都非核心功能转移的关键地段。此外，由于此地区曾是煤炭、冶金、建材等高耗能、高污染产业的集聚地，因此该地区是区域的污水处理、大气联防联治的重点协调区域。

2. 廊道：显露雏形，发展空间大

区域内的廊道主要可以分为三类：道路型廊道、河流型廊道和绿带廊道。道路型廊道主要是北京市的二环至六环，以及放射性的高速公路网，包括S11、S32、G1ₙ-G95、G102、G1、S15、G2、G3、G106、G4、G5、G108、G109、G7 等高速公路。河流型廊道主要是区域内的几条主要水系，由南至北主要有拒马河-大清河、永定河、北运河、潮白河、沟河-蓟运河等。目前道路型廊道和河流型廊道的沿线景观建设水平较差，缺乏景观营造和呼应。绿带廊道主要是北京市的三道绿环和绿楔，其中城市公园环的构建相对较好，郊野公园环和环首都森林湿地公园环虽然初具雏形，但一方面数量和开发质量还有待提升，另一方面还没有形成完整的体系；绿楔则还有待建设。

3. 重要节点：节点众多，基底优良

山区内有百花山、云蒙山、石花洞、八仙山、雾灵山、大海坨山、小五台山、白草洼、野三坡等著名自然景点，以及八达岭、慕田峪、黄崖关、盘山等自然与人文交融的景观节点和山区富有特色的山村民居。水体方面有密云水库、官厅水库、于桥水库等重要的库区，拒马河-大清河、永定河、北运河、潮白河、沟河-蓟运河等河流，沿河流的武清永定河故道国家湿地公园、宝坻潮白河国家湿地公园、蓟州州河国家湿地公园、香河潮白河大运河国家湿地公园、滦平潮河国家湿地公园等湿地公园，以及众多的湖泊等。历史文化方面更是无须赘述，北京、天津等著名历史文化名城，以及其间众多的历史底蕴深厚的名镇、名村有着不计其数的历史文化节点。

三、生态环境保护现状

1. 能源结构有待升级，大气污染亟待治理

京津冀地区是典型的以煤炭为主的能源结构地区。为了提高大气质量，该区域已经实施了多项政策，以鼓励使用石油、外购电力和天然气等替代能源。这些措施虽然达到了一定效果，但煤炭在整个能源消费结构中所占的比重降幅并不显著。2012 年，京津冀煤炭占一次能源总消耗量的比例仍有 71%。2015 年，京津冀煤炭消费总量占全国的 13%，其中河北占比达到 10.7%。京津冀地区持续推进煤炭开采利用减量化和生态环境建设，目前仅河北省仍在继续开发煤炭资源，预计现有煤矿 2035 年、2050 年、2060 年煤炭产量分别

较 2020 年下降 78%、88%、94%。

较为低级的能源结构也使得京津冀地区成为我国空气污染治理的重点区域之一。2015 年，京津冀地区 SO_2、NO_x 和粉尘的排放量分别为 136.5 万吨、173.6 万吨和 172.5 万吨，各占全国总量的 7.3%、9.4% 和 11.2%，单位面积排放量分别是全国平均水平的 3.3 倍、4.2 倍和 5.0 倍，远超地区环境承载力。2015 年，按照《环境空气质量标准》（GB 3095—2012）评价，京津冀 13 个城市的空气质量无一达标，全年平均达标天数占比仅为 42.8%；11 个城市位列全国污染最严重城市名单的前 20 位，其中 8 个城市排在前 10 位。城市 $PM_{2.5}$ 年均浓度为 77 $\mu g/m^3$，是 74 个城市平均浓度的 1.4 倍，超过长三角地区和珠三角地区 45.3% 和 126.5%。近年来，京津冀地区空气质量有所改善，但治理仍需不懈努力。

2. 水资源短缺，水污染形势紧迫

京津冀水资源十分短缺。2017 年，地区水资源总量占全国总量的 1.3%，人均水资源量仅为 286 立方米，为全国平均水平的 13%，世界平均水平的 1/30。京津冀地区以国内 1.3% 的水资源量承载着全国约 10% 的人口，这也使得区域水资源开发利用程度很高，潜力有限。地表水方面，海河流域水资源开发利用率达 118%，然而多年平均径流量和径流深度均处于全国倒数第二位，17 条主要河流年均断流 335 天，河流缺水严重。地下水方面，河北省 74.5% 的用水依靠地下水，部分地区的采水已经达到 300 米以下的化石含水层。浅层地下水开采程度达 80% 以上，深层地下水开采程度达 140% 以上。由于连年超采，已经形成 20 多个下降漏斗区，涉及 73 288 平方公里土地，占区域总面积的 52.69%。

京津冀地区水污染情况也较为严峻。地表水方面，2015 年，京津冀国控断面共 64 个，其中劣 V 类占比达到 39.1%，国控省界断面共 23 个，其中劣 V 类占比达到 43.5%。地下水方面，区域 1/3 的地下水已经遭到不同程度的污染，重金属污染多集中在石家庄等城市周边，以及天津、唐山等工矿企业周围。

3. 生态空间有待增加，环境退化问题亟待解决

京津冀区域城镇化快速推进，经济迅速发展，对生态空间的保护和建设有所忽略，导致区域生态功能与格局存在失衡的风险。

土地生态环境方面，京津冀地区土地退化较为严重。2015 年，荒漠化土地面积达到 44 167.2 平方公里，接近整个区域土地面积的 20%。水土流失面积为 5.8 万平方公里，占总土地面积的 31.7%。水土流失严重的地区多为贫困人口集中的西部和北部的太行山东坡、燕山山地，进一步引发了生态与贫困的恶性循环，对官厅和密云两大水库的行洪和供水造成巨大压力。同时，城镇面积的增加挤占了大量农田、湿地和草地。2005—2010 年，京津冀区域耕地面积从 108 455 平方公里下降至 106 097 平方公里。2015 年，京津冀区域耕地面积下降至 75 310 km²。

水生生境方面，湿地萎缩，海河流域的 194 个大型天然湖泊、湿地绝大多数干涸，截至 2010 年，京津冀地区中 12 个大型平原湿地的面积从 2694 平方公里衰减到 538 平方公里。同时，渤海湾大量围垦造成河口生态退化，生态服务功能下降。1994—2010 年，津唐两地共围垦 450 平方公里海域，以及 218 平方公里潮间滩涂。沿海滩涂面积的骤减直接导致沿海生境被破坏，湿地鸟类栖息地缩减。

第四节　环首都一小时生活圈生态休闲空间结构规划

一、整体结构

区域生态休闲空间的格局结构，依据生态要素分布和休闲资源布局，可被概括为"一屏、三环、四带、九楔"。

"一屏"主要指位于西北的山地绿色屏障，主要覆盖了北京中心城区周边的西部、西北部及北部地区。

"三环"源自《北京城市总体规划（2016 年—2035 年）》中提到的"三环"绿地体系，分别为城市公园环、郊野公园环和环首都森林湿地公园环。其中，城市公园环主要囊括北京的中心城区，而环首都森林湿地公园环的覆盖面基本与环首都一小时生活圈的边界对应。

"四带"分别为长城山地景观带、西山—永定河景观带、大运河景观带和潮白河景观带。

"九楔"是指从北京中心城区向外延伸的九个楔形生态空间，连接中心城区、新城和跨界城市组团。

二、一屏：西北山地绿色屏障

西北山地绿色屏障是区域的生态宝库,集中了区域大部分的自然保护区、风景名胜区、森林公园和地质公园,是区域重要的生态屏障,对区域的水源涵养、水土保持、生物多样性保护、生态系统稳定性维持等重要生态服务功能有着重要意义。要加强对山区的生态保育和生态修复,提高森林覆盖率,提升生态系统服务功能。限制山地开发建设,采用绿色建筑和低影响开发方式,尽量减少开发建设活动对山地生态的影响。控制浅山区的开发建设强度,对其风貌进行统筹协调,对矿区开采破坏的山体进行修复。

三、三环：城市公园环、郊野公园环及环首都森林湿地公园环

1. 城市公园环

城市公园环主要由北京的城市公园和道路绿地构成,是市民日常休闲活动的主要承载者。应当提升公园的景观设计水平和各类休闲娱乐设施的建设水平,使其能够更好地为居民的散步、健身、棋牌、舞蹈、武术等休闲活动提供服务;同时推进沿街绿地的建设,提升其植被覆盖率和可达性,争取实现全部公园化。

2. 郊野公园环

郊野公园环主要由郊区的郊野公园和生态农业景观构成,是市民闲暇时光郊野踏青、农业休闲观光等活动的主要承载者。应当提升郊野公园的景观营造水平,突出乡野趣味,同时对环带上的农业景观进行整治提升,突出其生态景观价值,与农业景观一起形成郊野公园。

3. 环首都森林湿地公园环

环首都森林湿地公园环主要由北京远郊和周边市县的森林公园、湿地公园、风景名胜区、自然保护区等构成,是居民周末和节假日远足出行,以及进行康养、探险等活动的主要承载者。应当继续坚持对各单位保护范围内生态环境的严格保护;加强区域合作,打破行政壁垒,从宏观的角度统筹协调各景点;加强交通联系与精品旅游路线的规划设计,使环首都区域的各公园形成完整的环状体。

四、四带：长城山地景观带、西山-永定河景观带、大运河景观带、潮白河景观带

1. 长城山地景观带

长城山地景观带大致呈东西向，从张家口崇礼—宣化—怀来—赤城到北京北部延庆—怀柔—平谷，再到天津市蓟州区。该景观带主要是依托巍峨的燕山山脉、山中延绵的万里长城，以及沿长城的众多古镇。该景观带应当注重对山区生态环境的保育和对长城的维护修缮；对长城保护范围及建设控制地带内的城乡建设开发实施严格监管；对沿边的古镇加强历史文化建筑、民居和风貌的保护，打造延绵连续的长城自然与文化交融的景观意向。

2. 西山-永定河景观带

该景观带主要包括蔚县—涿鹿县—涞水县—门头沟区—永定河一线，从太行山延伸到北京西山，清水河从百花山发源到汇入永定河，再沿北京西侧流出，有着良好的山水复合基底。同时这一景观带上有着丰富的历史文化要素，从紫荆关—蔚县古城—房山、门头沟古村落—八大处—三山五园，再到永定河下游。应加强对山水基底的保护，恢复永定河的生态功能，整治西部山区的历史故道和古城古村，塑造北京城市文化发源地的山水人文景观。

3. 大运河景观带

该景观带主要包括元代白浮泉引水沿线、通惠河、北运河一带，行政区域主要包括北京海淀区、朝阳区、通州区，以及廊坊市香河县、天津市武清区等，是大运河遗产的重要组成部分，沿线有丰富的历史文化遗迹和大运河文化底蕴。应当加强河流沿线与城市公园绿地、郊野公园的景观打造，并结合运河文化，打造河流绿地与历史文化交相辉映的景观。

4. 潮白河景观带

该景观带主要包括潮河、白河、密云水库、潮白河、潮白新河一线，行政区域主要包括北京的延庆区、怀柔区、密云区、顺义区、通州区，河北的丰宁县、三河市、香河县，以及天津的宝坻区等，是北京重要的饮用水源和东部郊野景观的重要组成部分。应当注重河流沿线的生态环境治理，以及与郊野公园、农业景观的交融。

五、九楔：从城市公园环延伸到中心城区周边山水的楔形绿地

九楔是指九条从城市公园环开始，延伸到郊野公园环，再向外扩散延伸到更广区域，连接中心城区与周边山地、水体的楔形绿地。楔形绿地尖端指向中心城区，尾部则延伸到区域边缘的生态基底，形成连接市中心与郊区的廊道，能够促进城市内外空气的交换和流通，缓解热岛效应，也能够隔开各个城市组团，引导城市结构沿交通网络发展，同时还能加强城市内部和外围的自然联系，改善整体生态环境。

楔形绿地内部严格限制高大建筑的开发建设，在植物选择上强调生物多样性，进行乔灌草结合的复层种植和针阔混交的植物配置，以提升楔形绿地的生态功能。

第五节　环首都一小时生活圈的生态休闲空间建设策略

一、现有主要相关政策评价

1. 《京津冀协同发展规划纲要》：明确各区域在生态休闲空间上的基本定位

《京津冀协同发展规划纲要》中对京津冀三省市的定位分别为：北京市是"全国政治中心、文化中心、国际交往中心、科技创新中心"；天津市是"全国先进制造研发基地、北方国际航运核心区、金融创新运营示范区、改革开放先行区"；河北省是"全国现代商贸物流重要基地、产业转型升级试验区、新型城镇化与城乡统筹示范区、京津冀生态环境支撑区"。对京津冀的功能分区为"四区"，即中部功能核心区、东部滨海发展区、南部功能拓展区和西北生态涵养区，每个功能区都有明确的空间范围和发展重点。

该纲要还特别强调了生态环境保护方面的工作重点，要打破行政区域限制，推动能源生产和消费革命，促进绿色循环低碳发展，加强生态环境保护和治理，扩大区域间生态空间。重点是联防联控环境污染，建立一体化的环境准入制度和退出机制，加强环境污染治理，实施清洁水行动，大力发展循环经济，推进生态保护与建设，谋划建设一批环首都国家公园和森林公园，

积极应对气候变化。

在实际工作方面，支持张承地区生态保护和修复的指导意见印发实施，三省市制定了 2015—2017 年植树造林实施方案，已将山东、河南毗邻河北部分区域纳入京津冀大气污染防治范围，建立区域联防联控污染机制。

总结来看，《京津冀协同发展规划纲要》中对生态休闲空间的规定主要集中在环境保护，特别是大气污染防治上，着重强调了污染联防联控机制的建立，同时通过功能分区，也确立了各区域在生态休闲空间上的基本定位。

2. 《北京城市总体规划（2016 年—2035 年）》：明确休闲空间格局与相关指标

《北京城市总体规划（2016 年—2035 年）》中明确了北京构建"一核、一主、一副、两轴、多点、一区"的城市空间结构。其中"一区"为生态涵养区，生态涵养区的基本定位就是保障首都生态安全。要编制好生态涵养区分区规划的实施要点、各区分区规划和新城控制性详细规划。尤其要加强浅山区、山区的生态修复和建设管控，引导绿色发展；加强浅山区与城市接壤地区的河湖建设和生态湿地建设，继续大尺度植树造林。

在生态休闲空间布局上，该规划提出构建"一屏、三环、四带、九楔"的市域绿色空间结构。强化西北部山区的重要生态源地和生态屏障功能，以三类环型公园、九条放射状楔形绿地为主体，通过河流水系、道路廊道、城市绿道等绿廊绿带相连接。2020 年全市森林覆盖率提高到 44%，到 2035 年不低于 45%。其中，重点实施平原地区植树造林，在生态廊道和重要生态节点上集中布局，增加平原地区大型绿色斑块，让森林进入城市。

在休闲体系上，该规划提出构建由公园和绿道相互交织的游憩绿地体系，将风景名胜区、森林公园、湿地公园、郊野公园、地质公园、城市公园六类具有休闲游憩功能的近郊绿色空间纳入全市公园体系。优化城市绿地布局，结合体育、文化设施，打造绿荫文化健康网络体系。2020 年，建成区人均公园绿地面积达到 16.5 平方米，到 2035 年提高到 17 平方米。2020 年建成区公园绿地 500 米服务半径覆盖率达到 85%，到 2035 年达到 95%。

在城市绿地方面，该规划提出结合代征绿地腾退地块，规划建设公园绿地；旧城区结合片区整体改造、开发，集中布局绿地；结合文物古迹外围环境保护增加公园绿地。2020 年，全市新建公园绿地 30 处，面积达 400 公顷。结合中心城道路、水系河道两侧绿化带加宽加厚，实施中心城楔形绿地建设。

利用城市拆迁腾退地和边角地、废弃地、闲置地开展小微绿地建设，2020年建成小微绿地200处。

与此同时，北京将加强绿化隔离地区建设，加大城乡接合部第一道、第二道绿化隔离地区的疏解整治拆迁腾退力度，力争到2035年，这一地区增加绿化面积7万亩。通过增加绿化面积和建设城市公园，全面推进第一道绿化隔离地区3万亩绿化任务，新建公园20个以上。加大第二道绿化隔离地区造林绿化力度，利用建设用地减量、规划拆迁腾退地、零散闲置地营造生态林，实现绿化面积4万亩，同时在第二道绿化隔离地区现有30处郊野公园的基础上，再建5处，连同第一道绿化隔离地区建成的公园环，初步实现为城市戴上"绿色项链"的目标。

总体来看，《北京城市总体规划（2016年—2035年）》对北京城市生态休闲空间布局做出了明确的规划，同时也对休闲体系建设、城市绿地和外围绿隔的指标进行了大致的预测管控。

3. 北京"十三五"规划：在山水城三个层面上分别提出计划指标

北京"十三五"规划中将建设绿色低碳生态家园作为重要的篇章，给予了充分的重视和强调。

在生态空间建设方面，规划明确提出坚持保护优先、恢复为主，着力保护和修复山、水、林、田、湖一体的自然生态系统，着力建设以绿为体、林水相依的绿色景观系统。要扩大林地面积，森林覆盖率达到44%；巩固山区绿色生态屏障，实施20万亩宜林荒山绿化、100万亩低质生态公益林升级改造、100万亩封山育林，全市宜林荒山绿化全面完成。建设10条浅山休闲游憩景观带，提升山区森林休闲体验功能；扩大平原地区森林空间，平原地区森林覆盖达到30%以上；加强森林抚育，重点实施300万亩中幼林抚育工程。

在市民绿色休闲空间方面，规划提出进一步完善中心城—新城—乡镇三级休闲公园体系，扩大绿色休闲空间，拓展绿地服务功能，全市建成区人均公园绿地面积达到16.5平方米以上。要扩大公园绿地面积，着力打造"城市公园环—郊野公园环—环首都森林湿地公园环"的圈层结构；积极增加城市公共绿地，在中心城新增一批小微绿地。建设景观宜人的绿色乡村，打造一批花园式生态镇，为承接中心城功能疏解任务奠定良好的环境基础。

在河湖水系方面，规划提出还清河道水体、拓宽水面湿地、保护涵养水源、提升城市河湖环境品质、恢复流域水系生态功能，2017年中心城、新城的建成区基本消除黑臭水体，2020 年重要水功能区水质达标率提高到 77%，丧失使用功能（劣Ⅴ类）的水体断面比例比 2014 年下降 24%。重要河湖水系基本还清，2020 年全市生态环境用水量达到 12 亿立方米；恢复和建设大尺度湿地，构建"一核、三横、四纵"的湿地总体布局，恢复湿地 8000 公顷，新增湿地 3000 公顷，全市湿地面积增加 5% 以上；提升重点区域水源涵养功能，完成 2000 平方公里小流域综合治理，全市山区主要水土流失区域实现全面治理。

二、进一步策略思考

1. 提升生态品质

1）划定生态保护红线

按生态功能重要性、生态环境敏感性与脆弱性为基础，划定区域各市县生态保护红线。落实最严格的耕地保护制度，坚守耕地规模底线，严格划定永久基本农田。以生态保护红线和永久基本农田保护红线为基础，将具有重要生态价值的山地、森林、河流湖泊等现状生态用地和水源保护区、自然保护区、风景名胜区等法定保护空间划入生态控制线。严格管理生态控制区的内建设行为，控制、禁止与生态保护无关的建设活动。

2）加强生态保育和生态建设

在山区选用合理的树种展开生态保育，加强植树造林和低效林改造，推进对水土流失严重的区域和矿山治理恢复区等重点地区的修复整治，涵养水源。平原地区重点提升公园绿地的总量和质量，合理搭配各类植物，形成生物多样性丰富、生态系统功能完善的绿网。

浅山地带是山区与大城市建成区之间的过渡地带，兼具二者的特点，其生态敏感性较强，景观潜力较大，需要重点关注。要严格控制浅山地区的开发建设，对开发总量、开发强度、开发质量、建筑风貌进行管控，推动浅山区特色小城镇和美丽乡村建设。

3）实施生态水体保护工程

强化水污染源头控制，推进工业和生活污水防治，全面控制城市和农业面源污染，严格保护饮用水源，大力治理黑臭和劣Ⅴ类水体；同时加强对河湖水系和周边环境的综合整治，建设沿河绿道，恢复河道的生态功能，与其他生态系统要素相联系，建立连通的水网体系。

2. 区域景观要素系统化提升

1）打造富有特色的景观节点和景观片区

以区域内各类自然保护区、森林公园、湿地公园、地质公园、城市公园、文化遗迹等为基础，提升景观营造水平。在山区建设山间廊道体系，注重廊道两侧景观打造。同时对山村旅游进行升级，改造低端农家乐，发展高端山区民宿。水体方面注重水库、湖泊、湿地与河流周边的步行适宜性建设，建设一批湿地公园。在城市地区注重历史文化建筑的保护与风貌的统一协调；在农村地区注重农业的生态功能，打造农业景观。

2）连通生态廊道，建设绿色景观系统

以道路、河流、绿地为基底，建设生态廊道，有机串联各景观要素，形成功能完善、结构完整的多重多维景观系统，使得生态廊道相互连通，纵横交错，并形成环首都的三条环状绿带。

3）以全域视角统筹协调，打造景城一体的风貌

处理好点、线、面、体、域的空间关系，以交通网络为骨架，将城镇、景区、园区、乡村等串联起来，营造处处是风景、处处有风情的特色旅游线路和特色空间。

3. 提升景观美誉度

1）将"城郊山地"品牌化为"首都居民休闲高地"

基于首都自然资源型山地、历史遗迹资源型山地、地质景观资源型山地的分门别类评价，针对国家级、省级不同级别的山地进行不同程度的开发与保护，并进行体系化宣传，培养首都居民在周边山地进行生活休闲的意识，打造"首都居民休闲高地"品牌，形成"绿色休闲""京城风韵""趣味生活"三大品牌效应。将自然资源型山地打造为生态休闲型高地，重视环境的生态化、居民生活休闲活动的绿色化；将历史遗迹资源型山地打造为文化传承型胜地，重视场所文脉的延续化、居民生活休闲活动的丰富化；将地质景观资源型山地打造为科普知识型"活学堂"，重视地质景观宣传的平民化、居民生活休闲活动的趣味化。

2）将"河流水系"品牌化为"首都居民日常娱乐廊道"

基于首都河流水系的分类评价，基于"两个保护、一个营造"的原则，打造"首都居民日常娱乐廊道"品牌，形成"绿色出行"和"幸福消费"两大品牌效应。"两个保护"是指将"一、二级水源保护区""湿地公园"的

保护放在首位，形成良好的生态本底；"一个营造"是指将除以上提到的特殊保护的河流水系以外的河流水系进行景观营造分类升级。一方面，在居住区附近沿着主要水系布置绿道与休闲健身设施，将北京各个季节开花的植物组合种植，形成四季皆景的京城绿道，形成居民日常的"绿色休闲品牌效应"；另一方面，在商业区附近沿着主要水系布置一定的生态化商业设施，如地景型景观小亭，形成居民日常的"幸福消费品牌效应"。

3）将"绿地公园"品牌化为"首都居民日常休闲锻炼场所"

基于首都绿地公园的分类评价，形成"大环道、小串道"的休闲活动质量提升策略，打造"首都居民日常休闲锻炼场所"品牌，形成"移步异景"的品牌效应。"大环道"是针对森林公园等较大的公园绿地的策略，基于公园绿地占地规模大、内部景观丰富多样，但相对独立、间隔距离远的特点，在公园内部随自然环境设置曲形环道，使居民一方面能够方便到达内部各个景观节点，另一方面可以形成"移步异景"的丰富体验，促使居民进行休闲锻炼活动。"小串道"是针对街头绿地、口袋公园等小型绿地的策略，基于街头绿地、口袋公园占地规模小，以及不同公园的特色不同且距离不会太远的特征，设置串联这些小型绿地的绿道，使居民能够便捷到达这些街头公园，在出行时间较短的情况下同样能获得"移步异景"的类似休闲景观体验。

4）将"乡土景观"品牌化为"首都居民休闲新乐土"

基于乡土景观的分类评价，对不同类型的乡村景观进行特色升级，打造"首都居民休闲新乐土"品牌，传统村落、特色农业村、生态山村等不同类型的乡土景观分别形成"历史化石""农耕文化""世外桃源"等不同品牌效应。传统村落注重场所文脉的延续，以定期策划创新性活动推动村落影响力的扩大，使其成为更多首都居民出行的新选择，将"历史化石"的品牌效应在传播中扩大化；特色农业村注重村落一直以来的特色农业的可持续发展，在传承中进行产业升级，利用"文创+"等方式优化"农耕文化"品牌，提升其在首都居民出行选择项中的吸引力；生态山村注重自然生态环境的保护，以青山绿水的原生态环境作为"世外桃源"品牌的出发点，提升其在首都居民中的声誉。

4. 保护重构北方城乡田园景观

1）构建古今同辉的人文城市景观

塑造文化景观环线。依托明城墙遗址及角楼、箭楼等历史遗迹，在保护中将其塑造为重要的人文节点，并利用二环路这个环形通道实现景观节点的串接，实现以点带环的景观提升。由此，文化景观环线成为京城景观新名片、居民休闲出行的新拉力。

完善中轴线及延长线景观。依托首都历史中轴线发展其延长线景观，在传承京城历史文化的同时发展现代新功能。一方面，充分利用中轴线延长线上的奥林匹克中心、大兴国际机场发展国际交往功能；另一方面，中轴线积极响应《北京城市总体规划（2016 年—2035 年）》中所提及的"增绿留白"的新愿景，依托奥林匹克森林公园、北宫国家森林公园增加生态空间，结合南海子公园、团河行宫建设南中轴森林公园。

传承并发展三大文化带景观。依托北京生活圈内地缘相近、文化相承的特征，传承并发展北部长城文化带、西部西山文化带、东部运河文化带，将三大文化景观带发展成居民传承历史文化、与文化遗产一起生活的空间载体。其中，北部长城文化带着重展示军事防御系统的风貌及沿线的边塞风光，以居庸关、八达岭长城本体的历史资源保护为关键；西部西山文化带着重展示皇家园林文化、近史迹文化和自然风光，以"三山、五园、八大处"为保护核心；东部运河文化带着重展示运河文化和佛教文化，以古运河道、运河道沿线的古代园林、运河道沿线的古寺庙为保护重点。

2）构建京郊乡村最美风景线

大力整治农村人居环境。推动农村环境治理规范制度的建立，鼓励农村人居环境整治，编制农村发展规划与技术导则，大力推进农村的生活垃圾处理、污水治理，完善农村厕所建设，恢复农村水生态，加快农村道路设施建设，在农村建设村庄公共空间，修缮危房旧房，提升村容村貌。

推进乡村景观规划建设。注重保护乡村原生态，以及自然生态环境的原真性与健康性。坚持尊重地域特色、保护传统文化的原则，突出个性，尊重当地居民的生产生活。提倡经济、实用、美观的设计理念，打造新乡土建筑及景观。坚持可持续发展，优先考虑生态化、无污染、可循环的清洁能源和材料。

推进农业生态化升级。积极发展都市型现代农业，推进农业产业化、专业化、机械化，推进高效节水生态农业发展。推动农业副产品加工、农村生态旅游等产业发展。

开展乡村全域旅游建设。在改善农村人居环境与景观建设的基础上，利用现有农业资源和生态资源，实行农村休闲商业、休闲地产和高品质生活休闲服务，探索推广集循环农业、创意农业、农事体验于一体的田园综合体模式，把乡村打造成乡村旅游综合体。